L'Abrégé

Notions littéraires
Lecture
Écriture

Céline Thérien

LES ÉDITIONS
CEC
Une compagnie de Quebecor Media

9001, boul. Louis-H.-La Fontaine, Anjou (Québec) Canada H1J 2C5
Téléphone : 514-351-6010 • Télécopieur : 514-351-3534

Direction de l'édition
Isabelle Marquis

Direction de la production
Danielle Latendresse

Direction de la coordination
Rodolphe Courcy

Charge de projet
Albane Marret

Révision linguistique
Nicole Lapierre-Vincent

Correction d'épreuves
Marie Théorêt
Jacinthe Caron

Conception graphique
Louise Chabot

Réalisation graphique
Girafe & associés

Remerciements
L'Éditeur tient à remercier les professeurs et les professeures dont les noms suivent pour leurs judicieuses suggestions :
Lise Dobson, Cégep de Sainte-Foy
Élyse Dupras, Cégep de Saint-Jérôme
Bernard Dupriez, Université de Montréal
Marie-Lise Lajoie, Cégep de Saint-Jérôme
Monique Lepage, Cégep de Rimouski
Évelyne Letendre, Cégep de Sherbrooke
Christian Nolet, Cégep André-Laurendeau
Catherine Papillon, Collège de Maisonneuve
Julie Roberge, Cégep Marie-Victorin
Julie Sirois, Collège de Bois-de-Boulogne

Crédits photographiques
© Shutterstock

Les Éditions CEC inc. remercient le gouvernement du Québec de l'aide financière accordée à l'édition de cet ouvrage par l'entremise du Programme de crédit d'impôt pour l'édition de livres, administré par la SODEC.

L'Abrégé
Notions littéraires, lecture, écriture
© 2010, Les Éditions CEC inc.
9001, boul. Louis-H.-La Fontaine
Anjou (Québec) H1J 2C5

Dépôt légal : 2010
Bibliothèque et Archives nationales du Québec
Bibliothèque et Archives Canada

ISBN 978-2-7617-2975-8

Imprimé au Canada
1 2 3 4 5   14 13 12 11 10

Avant-propos

Les textes littéraires captivent en véhiculant un sens par l'intermédiaire de personnages et d'intrigues : ils révèlent le caché et l'indicible. Les récits que l'on raconte aux enfants petits et grands sont une grammaire du monde : un héros est le sujet d'une phrase devenue histoire, dont l'action correspond au verbe, dans un lieu et à une époque qui servent de compléments. Les poèmes, quant à eux, sont peut-être une grammaire de l'instant et de l'émotion.

Ce manuel, qui se destine aux étudiants du collégial, fournit des outils pour mieux apprécier l'œuvre littéraire, et un lexique qui favorise le travail d'analyse. Il vise à répondre aux exigences des cours obligatoires en français. Il s'adresse aussi aux enseignants et à toute personne engagée dans des études en littérature.

Orientation et organisation

Ce guide expose la plupart des notions littéraires sous forme synthétique et à l'aide de nombreux tableaux. Ces notions sont intégrées à un plus large contexte de connaissance (genre et courant littéraires, par exemple) permettant de mieux saisir les liens qu'elles entretiennent avec ce contexte et entre elles. De plus, la théorie est illustrée par des exemples tirés d'œuvres de la littérature québécoise et française. Ce guide est conçu de façon interactive afin que l'étudiant apprenne à se poser les questions qui sauront éclairer sa démarche personnelle de lecture et d'analyse.

Par ailleurs, le principe qui a présidé à l'organisation des parties et des chapitres ressemble un peu à celui des poupées russes : en effet, à la description des genres, puis des courants s'emboîte tout ce qui est relié au contexte d'énonciation et à la combinatoire du texte, du point de vue stylistique ou grammatical. Une méthodologie du travail intellectuel clôt l'ouvrage et fournit les outils susceptibles d'aider l'étudiant à mieux lire un texte littéraire, à mieux le résumer et le comprendre, à progresser vers la rédaction finale et à réviser son texte. Enfin, cet ouvrage se présente, dans son ensemble, comme un multiguide littéraire.

Présentation des caractéristiques de l'ouvrage

Une organisation claire et efficace

Les quatre premières parties du guide décrivent les **quatre grands genres littéraires** traditionnels, soit le récit, le théâtre, la poésie et l'essai.

Les notions nécessaires à l'analyse sont présentées par ordre alphabétique.

1.2 Notions clés par ordre alphabétique

Dialogue (ou discours rapporté)

Procédé narratif qui permet au narrateur de rapporter les paroles ou les réflexions d'un personnage de différentes manières : discours direct, discours indirect, discours indirect libre, monologue intérieur.

Discours direct

Les paroles du personnage sont prises sur le vif, et le tiret ou les guillemets leur servent de marqueurs typographiques. Ce discours s'inscrit généralement dans un échange verbal entre personnages ; il suppose que le narrateur fait entendre les paroles ou les pensées d'un personnage.

Augmenter l'impression de vraisemblance et conférer à la scène une plus

Les formes et les tonalités littéraires majeures sont exposées en tableaux synthétiques ; les formes mineures sont définies au glossaire.

La comédie (et la tonalité comique) : tableau descriptif

Action	Personnages
	Personnages principaux issus de la bourgeoisie, les jeunes étant souvent en opposition avec leurs parents.
	Personnage du valet, conseiller du maître et souvent adjuvant ; ses traits stéréotypés sont la source du comique de la pièce.
	Figurants illustrant la domesticité de la maison.
	Intrigue
	Conflit de couple, de générations ou de classes sociales (dans les relations maître / domestique).
	Espace et temps dramatiques : habituellement une maison bourgeoise au XVII° ou au XVIII° siècle.
Structure	Plus la comédie est proche de la farce, plus la pièce tend à être courte.
	Plus la comédie cherche à s'élever, plus elle imite la structure de la tragédie en cinq actes, de l'exposition au dénouement qui devra forcément être heureux (résoudre le conflit, rétablir l'harmonie).
	Les auteurs dramatiques prennent en général plus de liberté dans la comédie que dans la tragédie.
	Au XVII° siècle, il y a respect de la règle classique des trois unités et de la bienséance.
Thématique	La réalité quotidienne, la vie privée, en général.
	Selon les thèmes privilégiés, on utilisera l'une ou l'autre des dénominations suivantes :
	• Comédie de caractère : intrigue fondée sur une opposition psychologique.

Un chapitre sur les tonalités littéraires sert de conclusion à cette description des genres et des formes littéraires.

La cinquième partie décrit les **courants littéraires de France et du Québec** sous forme de tableaux.

Du Moyen Âge à la postmodernité, tous les courants français sont présentés en ordre chronologique.

12.6 Le romantisme

Tableau des caractéristiques du romantisme

Époque, principaux représentants et genres privilégiés	Première moitié du XIX° siècle
	D'un Napoléon à l'autre avec un intermède monarchique, la France n'oublie pas les idéaux de la Révolution.
	Les écrivains romantiques sont les derniers à s'illustrer également dans tous les genres littéraires, mais ils abordent l'écriture d'abord en poètes. La poésie est donc, à l'époque, le genre de prédilection. Toutefois, tant hier qu'aujourd'hui, le théâtre et les récits romantiques rejoignent un plus grand public. Plusieurs écrivains romantiques pratiquent aussi la littérature fantastique, appelée à l'époque « romantisme noir ». (Voir à ce sujet les caractéristiques du récit fantastique, p. 26.) Invention de nouvelles formes littéraires : le drame romantique et la comédie sentimentale.
	En France : François René de Chateaubriand, Alphonse de Lamartine, Alfred de Musset, Alfred de Vigny, Victor Hugo, George Sand, Alexandre Dumas et autres.
	Au Québec, le romantisme est plus tardif et son influence s'exerce de façon diffuse sur plusieurs écrivains de la fin du XIX° siècle jusqu'au début du XX°, mais de façon plus marquée sur Octave Crémazie, François-Xavier Garneau et Louis Fréchette.
Caractéristique générale : l'expression de la subjectivité et de l'émotion	• Le but est de peindre la réalité extérieure ou intérieure d'un point de vue personnel, en favorisant le ton confidentiel, le lyrisme et le pathétique, et en se méfiant de la sèche raison.
	• Narration souvent subjective à tendance autobiographique ; autrement, adoption fréquente d'une focalisation interne, notamment dans les récits fantastiques.
Intrigues intenses donnant généralement primauté à l'imaginaire	• Personnages idéalisés, magnifiés et parfois monstrueux ou maléfiques.
	• Personnages masculins jeunes, conçus à l'image de leur créateur, artistes et marginaux.
	• Amants ténébreux, héros désillusionnés.
	• Personnages féminins idéalisés et contrastés (stéréotypes de la femme

Lorsque ces courants trouvent leur correspondant en littérature québécoise, des explications particulières les concernant sont alors intégrées à ces tableaux.

Les courants plus spécifiques à la littérature québécoise font l'objet de tableaux à part.

La sixième partie s'intéresse à l'écriture littéraire : elle présente le contexte d'énonciation et son lien avec la littérature, les connaissances grammaticales reliées aux effets stylistiques et les différents procédés stylistiques.

Les **définitions** sont accessibles et accompagnées d'exemples éclairants. Des commentaires peuvent aussi apporter des précisions sur les conditions d'emploi, par les écrivains, et autres particularités (**À noter**) de certaines notions ou procédés et sur les **effets** attendus chez le lecteur.

Les figures de style sont classées en 6 catégories pour faciliter leur repérage et leur compréhension.

Des **extraits d'œuvres** de la littérature québécoise et française permettent d'illustrer les notions en tenant compte de contextes d'énonciation variés.

---

5. Figures syntaxiques

Elles se rapportent à l'organisation des mots à l'intérieur de la phrase et d'une phrase à l'autre.

À noter La transformation syntaxique peut s'effectuer par l'addition de mots ou par leur suppression ou encore par permutation, toujours dans l'intention de créer un effet stylistique.
Encore une fois, il est à noter que cette division, pratique certes, est partiellement arbitraire puisque la plupart des figures influencent la structure de la phrase.

Chiasme

Figure de symétrie qui implique un croisement ou une permutation dans la disposition des termes de la phrase.

Effet Souligne souvent des paradoxes logiques par un processus d'inversion symétrique.

Exemples	Analyse
Tiré d'un récit « On passe les trois quarts de sa vie à **'faire sans 'vouloir et à 'vouloir sans faire'.** » André Malraux	*Le chiasme fonctionne comme un jeu de mots, qui souligne souvent des paradoxes logiques par un processus d'inversion symétrique. André Malraux s'en sert pour exprimer une vision de la vie se rattachant à la thématique de l'absurde. « Faire sans vouloir » renvoie à l'idée que l'être humain ne choisit pas toujours la direction que prend sa vie, qu'il peut même être entraîné à agir contre sa volonté, contre ses valeurs. L'être humain passe aussi une partie de sa vie à souhaiter des choses qu'il ne réalisera jamais.*
Tiré d'une pièce de théâtre « Le Comte Ce que je **méritais,** vous l'avez **emporté.** Don Diègue Qui l'a **gagné** sur vous s'avait mieux **mérité.** Le Comte Qui peut mieux l'exercer en est bien le plus digne. Don Diègue En être refusé n'en est pas un bon signe. » Corneille, *Le Cid*, 1636	*Dans cette succession de vers, les personnages du père et du fils font des jeux de mots à partir de l'idée du mérite, qui occupe une grande place dans le code de l'honneur des nobles au XVIIe siècle. La structure de l'alexandrin met en relief l'effet du chiasme puisque le mot « méritais » apparaît au premier hémistiche dans la réplique du Comte, et qu'il se déplace au second dans celle de Don Diègue. Les deux autres réparties, sans être à proprement parler des chiasmes, font écho aux deux premières en poursuivant l'effet de paradoxe.*

---

3. Figures de substitution

Elles se rapportent aux remplacements de mots ou de phrases par d'autres, équivalentes.

Antiphrase

Phrase qui exprime l'inverse de ce que pense ou ressent le locuteur. Généralement mise au service de l'ironie.

▷ Comment repérer l'antiphrase ?

En se rapportant à la connaissance que l'on a des personnages qui ne disent pas les paroles attendues de leur part ou qui ne semblent pas tenir compte du contexte.

Exemples	Analyse
Tiré d'un récit « Allez, venez les garçons, on va dégager d'ici, faire ce qu'on aurait dû faire depuis longtemps : débarrasser le plancher tous les trois, [...] regarde, Jerry, c'est la liberté ultime [...]. » Frédéric Beigbeder, *Windows on the World*, 2003	*Dans ce roman composé immédiatement après l'attaque terroriste des deux tours du World Trade Center, Frédéric Beigbeder imagine une intrigue, plausible dans les circonstances, celle d'un père retenu prisonnier au dernier étage de l'une des tours avec ses deux fils. Après avoir épuisé tous les espoirs d'être secouru, le père se résigne au suicide avec ses enfants. Dans les derniers moments, le narrateur use d'une antiphrase avant de se jeter dans le vide : il fait croire que tous trois s'envolent vers la liberté, un peu comme pourraient le faire les super héros des bandes dessinées dont sont friands ses enfants. Dans ce cas particulier, l'antiphrase contribue au cynisme de la situation puisque les personnages sont des victimes innocentes de la folie meurtrière des hommes.*
Tiré d'une pièce de théâtre « Don Juan, *faisant de grandes civilités* — Ah ! monsieur Dimanche, approchez. Que je suis **ravi de vous voir,** et que je veux de mal à mes gens de ne vous pas faire entrer d'abord ! J'avais donné ordre qu'on ne me fît parler personne, mais cet ordre n'est pas pour vous, et **vous êtes en droit de ne trouver jamais de porte fermée chez moi.** Monsieur Dimanche — Monsieur, je vous suis fort obligé. [...] Don Juan — Comment ! vous dire que je n'y suis pas, à monsieur Dimanche, **au meilleur de mes amis !** » Molière, *Dom Juan*, 1665	*Dans cette comédie composée en prose, Molière met en scène un personnage de libertin non dépourvu d'ambiguïté, à la fois grand seigneur et vil profiteur. Dans ce passage, il reçoit avec civilité Monsieur Dimanche, un bourgeois venu lui réclamer le remboursement de sa dette. Don Juan lui fait croire perfidement à son amitié, comme en témoignent les antiphrases surlignées, alors que la tactique vise en réalité à se débarrasser de l'importun sans lui donner un sou.*

La **mise en application des notions au moyen d'extraits** est intégrée à une **démarche d'analyse progressive**, qui comprend les étapes suivantes :

une étude méthodique de l'extrait qui tient compte de la théorie sur le genre ;

Extrait

« Acte I, scène 2, Figaro, *seul*.
La charmante fille ! toujours riante, verdissante, pleine de gaieté, d'esprit, d'amour et de délices ! mais sage ! (*Il marche vivement en se frottant les mains.*) Ah, Monseigneur ! mon cher Monseigneur ! vous voulez m'en donner... à garder ? Je cherchais aussi pourquoi, m'ayant nommé concierge, il m'emmène à son ambassade et m'établit courrier de dépêches. J'entends, Monsieur le Comte ; trois promotions à la fois : vous, compagnon ministre ; moi, casse-cou politique, et Suzon, dame du lieu, l'ambassadrice de poche, et puis fouette courrier ! Pendant que je galoperais d'un côté, vous feriez faire de l'autre à ma belle un joli chemin ! Me crottant, m'échinant pour la gloire de votre famille ; vous, daignant concourir à l'accroissement de la mienne ! Quelle douce réciprocité ! Mais, Monseigneur, il y a de l'abus. Faire à Londres, en même temps, les affaires de votre maître et celles de votre valet ! [...] Non, dissimulons avec eux pour les enferrer l'un par l'autre. Attention sur la journée, monsieur Figaro ! D'abord avancer l'heure de votre petite fête, pour épouser plus sûrement ; écarter une Marceline qui de vous est friande en diable ; empocher l'or et les présents ; donner le change aux petites passions de Monsieur le Comte ; étriller rondement Monsieur du

la formulation de pistes d'interprétation ;

Observation : Questions à poser

- ➤ À quoi reconnaît-on que le texte appartient au genre dramatique ?
- Le texte se présente comme une succession de répliques attribuées à des personnages, Figaro, Marceline et Bartholo.
- Les **didascalies** accompagnant les répliques confirment le classement du texte.
- ➤ Comment s'organise ici le dialogue ?
- La scène 2 est constituée d'un **monologue**.
- En fait, Figaro s'adresse d'abord à un destinataire absent, le comte, son maître, qu'il interpelle (voir marques du destinataire

- On trouve un parallélisme (placé en symétrie) au service d'un jeu de mots dans la dernière réplique.
- ➤ Qu'apprend-on sur les personnages ?
- L'extrait permet de dresser la structure du schéma actanciel :
  – Figaro, sujet de la quête ;
  – Suzanne, son objet ;
  – le comte, opposant principal ;
  – Bartholo et Marceline, opposants secondaires. **G›**
- Par ailleurs les didascalies, tout autant que

l'élaboration du plan de la dissertation ;

Comment progresser vers la rédaction ?

- Dégager la piste d'analyse : *étudier le rapport du valet au maître*. L'étudiant peut s'appuyer sur le schéma actanciel pour analyser ce rapport.
- Planifier le texte.
  1. Répartition des rôles par rapport à la quête principale.
  2. Conflits et résolution des conflits.
  3. Transformation du héros par rapport à lui-même et aux autres personnages.
- Rédiger des paragraphes de développement : intégrer les concepts relatifs au genre dramatique, illustrer le tout par des exemples et des citations.

la rédaction de paragraphes de développement illustrant l'intégration de la théorie à l'analyse.

Exemple de paragraphe

Beaumarchais effectue dans sa pièce un changement significatif par rapport à la tradition classique : le valet est placé au centre de l'intrigue, c'est lui le héros, le sujet de la pièce. Le comte, son maître, devient un personnage secondaire. Il a pour fonction de s'opposer au projet de mariage de son valet puisqu'il cherche à séduire lui-même Suzanne, sa domestique. Le monologue permet à Figaro non seulement de prendre la parole sous les éclairages, mais aussi d'occuper le centre de la scène. L'attention du lecteur lui est alors totalement consacrée. En outre, le comte représente l'obstacle dans la quête de Figaro, qui veut épouser Suzanne. Le maître est montré comme un profiteur blasé, et son comportement est dénoncé par Figaro lorsqu'il dit : « Mais, Monseigneur, il y a de l'abus. » Le valet prend conscience de certaines injustices dont se rend coupable l'aristocrate, ici représentée par le comte (titre de noblesse) Almaviva.

La septième partie fournit des outils d'analyse, de rédaction et de révision.

16.1 Comment lire un texte littéraire ?	
Planifier la lecture du texte	
Tenir compte des objectifs de lecture.	• Décider de l'annotation à effectuer en tenant compte de l'intention de lecture ou des consignes de l'enseignant ou de l'enseignante. • Orienter la lecture en tenant compte de la tâche à réaliser (réponses à des questions de développement, analyse, dissertation, exposé, etc.).
Tenir compte : – de la nature du texte ; – du contexte d'énonciation ; – des intentions de l'auteur.	• Classer le texte dans un genre (narratif, dramatique, etc.) et une forme littéraire (roman, chanson, poème, conte fantastique, tragédie, comédie, essai, etc.) et consulter la théorie s'y rapportant. • Situer l'auteur du texte dans le temps et l'espace à l'aide de sources documentaires diversifiées. • Se référer au courant littéraire dans lequel s'inscrit le texte (classicisme, romantisme, etc.). • Tenir compte du contexte sociohistorique ou socioculturel (Moyen Âge, Renaissance, Après-guerre, revendication identitaire, ou le terroir au Québec, etc.). • Consulter la biographie de l'auteur, les jugements et critiques de l'œuvre pouvant aider à dégager les intentions de l'écrivain. **G›**
Tenir compte de la structure du texte.	• S'interroger sur le sens du titre et tenir compte des informations qui accompagnent le texte proprement dit pour anticiper son contenu. • Observer l'organisation du texte en chapitres, paragraphes, strophes, actes, scènes, etc., et son incidence sur le sens.
Comprendre le texte	
Lire efficacement le texte	• Dans le cas d'un récit ou d'une pièce de théâtre, repérer l'intrigue

Le **glossaire** (**G›**) regroupe et définit plusieurs autres concepts liés à la littérature.

La **consultation** de *L'Abrégé* est **facilitée** par une mise en page vivante, qui favorise un **repérage efficace** des notions, et par un index détaillé.

Table des matières

Partie 6 L'écriture littéraire

Partie 7 La méthodologie

Le R*écit*

Chapitre **1**

Le genre narratif

1.1 Entrée en matière

Tout **récit** comprend une histoire (ce qui est raconté) et une narration (la façon de raconter). L'**histoire** est faite d'un enchaînement d'événements, qui modifient le parcours de personnages engagés dans la **quête** d'un objet particulier. La **narration** est l'ensemble des moyens utilisés pour régir le récit. En littérature, les principaux types de récits sont fictifs; ils proposent la **vision du monde** d'un auteur, qui cherche par ailleurs à se distinguer par son style d'écriture. **G›**

La **lecture** est un processus interactif: par l'analyse, le récepteur dégage une interprétation du récit. En effet, les idées ne sont généralement pas formulées explicitement dans un récit; pour atteindre le destinataire, elles passent par la médiation des personnages et de l'intrigue.

Enfin, il est possible de trouver, dans tout type de texte, des passages narratifs: au théâtre, par exemple, il se peut qu'un personnage raconte une anecdote ou qu'un essayiste inclue un passage narratif pour illustrer une argumentation. Toutefois, les notions présentées ici visent surtout l'analyse des principales formes du récit fictif: le roman, la nouvelle et le conte.

1.2 Notions clés par ordre alphabétique

Dialogue (ou discours rapporté)

Procédé narratif qui permet au **narrateur** de rapporter les paroles ou les réflexions d'un personnage de différentes manières: discours direct, discours indirect, discours indirect libre, monologue intérieur. **G›**

Discours direct

Les paroles du personnage sont prises sur le vif, et le tiret ou les guillemets leur servent de marqueurs typographiques. Ce discours s'inscrit généralement dans un échange verbal entre personnages; il suppose que le narrateur fait entendre les paroles ou les pensées d'un personnage.

EFFET Augmenter l'impression de **vraisemblance** et conférer à la scène une plus grande vivacité. **G›**

Exemple

L'enfant dit à sa mère :

– Maman, je ne veux plus jouer avec mon petit voisin.

Ou

L'enfant s'adressa à sa mère : « Maman, je ne veux plus jouer avec mon petit voisin. »

Ou

L'enfant regarda sa mère. « Maman, dit-il, je ne veux plus jouer avec mon petit voisin. »

Ou

L'enfant rétorqua « je ne veux plus jouer avec mon petit voisin » à sa mère qui ne l'écoutait pas.

À noter La proposition incise « dit-il », qui pourrait être suivie d'une autre comme « répondit-il » (ou d'autres synonymes), permet au lecteur de suivre le cours des échanges entre les personnages.

Exemple	Analyse
Tiré d'un roman « "Puis-je répondre par une question ?" À son tour le docteur sourit : "Vous aimez le mystère, dit-il. Allons-y. – Voilà, dit Tarrou. Pourquoi vous-même montrez-vous tant de dévouement puisque vous ne croyez pas en Dieu ?" » Albert Camus, *La peste*, 1947	*Camus utilise le dialogue direct afin de maintenir l'intérêt du lecteur par rapport à un échange entre personnages qui argumentent sur un sujet sérieux : la croyance en l'existence de Dieu. Les répliques courtes et le vocabulaire accessible contribuent à donner à la scène une grande vivacité, mais aussi une grande lisibilité.*

Discours indirect

Les paroles du personnage sont rapportées à l'aide d'un verbe déclaratif qui les précède ou qui se trouve en incise dans les paroles rapportées. Les signes typographiques comme le tiret ou les guillemets qui, normalement, introduisent le discours direct, disparaissent. Ce type de discours implique d'habitude l'usage d'une conjonction de subordination suivant le verbe déclaratif : le « que ».

EFFET Maintenir l'effet de **vraisemblance** et introduire de la variété dans la façon de régir le dialogue. Établir une plus grande distance par rapport aux propos du personnage. **G›**

Exemple

L'enfant dit à sa mère qu'il ne voulait plus jouer avec son petit voisin.

Exemple	Analyse
Tiré d'un roman « Sans sortir de l'ombre, le docteur dit qu'il avait déjà répondu, que s'il croyait en un Dieu tout-puissant, il cesserait de guérir les hommes, lui laissant alors ce soin. Mais personne au monde, non, pas même Paneloux qui croyait y croire, ne croyait en un Dieu de cette sorte, puisque personne ne s'abandonnait totalement et qu'en cela du moins, lui, Rieux, croyait être sur le chemin de la vérité, en luttant contre la création telle qu'elle était. » Albert Camus, *La peste*, 1947	*Dans cet exemple, le dialogue semble glisser vers la narration ; le lecteur n'est donc plus certain que les paroles rapportées ne sont attribuables qu'au personnage. Si on en compare l'effet avec celui du discours direct, on doit convenir qu'il est différent : le rythme du dialogue, forcément ralenti, peut inciter le lecteur à porter une plus grande attention, si ce n'est l'amener à réfléchir au sujet même de la discussion, l'existence de Dieu.*

Discours indirect libre

Les réflexions et les paroles du personnage sont rapportées sans qu'aucun signe particulier indique la transition de la narration à l'énoncé des pensées et des paroles de ce personnage. Ce type de discours s'inscrit cependant toujours dans un dialogue.

EFFET Introduire aussi de la variété dans la façon de régir le dialogue. Intérioriser le discours, comme si on passait de la parole à la pensée.

Exemple

L'enfant se plaignit à sa mère. Il ne voulait plus jouer avec son petit voisin.

Autre possibilité : le **discours narrativisé. G>**

Exemple	Analyse
Tiré d'un roman Le passage cité de *La peste* de Camus pourrait être modifié de la façon suivante : « Sans sortir de l'ombre, le docteur constata qu'il avait déjà répondu. Il ne soignerait plus les hommes s'il croyait en un Dieu tout-puissant, il s'en remettrait plutôt à lui pour les guérir. » Albert Camus, *La peste*, 1947	*Le discours indirect libre se distingue à peine du discours indirect. Cependant, la modification ci-contre permet de très bien saisir l'effet recherché : le lecteur a l'impression que parole et pensée se conjuguent et que la frontière entre les deux est abolie.*

Monologue intérieur

Expression de la pensée intime, qui semble s'échapper de l'inconscient, hors du contrôle de la raison, souvent dans une syntaxe marquée par la discontinuité, et sans recherche d'auditeur. Toutes les marques associées au dialogue disparaissent alors. On trouve fréquemment ce type de discours dans des romans contemporains.

EFFET Donner accès à la pensée intime du personnage, si ce n'est à son inconscient.

Exemple

À l'enfant, il lui semble que… sa mère devrait… comment lui faire comprendre… son petit voisin… non vraiment, jouer avec lui…

Exemple	Analyse
Tiré d'un roman « Là, il lui semble qu'il perçoit… on dirait qu'il y a là comme un battement, une pulsation… Cela s'arrête, reprend plus fort, s'arrête de nouveau et recommence… […] » Nathalie Sarraute, *Entre la vie et la mort*, 1968	*Le monologue intérieur permet au personnage de mettre au jour les petits drames de sa vie intérieure, de révéler ses hésitations et ses peurs devant la vie, de dévoiler tout ce qui échappe à une observation rationnelle. La ponctuation (les points de suspension) rend compte de l'aspect chaotique des émotions vécues par le personnage.*

Intrigue (synonyme d'action)

Ensemble des événements fictifs qui transforment le **héros** et sa relation avec les autres personnages, depuis le début jusqu'à la fin du récit. Plusieurs possibilités s'offrent à l'auteur pour organiser sa **fiction**, qui se résument essentiellement à centrer le récit sur une seule intrigue ou sur plusieurs, selon les modalités décrites ci-après. **G>**

Enchaînement

Succession d'événements d'une seule et unique intrigue, en ordre chronologique et logique, soit de cause à conséquence. Ce choix a pour effet de clarifier la logique du récit et d'en faciliter la lecture.

Exemple	Analyse
Tiré d'un roman L'homme vole un pain pour nourrir ses enfants. Le pâtissier le voit. Il appelle le gendarme. Le gendarme poursuit le voleur. Il l'arrête et le mène en prison. <div align="right">Victor Hugo, *Les misérables*, 1862</div>	*En s'appuyant sur l'exemple proposé, on peut constater que ce mode d'organisation des événements apparaît plus logique, et, par conséquent, plus accessible au lecteur. Il favorise une plus grande lisibilité du récit. C'est le choix que font notamment les écrivains réalistes.*

Alternance

Entrelacement de deux intrigues, ordinairement reliées à la **quête** de divers personnages. **G>**

Lorsque les deux intrigues se déroulent dans une même temporalité, on parlera de parallélisme.

Il peut s'agir également d'usage de temporalités différentes (temps présent / temps passé ; temps réel / temps rêvé).

Exemple	Analyse
Tiré d'un roman • Jules et Jim aiment la même femme, Catherine. Par amitié, ils décident de renoncer à leur amour et chacun part de son côté affronter la vie. • Le lecteur va donc suivre en parallèle le récit des aventures de chacun. • Dans un chapitre, le **narrateur** raconte une partie des aventures de Jim, et poursuit la narration du reste dans le chapitre suivant, dans lequel il raconte également une partie de celles de Jules ; puis dans le chapitre suivant, il alterne les aventures de Jules avec celles de Jim, et ainsi de suite... **G>** • Et ce, jusqu'à ce que les deux amoureux du début retrouvent Catherine et décident de former un triangle amoureux. <div align="right">Henri-Pierre Roché, *Jules et Jim*, 1953</div>	*La mise en parallèle d'histoires permet de décentraliser le récit et, ainsi, de ne pas favoriser un personnage plus qu'un autre. Elle donne l'occasion au lecteur de se soustraire au point de vue unique sur les événements : ici, Jules n'est pas mieux représenté que Jim et aucun des deux n'est perçu comme le héros qui impose sa vision du monde ou sa morale. Elle permet également de faire ressortir les nuances dans le traitement des thèmes de l'amour et de l'amitié. Aucun des personnages ne possède la vérité absolue ; tout est relatif. **G>***

Enchâssement

Insertion d'une seconde intrigue dans l'histoire principale.

Exemple	Analyse
• François fait la connaissance de sa mystérieuse voisine de palier, Alice (au premier chapitre). • Dans les quatre chapitres suivants, l'auteur raconte l'histoire d'amour des deux jeunes gens par étapes, jusqu'à ce que François tombe sur le journal intime d'Alice. • Le chapitre qui suivra cette découverte plongera le lecteur dans la narration d'un épisode tiré du journal, où apparaîtront de nouveaux personnages que le lecteur ne connaissait pas jusqu'alors. Le lecteur apprend aussi qu'Alice a un passé trouble : elle a déjà vécu de prostitution. (Nous sommes donc en présence de l'intrigue enchâssée, ou du récit enchâssé.) • Cette nouvelle intrigue peut nécessiter un changement de narrateur.	*Dans l'exemple proposé, l'enchâssement offrirait l'occasion de percer un secret, celui de la vie antérieure du personnage féminin.*

Narration et focalisation

La façon de raconter une histoire implique essentiellement deux choix.

- Un type de **narrateur**, c'est-à-dire le choix d'une voix qui raconte l'histoire. Pour la trouver, le lecteur doit se demander « qui raconte ? », ou encore, « qui prend en charge le récit ? ».

- Une variété de **focalisation**, c'est-à-dire le choix de la perspective avec laquelle l'action sera décrite. La focalisation peut demeurer statique tout au long du récit ou varier d'une scène à l'autre ; elle peut même varier à l'intérieur d'une même scène.

> Le **narrateur** est donc celui qui est chargé du récit.
>
> ▷ Les questions à poser : « Qui raconte ? Qui régit la narration, qui la prend en charge ? »

Narrateur à la première personne

Narrateur présent ou représenté sous forme de personnage qui raconte l'histoire en usant du pronom « je ».

EFFET Toute subjectivité dans la narration pousse le lecteur à adopter une vision semblable à celle du narrateur. Le lecteur a tendance à adopter les valeurs de celui qui raconte.

Deux possibilités :

1. Narrateur protagoniste ou narrateur-héros qui raconte sa propre histoire.

EFFET Stimuler l'identification du lecteur au protagoniste :
- voir le monde par un regard unique ;
- donner un caractère autobiographique à certains récits.

Exemples	Analyse
Tirés de romans « J'ai arpenté les cours pavées jusqu'à ce que le soir tombe. Impossible de trouver mon père. Je ne l'ai plus jamais revu. [...] » Patrick Modiano, *Dora Bruder*, 1997 « J'écris sexy. J'écris la jupe courte et la jambe longue. Mon soliloque sollicite. » Mario Girard, *Le ventre en tête*, 1996	*Dans ces deux extraits, la présence du pronom à la première personne, le « je », indique que le héros joue le rôle de narrateur. Dans l'extrait de Patrick Modiano, le caractère autobiographique du roman est mis en lumière par la référence au père et par le fait qu'il est connu de source sûre que Modiano a effectivement passé une partie de sa vie à tenter de résoudre l'énigme de ce père disparu durant la Seconde Guerre mondiale. Dans l'extrait de Mario Girard, le choix d'un narrateur subjectif marque une intention de provoquer, confirmée notamment par l'usage du terme « sexy ».*

2. Narrateur témoin, qui raconte l'histoire du **héros** (le narrateur n'est donc pas le personnage principal au centre de la **fiction**).

EFFET Augmenter l'ascendance du héros sur le lecteur puisque les **péripéties** vécues par le protagoniste sont observées par les yeux d'un témoin qui, la plupart du temps, admire le héros ; par ailleurs, conserver des zones d'ombre puisque le témoin ne sait pas tout du héros. **G>**

Exemple	Analyse
Tiré d'un roman « Il arriva chez nous un dimanche de novembre 189… Je continue de dire "chez nous", bien que la maison ne nous appartienne plus. » Alain-Fournier, *Le Grand Meaulnes*, 1913, incipit du roman	*Le jeu des pronoms est plus complexe dans un récit raconté par narrateur témoin. Le « je » (« Je continue ») se rapporte ici à un personnage secondaire, François Seurel, qui raconte l'histoire du héros Augustin Meaulnes (« Il arriva »), qui donne son titre au roman, le Grand Meaulnes. Le « nous » (« chez nous ») renvoie à la maison d'enfance du narrateur, jouxtée à l'école, où le père de François est instituteur. L'amitié qui va se tisser entre les deux personnages devient un des thèmes du roman ; tout au long du récit, l'attachement oscille entre admiration et désillusion.*

Narrateur à la troisième personne

Narrateur non représenté en tant que personnage ou absent du récit. L'histoire donne en quelque sorte l'impression de se raconter par elle-même.

Le **narrateur** :
* donne accès à l'intériorité des personnages, à leurs pensées ;
* peut se déplacer vers leur passé ou se projeter dans l'avenir ;
* en sait plus que tous les personnages.

Le narrateur adopte en quelque sorte le point de vue de Dieu sur ses créatures : rien ne lui échappe.

EFFET Contribuer à l'illusion de **vraisemblance** puisque la réalité semble observée avec neutralité. L'auteur jouit d'une plus grande liberté dans la narration. Le lecteur doit toutefois tenir en éveil son esprit critique, car ce procédé ne fait que créer l'**illusion** de l'objectivité ou de la neutralité. **G>**

Exemple	Analyse
Tiré d'un roman « Après un dernier moment d'attente et d'anxiété, pendant lequel l'excès de l'émotion mettait Julien comme hors de lui, dix heures sonnèrent à l'horloge qui était au-dessus de sa tête. Chaque coup de cloche fatal retentissait dans sa poitrine, et y causait comme un mouvement physique. Enfin, comme le dernier coup de dix heures retentissait encore, il étendit la main et prit celle de Madame de Rênal, qui la retira aussitôt. Julien, sans trop savoir ce qu'il faisait, la saisit de nouveau. » Stendhal, *Le rouge et le noir*, 1830	*Pour déterminer s'il s'agit d'un narrateur non représenté, il importe de se reporter aux descriptions et non aux parties dialoguées. Quand les personnages sont nommés dans l'intrigue par leur nom ou leur prénom ou qu'on se réfère à eux par l'usage du pronom personnel de la troisième personne, comme c'est le cas dans l'extrait mettant en scène Madame de Rênal et Julien, le lecteur peut alors déduire avec sûreté que le narrateur n'est en rien un personnage du récit. L'usage d'un narrateur non représenté donne à ce dernier beaucoup de latitude. Le lecteur a en effet accès à l'intériorité du personnage nommé Julien, à son « anxiété » et à son « excès d'émotion » ; non seulement il perçoit les sensations intimes du personnage lors de ce « coup de cloche qui retentit dans sa poitrine », mais il observe aussi les gestes qu'il fait, comme celui d'étendre la main. Il peut également surveiller les réactions de Madame de Rênal. Si l'extrait était plus long, il connaîtrait même ses pensées les plus intimes.*

Narrataire

Le **narrataire** est le destinataire fictif, inscrit dans certaines œuvres, à qui l'auteur, qui intervient dans son récit, s'adresse occasionnellement.

EFFET Retenir l'attention du lecteur tout en commentant l'action.

À noter Michel Butor a écrit *La modification*, un roman notamment célèbre par l'inscription d'un destinataire fictif dans l'œuvre : le « vous », qui renvoie à un narrataire au statut ambigu. Ce roman illustre les explorations narratives des Nouveaux romanciers de l'après-guerre.

Exemple	Analyse
Tiré d'un roman « Mais, sachez-le bien, à peine avez-vous fait un pas vers le tapis vert, déjà votre chapeau ne vous appartient pas plus que vous ne vous appartenez à vous-même : vous êtes au jeu, vous, votre fortune, votre coiffe, votre canne et votre manteau. » Balzac, *La peau de chagrin*, 1831	*Les narratologues, qui se spécialisent dans l'étude du récit, considèrent que les interventions d'un auteur dans le récit témoignent d'une influence : celle de l'art du conteur de tradition orale, contraint de réclamer constamment l'attention de son auditoire. Dans l'exemple ci-contre, Balzac s'adresse à une sorte de lecteur fictif pour le prévenir des dangers reliés au jeu de hasard. En procédant de la sorte, il vise aussi à susciter l'intérêt du lecteur en l'interpellant directement, comme le faisait auparavant le conteur, qui tentait sans répit de conserver l'intérêt de ses interlocuteurs.* **G>**

Focalisation

Technique narrative qui permet de raconter une histoire en variant l'angle de perception. En cours de récit, le lecteur peut être amené à regarder une scène par les yeux d'un ou de plusieurs personnages. Le lecteur se demande alors « de quel point de vue la scène est-elle observée ? ».

À noter Le romancier peut donc faire le choix d'une seule focalisation, maintenue tout au long du récit, ou de plusieurs qui varient au fil du déroulement des scènes.

> La focalisation est donc une technique narrative qui permet au lecteur de regarder une scène avec les yeux d'un ou de plusieurs personnages.
>
> ▷ La question à poser : De quel point de vue la scène est-elle observée ?

Dans le cas d'un narrateur à la première personne

Le choix d'un narrateur à la première personne entraîne généralement comme conséquence l'adoption d'une **focalisation interne** (point de vue du personnage narrateur sur les événements, les choses ou les êtres).

- Le choix d'un narrateur à la première personne a généralement pour conséquence le maintien de la focalisation interne tout au long du récit.
- Mais il existe quelques rares exceptions, comme *L'étranger* d'Albert Camus : la narration à la première personne coexiste avec l'adoption d'une focalisation externe, ce qui confère notamment à cette œuvre son originalité.

EFFET Les mêmes que pour la narration à la première personne puisqu'ici, narration et focalisation ne font qu'un.

Exemple	Analyse
Tiré d'un roman « C'est pénible cette conversation dont je fais les frais : je meuble, je dis n'importe quoi, je déroule la bobine, j'enchaîne et je tisse mon suaire avec du fil à retordre. Là vraiment j'exagère en lui racontant que je fais une dépression nerveuse et en me composant une physionomie de défoncé. » Hubert Aquin, *Prochain épisode*, 1965	*On reconnaît ici que le narrateur qui dit « je » adopte une focalisation interne puisque c'est la perception de sa propre maladie qu'il présente. Il se regarde agir, entraînant le lecteur dans le doute : le héros fait-il une dépression nerveuse ou feint-il une maladie mentale ? Ce choix de focalisation contribue à l'efficacité du récit et à sa complexité : le lecteur est tenu captif de la perception du héros qui, bientôt, va se dédoubler et même se démultiplier dans la suite de l'intrigue.*

Dans le cas d'un narrateur à la troisième personne

Dans le cas d'un narrateur à la troisième personne, il y a **trois possibilités de focalisation** :

1. Focalisation interne : la perspective d'un personnage est privilégiée.

Certains écrivains font le choix de maintenir cet angle de perception tout au long d'un récit.

D'autres se servent de ce procédé comme d'un moyen alternatif pour varier la façon de présenter l'action dans une scène.

EFFET Limiter la connaissance que peut avoir le lecteur de ce qui se passe en cours d'action, en donner une vision partiale.

Exemple	Analyse
Tiré d'un roman « Claire s'attarda dans son cabinet. Elle resta à contempler la minuscule salle d'examen, l'acier brillant des étriers de la table, les instruments et les flacons bien alignés dans le meuble vitré. Elle s'assit dans l'un des deux fauteuils destinés aux patients et elle regarda autour d'elle comme le ferait un malade venant pour la première fois. [...] » Emmanuèle Bernheim, *Sa femme*, 1993	*L'adoption d'un point de vue interne qui se maintient dans un récit à la troisième personne, comme c'est le cas pour Sa femme d'Emmanuèle Bernheim, est plutôt rare ; elle contribue à l'originalité de ton de ce roman. Tout au long de l'histoire, le regard de l'héroïne sur le monde est privilégié, sans que celle-ci prenne pour autant en charge le récit. Nous voyons tout par les yeux de Claire, mais l'impression est celle d'une dépersonnalisation, comme si le personnage n'arrivait pas à exprimer sa vérité en ses propres mots. Le laconisme de Claire semble nous indiquer que la protagoniste éprouve de la difficulté à entrer en relation avec autrui autrement que par le contact physique.*

2. Focalisation externe : la scène est racontée en se limitant à l'observation des signes extérieurs, notamment en observant comment s'exprime l'émotion sur le visage ou dans les attitudes et les gestes des personnages, et en renonçant à pénétrer leur conscience.

Certains écrivains américains ont fait le choix de maintenir ce type de focalisation tout au long d'un récit : c'est ainsi le cas du grand écrivain Ernest Hemingway. Les écrivains existentialistes reconnaissent l'influence de cet auteur américain sur leur mode de composition romanesque.

Mais, en général, les romanciers se servent de la focalisation externe comme d'un moyen alternatif pour varier la façon de présenter l'action dans une scène.

EFFET Adopter un point de vue objectif qui ressemble à celui du reporter lorsqu'il fournit de l'information. Le lecteur ne peut saisir l'émotion que par la seule description de signes extérieurs.

Exemple	Analyse
Tiré d'un roman « Dans le couloir, elle a demandé à l'homme s'il désirait entrer. Il a pincé ses lèvres entre ses doigts, s'est gratté les sourcils. Des larmes ont perlé aux cils du futur grand-père [...]. » Hélène Monette, *Plaisirs et paysages kitsch*, 1997	*Dans cet extrait, la souffrance du vieil homme s'exprime uniquement par des signes extérieurs, soit le fait de « pincer les lèvres » ou de pleurer. Il n'y a aucune incursion dans les pensées intimes du personnage. On s'en tient pratiquement à décrire la gestuelle. Le choix d'une focalisation externe réduit donc les possibilités du narrateur, étant donné que ce dernier se limite à l'observation, sans s'aventurer dans l'introspection.*

3. Focalisation zéro, omnisciente: la scène est racontée en variant de point de vue; le narrateur rapporte les paroles tout autant que les pensées de plusieurs personnages.

EFFET Donner l'impression de la neutralité dans une vision plus large, plus globale de la réalité. Les romanciers réalistes et les auteurs de romans de mœurs privilégient cette focalisation parce qu'elle permet de traduire toute la dynamique sociale.

Exemple	Analyse
Tiré d'un roman « Les femmes (de mineurs [en grève]) avaient paru, près d'un millier de femmes, aux cheveux épars, dépeignés par la course, aux guenilles montrant la peau nue, des nudités de femelles lasses d'enfanter des meurt-de-faim. [...] Et, en effet, la colère, la faim, ces deux mois de souffrance et cette débandade enragée au travers des fosses, avaient allongé en mâchoires de bêtes fauves les faces placides des houilleurs de Montsou. [...] Elles (les bourgeoises) s'effrayaient pourtant, elles reculèrent près de Mme Hennebeau, qui s'était appuyée sur une auge. L'idée qu'il suffisait d'un regard, entre les planches de cette porte disjointe, pour qu'on les massacrât, la glaçait. Négrel se sentait blêmir, lui aussi, très brave d'ordinaire, saisi là d'une épouvante supérieure à sa volonté [...]. Dans le foin, Cécile ne bougeait plus. Et les autres, malgré leur désir de détourner les yeux, ne le pouvaient pas, regardaient quand même. » Émile Zola, *Germinal*, 1885	*Dans cet extrait, le choix d'une focalisation omnisciente dans un récit raconté à la troisième personne permet à Zola d'effectuer une sorte de traveling, captant les réactions de gens appartenant à des classes sociales qui s'affrontent dans ce grand roman de mœurs, de facture réaliste, intitulé Germinal. Au début, le lecteur perçoit d'un coup d'œil la rancœur de femmes du peuple qui refusent de mettre au monde des enfants destinés à la misère. Plus loin, ce sont les prolétaires, des mineurs en débandade, dont les figures expriment la souffrance de la faim. Et Zola termine en décrivant la réaction des hommes et des femmes de la bourgeoisie, la peur qui les glace, leur « épouvante » tout en accumulant les observations sur leur comportement: l'une recule, l'autre ne bouge plus, et un autre ne peut détourner les yeux de cette manifestation d'ouvriers en grève, d'ouvriers en colère. En variant de point de vue, Zola réussit donc à donner une idée de la dynamique sociale d'une société en mutation, sous la poussée du capitalisme.*

À noter Dans un récit à la troisième personne, le passage d'une focalisation zéro à une focalisation interne est illustré par l'extrait de *La femme au collier de velours* d'Alexandre Dumas père, extrait qui figure à la fin du chapitre (p. 18 et 19).

Autre possibilité: pour d'autres informations sur le narrateur (notamment les **narrateurs hétéro/homo/autodiégétiques**). **G›**

Personnage

Être imaginaire conçu mot à mot pour faire avancer le récit. Le personnage assume plusieurs fonctions dans le récit.

Tableau des aspects descriptifs du personnage

Fonctions	Synthèse des observations à faire au moment de l'analyse : les questions à poser
1. Le personnage, représentation de l'être humain. Il se singularise par ses traits physiques, psychologiques, son statut social et les valeurs qu'il adopte.	▷ Comment est-il décrit • physiquement ? • psychologiquement ? ▷ Comment est-il situé au point de vue social ? ▷ Quelles sont ses croyances, ses valeurs ? ▷ Que peut-on déduire • de ses paroles ? • de ses pensées ? • de son comportement ? ▷ Que pensent ou disent de lui les autres personnages ?
2. Le personnage, un actant. Il exerce une fonction par rapport à l'action (de façon transitoire ou permanente). Différents modèles actantiels permettent d'analyser la dynamique de l'intrigue, notamment ceux de Souriau, Greimas et Propp.	▷ Quelles relations s'établissent entre les personnages dans la dynamique de l'œuvre ? • Est-il le sujet de la quête, c'est-à-dire le protagoniste, le héros de l'aventure (le noyau autour duquel gravitent les autres personnages) ? **G›** • Le personnage peut aussi être un adjuvant (un allié du héros) ou un opposant (un ennemi du héros) ou représenter le but de la quête. D'autres fonctions peuvent s'ajouter. ▷ Comment se situe le personnage par rapport au récit ? • En est-il le narrateur ? • Que peut-on déduire de sa façon de rapporter les faits ou d'observer ce qui l'entoure ?
3. L'importance de son rôle varie.	▷ Est-il le héros ou l'héroïne (protagoniste central, noyau) du récit ? ▷ Est-il un des personnages principaux ou un personnage de moindre importance ?
4. Il est une composante essentielle de l'œuvre.	▷ Comment contribue-t-il à la signification de l'œuvre ? ▷ Quels thèmes semble-t-il particulièrement incarner ? ▷ Est-il porteur d'une vision du monde (qui, dans certains cas, peut être rapprochée de celle de l'auteur) ? **G›**
5. Le personnage correspond à des stéréotypes (souvent associés à des courants littéraires ou à des époques).	▷ Le personnage correspond-il aux archétypes de la femme virginale, de la femme fatale, de l'amant ténébreux ? ▷ Semble-t-il conçu pour représenter une classe sociale, une idéologie, une philosophie particulière de la vie ? ▷ Évoque-t-il un personnage de la mythologie ?

Rythme narratif

Toute intrigue se développe dans le temps et dans l'espace, deux aspects étroitement liés dans la fiction **G›**. Le narrateur dispose de moyens variés pour accélérer le rythme du récit (plusieurs événements dans un court laps de temps) ou, au contraire, pour réduire la vitesse de narration (une longue description, qui évacue l'action et ralentit le rythme du récit). Il est à noter qu'un changement de temps peut entraîner un changement de lieu ou des modifications du cadre spatial.

Le **temps fictif** est le temps que prend l'histoire (ou les histoires) pour se dérouler. L'**espace fictif** est le cadre spatial dans lequel se déroule l'histoire. Il arrive fréquemment que les écrivains utilisent des **marqueurs de temps et de lieu** pour aider le lecteur à s'y retrouver ; par exemple : « À Montréal, en 1942, se trouvait sur la rue Ste-Catherine une friperie aujourd'hui disparue. »

Analepse ou rétrospective ou flash back

Évocation, par le narrateur, d'événements qui se sont passés antérieurement. Retour en arrière.

EFFET Permettre une connaissance plus approfondie du personnage ou de la situation ou, encore, résoudre l'énigme.

Exemple	Analyse
Tiré d'un roman « Il m'était arrivé une aventure semblable, vingt ans auparavant. J'avais appris que mon père était hospitalisé à la Pitié-Salpêtrière. Je ne l'avais plus revu depuis la fin de mon adolescence. [...] Je me souviens d'avoir erré pendant des heures à travers l'immensité de cet hôpital, à sa recherche. [...] » Patrick Modiano, *Dora Bruder*, 1997	*Dans cet extrait, l'auteur utilise notamment le marqueur de temps « vingt ans auparavant » (surligné dans le texte) pour indiquer le retour en arrière.*

Description ou pause

Inventaire des caractéristiques d'un personnage, d'un paysage ou d'un décor, par le narrateur.

EFFET Permettre un arrêt dans le cours des événements, en particulier lorsque cette description s'étale sur plusieurs paragraphes.

À noter La narration d'événements et le dialogue se mêlent fréquemment à la description dans la plupart des récits.

Exemple	Analyse
Tiré d'un roman « Cette rue, maintenant peu fréquentée, chaude en été, froide en hiver, obscure en quelques endroits, est remarquable par la sonorité de son petit pavé caillouteux, toujours propre et sec, par l'étroitesse de sa voie tortueuse, par la paix de ses maisons qui appartiennent à la vieille ville, et que dominent les remparts. Des habitations trois fois séculaires y sont encore solides, quoique construites en bois, et leurs divers aspects contribuent à l'originalité qui recommande cette partie de Saumur à l'attention des antiquaires et des artistes. » Honoré de Balzac, *Eugénie Grandet*, 1833	*Le lecteur est en mesure de noter les termes très précis (surlignés dans le texte), souvent des qualificatifs, qui permettent de visualiser la rue. Cette description, dont sont absents personnages et événements, met donc l'intrigue en suspens. Aucun des verbes ne traduit quelque action ou quelque mouvement que ce soit.*

Ellipse

Omission d'événements dans le cours du récit.

EFFET Contribuer au suspense en créant des zones d'ombre ou en tenant secrets des événements qu'il faudra éventuellement mettre au jour.

Exemple	Analyse
Tiré d'un roman « Huit ou dix jours étaient écoulés depuis l'aventure d'Hoffmann à l'Opéra, et, par conséquent depuis la disparition de la belle danseuse […]. » Alexandre Dumas, *La femme au collier de velours*, 1851	*Les termes surlignés indiquent le saut dans le temps et laissent le lecteur s'interroger sur ce qui a bien pu se passer pendant ce laps de temps. Dans la suite du récit, Hoffmann, le héros, cherchera à retrouver cette belle danseuse, femme fatale, sensuelle et maléfique tout à la fois.* **G›**

Anticipation ou prolepse

Annonce des événements futurs par le narrateur ; projection dans l'avenir.

EFFET Créer des attentes chez le lecteur par rapport au récit.

Exemple	Analyse
Tiré d'un roman « On verra plus tard que, pour de toutes autres raisons, le souvenir de cette impression devait jouer un rôle important dans ma vie. » Marcel Proust, *À la recherche du temps perdu*, 1927	*Le marqueur de temps « plus tard » annonce non seulement un événement à venir, mais aussi le fait que cet événement sera déterminant pour le narrateur. En effet, ce dernier attire l'attention du lecteur en soulignant l'importance que prendra ce « souvenir » dans la suite de l'intrigue.*

Scène

Moment du récit qui fait coïncider le temps de la narration et celui de l'histoire. Une scène intègre des dialogues, des descriptions et des événements.

EFFET Donner l'impression que les événements sont réels. Accélérer le récit par la variation des moyens narratifs.

Exemple	Analyse
Tiré d'un roman « "Qu'est-ce que tu fais encore ici !" Sa voix n'était pas méchante, mais elle n'était pas gentille non plus ; Sylvie se fâchait. "Et où devrais-je être ? demanda Irena. – Chez toi ! – Tu veux dire qu'ici je ne suis plus chez moi ?" Bien sûr, elle ne voulait pas la chasser de France, ni lui donner à penser qu'elle était une étrangère indésirable : "Tu sais ce que je veux dire !" » Milan Kundera, *L'ignorance*, 2003	*Dans cet extrait, le dialogue se mêle à la narration. En effet, la phrase « Sa voix n'était pas méchante, mais elle n'était pas gentille non plus » relève de la narration, c'est-à-dire de la gestion du récit qui établit ici des liens entre les répliques. Les tirets ou les guillemets indiquent le changement vers le texte dialogué. Dans cette scène, Kundera, écrivain d'origine tchèque qui a composé ce roman directement en français, fait le choix de réparties très courtes, notamment dans la bouche d'Irena, une immigrante tchèque installée à Paris, qui décidera par la suite de ne pas retourner vivre dans son pays d'origine.*

Sommaire

Résumé, par le narrateur, de plusieurs événements en un court texte.

EFFET Contribuer à l'accélération du récit.

Exemple	Analyse
Tiré d'un roman « À Lille, ville dont elle est originaire et qu'elle n'a quittée qu'il n'y a que deux ou trois ans, elle a connu un étudiant qu'elle a peut-être aimé, et qui l'aimait. Un beau jour, elle s'est résolue à le quitter alors qu'il s'y attendait le moins, et cela "de peur de le gêner". C'est alors qu'elle est venue à Paris, d'où elle lui a écrit à des intervalles de plus en plus longs sans jamais lui donner son adresse. » André Breton, *Nadja*, 1928	*De nombreux événements se produisant en plusieurs années sont résumés en quelques lignes dans ce passage, ce qui contribue à accélérer le rythme du récit. Nadja apparaît d'ailleurs comme un personnage énigmatique, qui semble vouloir laisser secrets plusieurs épisodes de sa vie passée. Nimbée de mystère, elle exerce, elle aussi, sur le narrateur, une grande fascination.*

Schéma narratif

Outil d'analyse qui permet de dégager les composantes essentielles d'une histoire et leur organisation dans le texte, de dresser en quelque sorte le plan du récit à partir de la situation initiale (donc de la première page, aussi appelée incipit) jusqu'à la situation finale (les dernières pages du récit qui présentent le dénouement, aussi appelé excipit). **G>**

La démarche proposée aide à tracer le schéma narratif à la suite d'une première lecture. Avec quelques adaptations mineures, ce schéma peut aussi être utilisé pour un texte dramatique.

La situation initiale

- Personnages centraux
- Lieu
- Époque

> Les questions à poser
> ▷ **Qui ?**
>   - Quel est le protagoniste principal (le héros du récit) ?
>   - Quels sont les autres personnages principaux ?
>   - Comment se présentent-ils ou comment sont-ils décrits ?
> ▷ **Où ?**
>   - Quel est le lieu de l'intrigue (pays, ville, etc.) ?
> ▷ **Quand ?**
>   - À quel moment, à quelle époque se déroule l'intrigue ?
> ▷ **Pourquoi ?**
>   - Quel semble être l'objet de la quête ? Que recherche le héros ? **G>**

Le Récit

Le nœud de l'intrigue

- Élément(s) déclencheurs(s)
- Péripétie(s) **G>**

Les questions à poser

▷ **Quoi ?**
- Quel est l'élément déclencheur de l'action qui vient rompre l'équilibre initial ?
- Comment le repérer ? Observez notamment les marqueurs de temps : « ce jour-là » (et autres) ou « soudainement » et autres synonymes comme « tout à coup », etc.

▷ **Comment ?**
- Comment le personnage cherche-t-il à échapper au danger ou à se soustraire à la menace ?
- Quelles sont les principales péripéties ?
- Comment les autres personnages (adjuvants, opposants, etc.) se situent-ils par rapport à la quête du héros ? **G>**
- Comment repérer les péripéties ? Observez notamment les conjonctions ou les adverbes suivants : *mais, alors, puis, ensuite*, etc.

La situation finale

- Le résultat de la **quête G>**
- Les solutions apportées au problème de départ
- L'échec ou la réussite

Les questions à poser

▷ **À quoi** conduit la quête du héros ? **G>**

▷ Comment se situe le héros par rapport aux autres personnages ayant participé à sa quête ?

▷ Le héros a-t-il atteint son but ou échoué dans sa démarche ?

Style

Ensemble des éléments qui permettent à l'écrivain de se distinguer dans l'usage de son matériau de travail, c'est-à-dire la **langue**, ou ensemble des éléments qui singularisent un texte sur le plan de l'écriture. Les éléments décrits ci-après contribuent à cette marque personnelle. **G>**

1. Procédés stylistiques

EFFET Contribuer au caractère imagé, poétique ou humoristique du style.

Exemple	Analyse
Tiré d'un roman « Transparente et fluide comme un souffle d'eau, sans chair ni âme, réduite au seul désir, je visite Griffin Creek, jour après jour, nuit après nuit. [...] Mes os sont dissous dans la mer pareils au sel. » Anne Hébert, *Les fous de Bassan*, 1982	*Les termes surlignés mettent notamment en relief l'usage de comparaisons, figures de style qui contribuent à donner à ce passage un caractère poétique. Tout le roman baigne dans une symbolique cosmique où l'eau, symbole maternel, domine, comme en témoignent à la fois le lexique (usage du terme « fluide ») et les images (« comme un souffle d'eau »).* **G>**

2. Niveaux de langue

L'écrivain a le choix d'adopter un ou plusieurs niveaux de langue, d'une langue plus relâchée, proche de l'oral, à une langue plus soutenue, proche de l'écrit.

EFFET Ancrer l'histoire dans une réalité sociale.

Exemple	Analyse
Tiré d'un roman C'est le cas du joual, par exemple, chez Jacques Renaud, dans cet extrait de roman. **G>** « Ti-Jean pense aux grenouilles qu'il faisait fumer quand il était petit. Elles fumaient de bon cœur et elles éclataient. Elles pétaient heureuses, saoules, mais elles pétaient, comme un gars parti sur une baloune, fou comme d'la marde, se tue dans un accident de la route. » Jacques Renaud, *Le cassé*, 1964	*Cet extrait traduit la réalité d'une époque, celle où les Canadiens français vivaient dans une relative infériorisation. Les expressions de langue orale, les répétitions, les maladresses d'expression (passages surlignés dans l'extrait) mettent en relief l'aliénation du protagoniste, symboliquement réduit à la petitesse par son prénom même, « Ti-Jean ».*

3. Variation du rythme, recherche d'une musicalité

Élément notamment obtenu par la variation de la longueur des phrases ou dans leur formulation (affirmatives, interrogatives ou exclamatives).

EFFET Contribuer à maintenir l'intérêt du lecteur. Des phrases courtes accélèrent le rythme ; des phrases longues le ralentissent, comme dans l'exemple tiré d'une œuvre de Marcel Proust.

Exemple	Analyse
Tiré d'un roman « En somme, dans un cas comme dans l'autre, qu'il s'agît d'impressions comme celles que m'avait données la vue des clochers de Martinville, ou de réminiscences comme celle de l'inégalité des deux marches ou le goût de la madeleine, il fallait tâcher d'interpréter les sensations comme les signes d'autant de lois et d'idées, en essayant de penser, c'est-à-dire de faire sortir de la pénombre ce que j'avais senti, de le convertir en un équivalent spirituel. » Marcel Proust, *Le temps retrouvé*, 1927	*Le type de phrase que privilégie un écrivain contribue certainement à caractériser son style. Marcel Proust compose des phrases longues (plus de 70 mots), touffues, chargées de nuances et de précisions. L'extrait explique ici le procédé qui sert de fondement à l'œuvre entière, soit d'établir des correspondances entre la saveur d'un biscuit, « la madeleine », et des épisodes de vie qu'on fait « sortir de la pénombre » pour les « convertir en équivalent[s] spirituel[s] ».*

4. Invention, écart ou conformité

L'auteur se positionne par rapport à la norme ou la tradition, à une façon d'écrire établie, devenue conventionnelle.

EFFET Surprendre, provoquer le lecteur ou renouveler son rapport à la **langue**. Ainsi, les écrivains romantiques utilisaient un vocabulaire qui aurait choqué les classiques et leur sens de la bienséance. Les surréalistes inventent des mots ou les associent de façon arbitraire. Les écrivains postmodernes n'hésitent pas à oraliser un texte et à recourir à divers niveaux de langue. **G>**

Exemples	Analyse
Tirés de romans « L'asile est à deux kilomètres du village. J'ai fait le chemin à pied. J'ai voulu voir maman tout de suite. Mais le concierge m'a dit qu'il fallait que je rencontre le directeur. Comme il était occupé, j'ai attendu un peu. […] » <div align="right">Albert Camus, *L'étranger*, 1942</div> « C'était mon enfant qui bougeait ! Larve, têtard, poisson des grandes profondeurs. Vie première aveugle et incertaine. Énorme tête d'hydrocéphale, échine d'oiseau, membres de méduse. Il existait, il habitait là, dans son eau chaude, arrimé au gros câble du cordon. » <div align="right">Marie Cardinal, *Les mots pour le dire*, 1975</div>	*Les exemples ci-contre, mis en parallèle, permettent d'apprécier la différence de style entre ces écrivains, tous deux nés en Algérie : très sobre chez Albert Camus dans* L'étranger *et plus émotif et imagé chez Marie Cardinal dans* Les mots pour le dire, *récit à caractère autobiographique. Les phrases courtes de Camus traduisent la neutralité que doit revêtir la simple constatation. Celles de Cardinal sont émotives, comme l'illustrent le point d'exclamation et l'éclatement syntaxique.*

5. Tonalité

La tonalité générale de l'œuvre peut être empreinte de nostalgie ou peut tendre vers le comique, le tragique, le merveilleux ou le fantastique, etc. Certaines tonalités résultent aussi de l'emploi de procédés de composition qu'il est possible de répertorier, comme c'est le cas pour le fantastique.

Se reporter notamment au chapitre sur le récit et à celui sur les tonalités et, pour le fantastique en particulier, au tableau sur le récit fantastique (p. 26).

Thématique

Réseau des idées illustrées dans un récit par l'intermédiaire des personnages et de l'intrigue. Le champ lexical constitue en outre un moyen de dégager un thème dans un texte ou encore de démontrer sa présence au moment de l'analyse.

1. Dans une phrase

Le **thème** marque la continuité dans l'information et se distingue du **propos** qui introduit la nouveauté. À titre d'exemple, prenons la phrase suivante : « L'amitié est un sentiment vulnérable. » Dans cette phrase, le *thème* est l'amitié ; « est un sentiment vulnérable » constitue le *propos*.

2. Dans un récit

Les thèmes **sont illustrés par l'intermédiaire des personnages et de l'intrigue**. Les thèmes les plus fréquemment présents sont les suivants : l'amour, l'amitié, la mort, la famille, l'enfance, la peur, l'argent, la violence, la religion, la guerre, etc. **L'intérêt de ces thèmes et la façon de les traiter varient selon les époques**. Une bonne connaissance des courants littéraires peut aider à dégager les thèmes d'un texte.

3. Au moment de l'écriture

L'auteur illustre des idées qui le préoccupent (les thèmes) dans une œuvre fictive. Par exemple, Albert Camus illustre la thématique de l'**absurde** – le monde est privé de sens – dans un roman comme *L'étranger*. Les thèmes ne sont pas énoncés de façon explicite dans une œuvre de **fiction**, mais se trouvent illustrés notamment par les personnages et l'intrigue. G>

4. Au moment de la lecture

Il y a interaction entre le lecteur et le texte, ce qui signifie que chaque lecteur peut élaborer une interprétation différente de celle d'un autre lecteur du même récit. Ainsi, certains lecteurs seront d'abord sensibles au thème de la justice ou à celui de la relation à la mère dans le roman *L'étranger*, thèmes qui sont effectivement présents dans l'œuvre. D'autres seront plutôt sensibles à la représentation de l'existence et au thème de l'**absurde**. **G›**

5. Au moment de l'analyse

Comme tout lecteur est un explorateur de sens, il importe, au moment de l'analyse, d'appuyer ses affirmations de références à l'œuvre. C'est ce qu'on nomme **critère de fidélité au texte**. Le lecteur doit aussi respecter – ou ne pas contredire, du moins – les connaissances acquises sur l'œuvre, l'auteur et le **courant**. C'est ce qu'on nomme **critère de pertinence externe**. **G›**

■ 1.3   Mise en application

Intégration des notions en interaction avec un texte. L'extrait suivant est tiré de *La femme au collier de velours* d'Alexandre Dumas père, écrivain romantique, né en 1802, décédé en 1870.

Résumé de l'œuvre

Hoffmann, jeune Allemand à l'équilibre fragile, est fiancé à une pure jeune fille nommée Antonia. Il souhaite visiter Paris avant son mariage et en demande la permission à sa fiancée. Arrivé à Paris en pleine révolution, il rencontre une danseuse sensuelle et provocante, Arsène, qui le fascine éperdument. Dans les dernières pages du roman, Hoffmann trouve Arsène au pied de la guillotine ; il trahit les vœux de fidélité faits à sa fiancée en passant la nuit avec la jeune femme dans une auberge.

Extrait

« Deux garçons entrèrent, portant une table toute servie, qu'ils faillirent laisser tomber en apercevant cet amas de richesses que pétrissaient les mains crispées de la jeune fille.
[...]
Les garçons apportèrent plusieurs bouteilles de vin de Champagne, et se retirèrent.
Derrière eux, Hoffmann alla pousser la porte, qu'il ferma au verrou.
Puis, **les yeux ardents de désirs**, il revint vers Arsène, qu'il retrouva près de la table, continuant de puiser la vie, non pas, à cette fontaine de Jouvence, mais à cette source du Pactole.
— Eh bien ! lui demanda-t-il.
— C'est beau, l'or ! dit-elle ; il y avait longtemps que je n'en avais touché.
— Allons, viens souper, fit Hoffmann, et puis après, tout à ton aise, Danaé, tu te baigneras dans l'or si tu veux.
Et il l'entraîna vers la table.
— J'ai froid ! dit-elle.
Hoffmann **regarda** autour de lui : les fenêtres et le lit étaient tendus en damas rouge : il arracha un rideau de la fenêtre et le donna à Arsène.
Arsène s'enveloppa dans le rideau, qui sembla se draper de lui-même comme les plis d'un manteau antique, et sous cette draperie rouge sa tête pâle redoubla de caractère.
Hoffmann avait presque peur.
[...]

À mesure qu'il buvait, **à ses yeux** du moins, Arsène s'animait ; seulement, quand, à son tour, Arsène vidait son verre, quelques gouttes rosées roulaient de la partie inférieure du collier de velours sur la poitrine de la danseuse, Hoffmann **regardait** sans comprendre puis sentant quelque chose de terrible et de mystérieux là-dessous, il combattit ses frissons intérieurs en multipliant les toasts qu'il portait aux beaux yeux, à la belle bouche, aux belles mains de la danseuse.

Elle lui faisait raison, buvant autant que lui, et paraissant s'animer, non pas du vin qu'elle buvait, mais du vin que buvait Hoffmann.

Tout à coup un tison roula du feu.

Hoffmann suivit des yeux la direction du brandon de flamme, qui ne s'arrêta qu'en rencontrant le pied nu d'Arsène.

Sans doute, pour se réchauffer, Arsène avait tiré ses bas et ses souliers, son petit pied, blanc comme le marbre, était posé sur le marbre de l'âtre, blanc aussi comme le pied avec lequel il semblait ne faire qu'un.

Hoffmann jeta un cri.

— Arsène ! Arsène ! dit-il, prenez garde ?

— À quoi ? demanda la danseuse.

— Ce tison… ce tison qui touche votre pied…

Et, en effet, il couvrait à moitié le pied d'Arsène.

— Ôtez-le, dit-elle tranquillement.

Hoffmann se baissa, enleva le tison, et s'aperçut avec effroi que ce n'était pas la braise qui avait brûlé le pied de la jeune fille, mais le pied de la jeune fille qui avait éteint la braise.

— Buvons ! dit-il.

— Buvons ! dit Arsène.

[…]

Alors le même mirage revint troubler l'esprit d'Hoffmann. Cette femme bondissante, qui s'était animée par degrés, opérait sur lui avec une attraction irrésistible. Elle avait pris pour théâtre tout l'espace qui séparait le piano de l'alcôve, et, sur le fond rouge du rideau, elle se détachait comme une apparition de l'enfer. Chaque fois qu'elle revenait du fond vers Hoffmann, Hoffmann se soulevait sur sa chaise : chaque fois qu'elle s'éloignait vers le fond, Hoffmann se sentait entraîné sur ses pas. Enfin, sans qu'Hoffmann comprît comment la chose se faisait, le mouvement changea sous ses doigts : ce ne fut plus l'air qu'il avait entendu qu'il joua, ce fut une valse : cette valse, c'était le *Désir,* de Beethoven ; elle était venue, comme une expression de sa pensée, se placer sous ses doigts. De son côté, Arsène avait changé de mesure ; elle tourna sur elle-même d'abord, puis peu à peu élargissant le rond qu'elle traçait, elle se rapprocha d'Hoffmann. Hoffmann haletant la sentait venir, la sentait se rapprocher, il comprenait qu'au dernier cercle elle allait le toucher, et qu'alors force lui serait de se lever à son tour, et de prendre part à cette valse brûlante. C'était à la fois chez lui du désir et de l'effroi. Enfin Arsène, en passant, étendit la main, et du bout des doigts l'effleura. Hoffmann poussa un cri, bondit comme si l'étincelle électrique l'eût touché, s'élança sur la trace de la danseuse, la joignit, l'enlaça dans ses bras, continuant dans sa pensée l'air interrompu en réalité, pressant contre son cœur ce corps qui avait repris son élasticité, aspirant les regards de ses yeux, le souffle de sa bouche, dévorant de ses aspirations à lui ce cou, ces épaules, ces bras ; tournant non plus dans un air respirable, mais dans une atmosphère de flamme qui, pénétrant jusqu'au fond de la poitrine des deux valseurs, finit par les jeter, haletants et dans l'évanouissement du délire, sur le lit qui les attendait.

Quand Hoffmann se réveilla le lendemain, un de ces jours blafards des hivers de Paris venait de se lever, et pénétrait jusqu'au lit par le rideau arraché de la fenêtre. Il regarda autour de lui, ignorant où il était, et sentit qu'une masse inerte pesait à son bras gauche. Il se pencha du côté où l'engourdissement gagnait son cœur, et reconnut, couchée près de lui, non plus la belle danseuse de l'Opéra, mais la pâle jeune fille de la place de la Révolution. »

Alexandre Dumas, *La femme au collier de velours,* 1851

Observation : Questions à poser ➡

Observation : Questions à poser

▷ **Quelle est la situation initiale ?**
Hoffmann se retire dans une auberge avec Arsène.

▷ **Qui raconte la scène ou qui est chargé du récit ?**
Un narrateur absent, non représenté (le récit semble se raconter de lui-même). Les trois premières phrases du récit relèvent d'une focalisation externe.

▷ **De quel point de vue la scène est-elle observée ?**
À partir du moment où tout est vu par les yeux du personnage principal nommé Hoffmann – ce qui est confirmé par les passages « les yeux ardents de désir » suivi de « Hoffmann regarda autour de lui » –, la focalisation devient interne.

▷ **Quelles sont les techniques narratives utilisées ici ?**
Des descriptions et un dialogue en discours direct (exemple en orange dans le texte).

▷ **Que sait-on de la dynamique des personnages ?**
Hoffmann, **actant** principal, **sujet** de la quête, héros à l'équilibre fragile, nous fait douter des frontières entre le surnaturel et le réel. Personnage secondaire, **objet** de la quête : Arsène, à la fois femme fatale (stéréotype romantique) et morte-vivante (stéréotype fantastique). **G›**

▷ **Comment peut-on qualifier le rythme narratif ?**
Le rythme narratif est accéléré par une succession rapide des événements (en bleu dans le texte).

▷ **Quels thèmes peut-on dégager de l'extrait ?**
Les deux thèmes qui dominent dans ce récit à tonalité fantastique sont nommés explicitement : le désir et l'effroi, comme en témoignent les champs lexicaux mis en relief dans le texte.

▷ **Quelle est la tonalité dominante ?**
La tonalité fantastique domine, ce qui est confirmé par le fait que le lecteur est prisonnier des hallucinations du personnage principal (événements insolites), personnage qui va bientôt basculer dans la folie.

▷ **Quelle est la situation finale ?**
Quand Hoffmann se réveille, il voit une pâle jeune fille à ses côtés ; le lecteur conclut qu'elle était déjà morte quand Hoffmann l'a trouvée au pied de la guillotine. Le héros devient fou.

Comment progresser vers la rédaction ?

• Dégager la piste d'analyse : *observer la domination de la tonalité fantastique.*

• Planifier le texte.
   1. Tout est regardé par un héros à l'équilibre mental fragilisé (**focalisation interne**), ce qui a pour effet d'amener le lecteur à douter de la réalité des faits.
   2. En plus d'incarner un **personnage** de femme fatale, Arsène est aussi une morte-vivante.
   3. C'est ainsi que la frontière entre le vraisemblable et le surnaturel est franchie ; la peur est une des caractéristiques de la **tonalité fantastique**.

• Rédiger le texte : rédiger des paragraphes de développement, intégrer les concepts relatifs au genre narratif, les illustrer par des exemples et des citations.

Exemple de paragraphes

Dans cet extrait qui sert de dénouement au roman, Alexandre Dumas choisit de tout voir par le regard de son protagoniste Hoffmann. Le lecteur passe donc, dans cette scène finale, d'une focalisation qui était généralement omnisciente ailleurs dans le récit à une focalisation interne. Ce changement est indiqué par les passages relatifs au regard : Hoffmann « regarda » avec des « yeux ardents de désir » et « à ses yeux du moins, Arsène s'animait ». Le lecteur perçoit la réalité par les yeux du héros, alors même qu'il bascule dans une ivresse causée par l'alcool mais aussi par la musique qu'il interprète au piano. Il a d'ailleurs de multiples hallucinations : des gouttes rosées coulent du cou de la belle danseuse qui éteint un tison de feu de son pied nu. Le lecteur peut déduire que les descriptions relèvent soit du surnaturel, soit de la folie. La narration met donc en évidence la tonalité fantastique de cette scène.

Le personnage d'Arsène conjugue les caractéristiques de deux stéréotypes : celui de la femme fatale et celui de la morte-vivante. Comme femme fatale, elle incarne la sensualité : elle est vêtue de rouge, couleur de la passion, et elle suscite la « flamme » du désir jusqu'à « l'évanouissement du délire ». Cependant, elle représente aussi le mal et suscite « l'effroi » : elle est « une apparition de l'enfer » qui danse une « valse brûlante », tout en offrant son corps au jeune homme « haletant » de désir. Le lecteur comprend finalement que cette jeune fille, trouvée au pied de l'échafaud la veille, avait été exécutée avant que le personnage principal ne l'amène à la chambre d'hôtel. La « pâleur » de la fin est en fait celle de la mort. Hoffmann est en quelque sorte puni de s'être laissé aller à la sensualité, de s'être écarté de ses idéaux de pureté.

Le récit, qui jusqu'alors semblait présenter une vision vraisemblable de la réalité, bascule, dans ses dernières pages, dans le surnaturel. Le lecteur est en effet en mesure de constater que l'extrait illustre les caractéristiques propres à la littérature fantastique : Hoffmann est un artiste et son imagination favorise les hallucinations, ce que confirme la phrase suivante : « Alors le même mirage revint troubler l'esprit d'Hoffmann. » Par l'emploi de la focalisation interne, Dumas fait percevoir la réalité par les yeux fous d'un Hoffmann délirant. Le lecteur doute de l'authenticité de ce qui lui est rapporté. Toute cette scène ne semble être, en fait, que le produit de l'imagination de Hoffmann, et la belle danseuse ne serait rien d'autre que la personnification d'un fantasme.

À noter Ces trois paragraphes illustrent un développement de dissertation.

Chapitre 2

Les formes fictives : roman, nouvelle, conte, récit

2.1 Roman et nouvelle

Depuis Balzac, le roman s'impose comme la forme narrative exemplaire, très marquée par la conception que les romanciers réalistes s'en faisaient même si, aujourd'hui, les écrivains modernes explorent toutes sortes de stratégies qui sortent le genre romanesque des sentiers battus.

Ce qui différencie le roman de la nouvelle tient à peu de choses : le roman est généralement plus long que la nouvelle qui, elle, est plutôt concentrée. Par ailleurs, la nouvelle tend à se différencier du conte par son ancrage dans la réalité, alors que le conte explore plus aisément le surnaturel et l'invraisemblable.

Les noms de quelques grands romanciers et nouvellistes en France : Victor Hugo, Honoré de Balzac, Stendhal, Gustave Flaubert, Guy de Maupassant, Émile Zola, Marcel Proust, Colette, Albert Camus, Alain Robbe-Grillet, Marguerite Duras, Nathalie Sarraute, Marguerite Yourcenar et autres.

Au Québec : Ringuet, Germaine Guèvremont, Gabrielle Roy, Yves Thériault, Anne Hébert, Jacques Ferron, Marie-Claire Blais, Réjean Ducharme, Jacques Godbout, Hubert Aquin et autres.

Roman et nouvelle : tableau descriptif

Histoire	Personnage
	Être imaginaire fait de mots, qui fait progresser le récit. Le personnage assume plusieurs fonctions dans le récit :
	a. Il en est une des composantes essentielles, contribuant ainsi à la signification de l'œuvre.
	b. Il est la représentation de l'être humain, qui se singularise par ses traits physiques, psychologiques, son statut social et les valeurs qu'il adopte.
	c. Son importance se mesure par les liens qu'il entretient avec le héros, noyau du récit. Un des personnages du récit peut aussi être le narrateur.
	d. Il est un actant, c'est-à-dire qu'il exerce une fonction par rapport à l'action : sujet ou objet de la quête, adjuvant ou opposant, etc. **G>**
	e. Il peut aussi être stéréotypé s'il a, par exemple, des traits codifiés, déjà connus du lecteur. La femme fatale dans le romantisme et le vampire dans le fantastique sont des exemples de personnages stéréotypés.

Histoire (suite)	**Action** Ensemble d'événements fictifs qui transforment le comportement du héros et ses relations avec les autres personnages. L'action peut être organisée de plusieurs façons, dont voici les principales : a. Enchaînement : disposition chronologique et logique des événements en une seule intrigue. b. Alternance : entrelacement de deux intrigues. c. Enchâssement : insertion d'une seconde intrigue, généralement de moindre importance, dans l'histoire principale.
Narration	**Choix de voix narratives : qui raconte ?** a. Le **narrateur présent** ou représenté (narrateur-personnage qui raconte à la première personne) avec les deux possibilités suivantes : • narrateur-héros ; • narrateur-témoin : un personnage secondaire rapporte l'histoire du héros. **EFFET** Contribuer à la subjectivité du récit et favoriser l'identification du lecteur au personnage. b. Le **narrateur non représenté** implique une narration à la troisième personne. **EFFET** Augmenter l'illusion de vraisemblance puisque la réalité semble observée avec neutralité. **G>** **Choix de regard ou de perspective : qui observe ?** a. **Focalisation zéro** ou point de vue omniscient. b. **Focalisation interne** (avec un personnage) : réduction de l'angle de vision à la perspective d'un seul personnage. c. **Focalisation externe** : observation des actants de l'extérieur, sans pénétrer les consciences. **Rythme narratif :** moyens variés pour accélérer ou réduire le rythme du récit : analepse (retour en arrière), description, ellipse (omission dans la logique narrative), prolepse (projection dans le futur), scène, sommaire (récapitulation d'événements).
Thématique	Réseau d'idées, illustrées par l'intermédiaire des personnages et de l'action. Les orientations thématiques sont les suivantes : a. Orientation vers l'action : thématique de l'héroïsme (roman d'aventures ou picaresque). b. Orientation vers le héros : thématique psychologique de l'intériorité (roman d'initiation ou d'apprentissage). c. Orientation sociale ou historique : thématique de l'argent, du pouvoir, du savoir, de la guerre (roman de mœurs, voir naturalisme). **G>** d. Orientation philosophique : thématique des fondements sociaux, de la relation à Dieu, de la condition humaine.
Style et procédés d'écriture	Ensemble des éléments qui permettent au romancier de se singulariser par une utilisation particulière de son matériau de travail, la langue **G>**. Plusieurs éléments contribuent à former cette marque personnelle : a. Concentration plus ou moins grande de **procédés stylistiques**. b. Choix d'un ou de plusieurs **niveaux de langue**. c. Choix phraséologiques (longueur et variété des **phrases**) et lexicaux. d. **Tonalité** générale, qui peut être humoristique, tragique, merveilleuse ou fantastique, etc.

2.2 Conte

À l'origine, récit oral servant à garder vivant l'héritage de l'imaginaire collectif et qui, par souci de pérennité, sera progressivement fixé par l'écrit à partir du Moyen Âge. Les origines populaires du conte expliquent aussi qu'il soit associé au merveilleux, au fantastique, bref à tout ce qui échappe au contrôle rationnel. Au XIXe siècle, il arrive que des écrivains réalistes comme Maupassant nomment « conte » un récit qui a plutôt les caractéristiques de la nouvelle (récit bref comme le conte, mais vraisemblable).

En France, le nom de Charles Perrault (1628-1703) est associé au **conte traditionnel.** **G›**

Au Québec, le conte occupe une place de prédilection en littérature, comme en témoigne le nombre d'écrivains qui lui doivent leur renommée : Pamphile Lemay (1837-1918), Honoré Beaugrand (1848-1906), Louis Fréchette (1839-1908) et, plus récemment, Fred Pellerin.

Conte : tableau descriptif

Histoire	**Personnages** Gens du peuple – présentés de façon unidimensionnelle – et représentants du clergé (surtout le curé du village) ; présence du diable, de loups-garous, de nains ou de géants, issus de la tradition religieuse ou populaire ; présence de fées, de lutins et d'autres personnages de tradition médiévale, qui indiquent ou traduisent les origines populaires du conte. **Action** Péripéties souvent invraisemblables (par exemple, se réveiller après un sommeil de cent ans), de l'ordre du surnaturel ou du merveilleux, ou associées au monde de l'enfance. Action souvent située dans un espace indéterminé ou ayant les caractéristiques d'un monde merveilleux : château gothique, maison hantée, etc. **G›**
Narration	**Choix de voix narrative : qui raconte ?** Dans le conte, on entend en quelque sorte la voix du conteur qui s'adresse à un destinataire, souvent perçu comme étant à la jonction du lecteur et de l'auditeur (ce qui témoigne de la transition dont ce genre a été l'objet, passant de l'oralité à l'écriture). Narration à la troisième personne, comportant l'incipit « il était une fois », formulé ou non de façon explicite. Il se peut également qu'après avoir établi le contexte du récit, le conteur cède sa place à un narrateur à la troisième personne. **G›**
Thématique	Thèmes du bien et du mal, la finalité du conte étant généralement morale. Illustration des valeurs propres à une communauté. Visées initiatiques.
Style et procédés d'écriture	Plusieurs contes, ayant fait l'objet de réécriture dans une perspective littéraire, conservent des traces d'oralité. Dialogues très présents. Grande occurrence d'archaïsmes. Tonalité didactique : le conte propose souvent un enseignement moral. Tonalité optimiste : le conte peut être bon enfant et son dénouement est souvent positif.

2.3 Conte philosophique

L'écrivain des Lumières explore des formes narratives pour les mettre au service de ses idées. Cette tendance n'est toutefois pas exclusive au xviiie siècle, puisqu'on trouve aussi des écrivains-philosophes au xxe siècle, essentiellement regroupés sous la bannière de l'existentialisme, qui se servent de la littérature pour véhiculer leur vision de la condition humaine, se défendant par ailleurs d'écrire des romans à thèse.

En France, Voltaire, écrivain du xviiie siècle, est celui qui illustre le mieux le conte philosophique.

Au Québec, Jacques Ferron, écrivain du xxe siècle, a réactualisé cette forme.

Conte philosophique : tableau descriptif

Histoire	**Personnages** Ils sont sans profondeur psychologique ; ils ressemblent à des marionnettes aux mains d'un auteur qui se sert d'eux pour illustrer son propos. **Action** Événements juxtaposés assez librement (on parle même d'organisation décousue ou de morcellement) selon les caprices de l'argumentation ou la fantaisie de l'auteur-conteur. Cadre spatio-temporel relevant souvent du merveilleux, l'action pouvant se situer en Orient ou dans des contrées éloignées.
Narration	**Choix de voix narrative : qui raconte ?** Dans le conte philosophique, la voix du conteur s'efface devant celle du narrateur à la troisième personne (non représenté) ; cependant, la leçon philosophique à la fin des épisodes laisse entrevoir la présence d'un auditeur auquel s'adresse le message. **Choix de regard ou de perspective : qui observe ?** La focalisation est généralement externe. En effet, le narrateur observe le monde de l'extérieur, sans pénétrer les consciences, puisque le but n'est pas la vraisemblance psychologique mais plutôt l'argumentation, par l'entremise des personnages. **G**> **Le dialogue** Outil narratif par excellence, il envahit souvent le texte au détriment des autres techniques de narration. Le dialogue rend compte des origines orales du conte ; il sert bien les discussions vives, les débats d'idées. (Il illustre en outre la mentalité du xviiie siècle qui raffole des conversations raffinées.)
Thématique	L'injustice et l'arbitraire social ; le pouvoir politique, l'art de gouverner ; la condition humaine ; la religion et la réflexion métaphysique (la relation au Créateur) ; la tradition, les superstitions.
Style et procédés d'écriture	L'humour, l'ironie, la satire : tous les jeux de mots sont mis au service de la polémique.

2.4 Récit fantastique (conte, nouvelle et roman)

Au lendemain de la Révolution, qui se termine par l'épisode sanglant de la Terreur, ce sont les écrivains romantiques qui propagent le goût de ces récits inquiétants, peuplés de morts-vivants et de personnages vampiriques. Le vocable « romantisme noir » sert même à désigner ce type de récit, notamment pratiqué par Charles Nodier (1780-1844), Théophile Gautier (1811-1872), Villiers de L'Isle-Adam (1838-1889), Jules Barbey d'Aurevilly (1808-1889). Précisons toutefois que le fantastique ne s'éteint pas avec le **courant** romantique dont il est issu. En effet, il se trouve des écrivains d'autres courants qui l'ont pratiqué par la suite de façon magistrale, comme c'est le cas de Guy de Maupassant (1850-1893). **G›**

Récit fantastique (conte, nouvelle et roman) : tableau descriptif

Histoire	**Personnages** Le héros, personnage dont l'équilibre mental est fragile, peut être victime d'hallucinations ou confondre le rêve et la réalité. **G›** Parmi les personnages secondaires, il est possible d'en trouver des maléfiques, susceptibles de faire glisser le héros dans l'irrationnel : morts-vivants, vampires, personnages incarnant le diable (empruntés au merveilleux). **Action** Des événements surnaturels se produisent, qui brisent la sensation de sécurité que donne la routine du quotidien. L'action se situe souvent la nuit (temps de l'obscurité mais aussi de l'onirisme et du fantasme) ; les lieux de l'action sont souvent singuliers (châteaux à décoration surchargée, architecture gothique) ou compliqués (dédales, labyrinthes, etc.).
Narration	**Choix de voix narrative : qui raconte ?** Tous les choix de narrateurs sont possibles ; s'il s'agit d'un narrateur identifié au héros, il pousse le lecteur à douter de la réalité. **Choix de regard ou de perspective : qui observe ?** La focalisation est souvent interne : le lecteur doit pouvoir pénétrer la conscience d'un personnage pour mettre en doute, par son entremise, les principes de rationalité.
Thématique	La thématique couvre le réseau des émotions associées à la peur et à la mort. Le bien, le mal, l'érotisme et la sexualité : le roman fantastique sert souvent à transgresser la morale, à franchir les frontières qui séparent le rêve de la réalité.
Style et procédés d'écriture	Variation dans les formulations de phrases et usage d'un lexique particulier, traduisant l'émotion. Recours à tous les éléments picturaux (couleurs, formes) pour susciter une atmosphère menaçante. Usage d'hyperboles, de comparaisons, de personnifications et autres figures de style pour concrétiser le danger.

Chapitre 3
Les récits réels

Le Récit

3.1 Entrée en matière

Tenant du genre narratif – puisqu'une histoire est racontée – et de l'essai –
puisque cette histoire n'appartient pas à la **fiction** mais bien à la réalité –, le récit
réel trouve difficilement sa place en littérature. La tentation est forte, en effet,
de ne considérer comme littéraire que ce qui tient de l'imaginaire. Toutefois, de
grands auteurs ont marqué de leur empreinte ce type de récits, en clarifiant le
pacte de lecture : ils s'engagent à respecter la vérité dans le récit d'événements
réels. C'est Jean-Jacques Rousseau qui donne à ce genre ses lettres de noblesse en
composant *Les confessions* ; Chateaubriand impose un style à la fois nostalgique et
confidentiel avec ses *Mémoires d'outre-tombe* ; Simone de Beauvoir construit une
partie importante de son œuvre en racontant une vie, la sienne, inséparable d'une
époque, la deuxième moitié du xxe siècle.

Dans le sillage de l'autobiographie se trouvent d'autres récits non fictifs comme
les **mémoires**, la **biographie**, le journal intime ou le journal de voyage. Il importe
enfin de distinguer l'autobiographie, récit véridique, de l'**autofiction**, texte où
demeurent volontairement indéfinies les frontières entre fiction et réalité. **G›**

3.2 L'autobiographie

C'est Jean-Jacques Rousseau qui donnera à ce genre, au xviiie siècle, sa légitimité.
Accusé d'avoir abandonné ses enfants, il sent le besoin, à la fin de sa vie, de se
justifier. Son projet, sans équivoque, établit très nettement le pacte qu'il scelle
avec son lecteur et qui sera celui de toute autobiographie : « Je veux montrer à
mes semblables un homme dans toute la vérité de sa nature ; et cet homme, ce
sera moi. » L'autobiographie tire donc de cet exemple prestigieux sa principale
caractéristique, soit d'être fondée sur l'engagement d'un auteur de reconstituer
fidèlement la réalité dans le récit qu'il fait de sa vie. L'autobiographie donne donc
accès au « moi » intérieur de l'écrivain et permet souvent l'expression d'un lyrisme
personnel bien accordé au contenu.

L'autobiographie : tableau descriptif

Histoire	L'auteur est le sujet du récit, il en constitue le noyau ; il est l'objet de la quête. Il semble avoir comme dessein de mieux se connaître lui-même tout en racontant aux autres sa propre vie. **G›** Le récit dévoile notamment des secrets de l'enfance, période de vie qui structure l'être humain.
Narration	**Choix de voix narrative : qui raconte ?** L'auteur est le narrateur. La narration ne peut se faire qu'à la première personne. Comme c'est le cas dans tous les récits réels, l'auteur établit nettement un pacte de lecture en affirmant l'authenticité de tout ce qu'il raconte. L'auteur se sert donc de l'écriture à des fins : • thérapeutiques (soigner son ego), • mémorielles (ranimer les souvenirs), • ou justificatrices (s'innocenter vis-à-vis du lecteur). **Choix de regard ou de perspective** La focalisation est interne puisque c'est l'auteur qui s'exprime directement dans le récit : c'est une des caractéristiques de l'autobiographie d'adopter un point de vue introspectif et de considérer le lecteur comme son confident.
Thématique	Violation des frontières de l'interdit, dévoilement de secrets intimes, ceux de la sexualité, par exemple. Enfance, relations aux parents. Solitude. Regard sur la société.
Style et procédés d'écriture	Le récit se détourne de la phrase rationnelle pour suivre les méandres de la sensibilité du protagoniste. Nombreuses marques du locuteur. Importance de la modalisation, c'est-à-dire d'un lexique exprimant l'affectif et l'émotion.

Le *T*héâtre

Chapitre 4

Le genre dramatique

4.1 Entrée en matière

Le texte dramatique prend la forme d'une succession de répliques accompagnées de didascalies. La pièce de théâtre se distingue du texte narratif par l'absence de **narrateur**, car ce sont les comédiens qui « figurent » les personnages sur scène. Dans la pièce de théâtre comme dans le texte narratif se déroulent des événements fictifs (donc imaginaires, non réels) qui traduisent une certaine **vision du monde**, centrée sur des **thèmes** privilégiés. Le texte, qui peut être en **prose** ou en vers, implique, lui aussi, l'emploi de **procédés stylistiques** variés.

Enfin, le texte de théâtre est inachevé par définition puisqu'il est fait pour être monté sur scène. La création de la pièce se fait en trois étapes : celle de l'**écriture**, celle de la **mise en scène** et celle de la **représentation** à proprement parler. Le spectacle résulte de la complémentarité des contributions de l'écrivain et du metteur en scène, des acteurs, du **scénographe** et des différents artisans qui conçoivent décors, costumes et éclairages. Selon que l'on en est le lecteur ou le spectateur, sa **réception** prend donc des formes différentes. **G›**

Les notions retenues ici sont celles qui facilitent l'analyse du texte dramatique ; les définitions tiennent toutefois compte de la finalité de ce genre, la représentation sur scène.

À noter Pour l'analyse des textes en vers, se référer à la partie 3 réservée à la poésie (p. 43), où sont définies les notions relatives à la versification.

4.2 Notions clés par ordre alphabétique

Actes et scènes

À l'époque classique (XVIIe siècle), la pièce de théâtre est divisée en tenant compte des étapes du déroulement de l'action, mais aussi d'autres phénomènes comme l'entrée en scène ou la sortie de personnages. Cette conception varie avec les dramaturges des siècles suivants.

Acte

Division d'une pièce, qui correspond aux étapes du déroulement de l'action dans le théâtre classique.

Exemple

Les actes dans la tragédie classique

Acte 1 : l'exposition et la présentation des principaux éléments de l'intrigue. (Il est occasionnellement précédé d'un **prologue**, qui sert à introduire l'intrigue.)

Acte 2 : le **nœud**, ou l'obstacle qui plonge le spectateur dans le tragique.

Acte 3 : la **péripétie**, soit l'événement imprévu, le retournement de situation ou l'obstacle qui déstabilise le héros. **G>**

Acte 4 : la **catastrophe**, qui entraîne un changement irréversible de la situation.

Acte 5 : le **dénouement**, qui, sauf exception, est malheureux. (Il peut à l'occasion être suivi d'un épilogue, commentaire final servant la plupart du temps à tirer la morale de l'histoire.)

Scènes

Les **actes** sont à leur tour subdivisés en **scènes**.

Subdivisions de l'acte, souvent fondées sur l'entrée en scène ou la sortie d'un personnage. La scène, faut-il le préciser, est aussi le lieu où jouent les acteurs.

Tableaux

Depuis le xviiie **siècle**, on favorise d'autres façons de diviser une pièce, notamment en **tableaux**.

A noter Les théâtres grec, médiéval et de la Renaissance étaient régis par d'autres types de division. Dans le théâtre moderne, la tendance est à la variété.

Acteur (synonyme de comédien)

Agent principal, qui permet au texte de prendre forme sur scène. L'acteur est à la fois :

• un **interprète** : il incarne le personnage et, comme énonciateur qui dit les répliques, il sert de relais à l'auteur mais aussi au metteur en scène dont il suit les directives (données au moment des répétitions qui précèdent le spectacle) ;

• un **professionnel** : il reçoit une formation qui l'aide à mieux jouer sur scène.

A noter Le comédien peut travailler à favoriser l'identification du spectateur au personnage, surtout s'il joue le rôle du **héros** ; mais il peut, au contraire, surtout dans le théâtre plus récent, favoriser la distance critique. C'est généralement le metteur en scène qui décide de ces orientations. **G>**

Action

Succession d'événements fictifs qui contribuent à la transformation des personnages.

• L'action présente souvent un **conflit** que le **héros** doit dénouer, en affrontant des **opposants** et des **obstacles** et, s'il le faut, en transgressant des valeurs sociales ; toutefois, le héros trouve aussi sur son chemin des **alliés** qui vont l'aider à résoudre le problème.

• L'action se situe dans un **lieu** inventé et à une **époque** fictive (aussi nommés **espace** et **temps** dramatiques pour les distinguer de l'espace scénique [la scène] et du temps scénique qui est celui de la représentation sur scène).

• **Intrigue** et **fable** sont des synonymes, avec des nuances qui peuvent varier d'un théoricien à l'autre. À des fins d'analyse, il est possible de **résumer** l'intrigue, de la **découper** et même de l'imaginer mentalement **mise en scène**. On peut en dégager des **thèmes** et établir des liens avec le **contexte social** qui sert de référent. **G>**

Dialogue

Suite de répliques, chacune d'elles étant précédée du nom du personnage qui devra la prononcer. Le dialogue est aussi l'échange de ces paroles sur scène, qui s'accomplit par la voix des comédiens. Toutefois, le véritable destinataire, celui à qui s'adresse ce dialogue, est le spectateur assis dans la salle. Les façons de faire évoluer le dialogue sont décrites ci-après.

Aparté

Court énoncé que semble s'adresser le personnage à lui-même, mais qui est dirigé vers le public; il s'accompagne généralement d'un jeu scénique, comportant un déplacement du personnage vers l'auditoire. L'aparté illustre le concept de **double destinataire** puisqu'il n'est justifié que par la présence du public qui l'entend.

EFFET Mettre en lumière le fait que le théâtre est fait de conventions. Dans certains cas, créer une forme de complicité avec le spectateur. **G>**

À noter L'aparté est généralement introduit par les didascalies *bas* ou *à part*.

Exemple

« FIGARO, *bas.* – Encore tout froissé.

SUZANNE, *bas.* – Ah! pécaïre!

LA COMTESSE – Allons, monsieur le Comte, ils brûlent de s'unir: leur impatience est naturelle! Entrons pour la cérémonie.

LE COMTE, *à part.* – Et Marceline, Marceline... » (Beaumarchais, *Le mariage de Figaro,* 1785)

Monologue

Énoncé d'un personnage qui se parle à lui-même à haute voix, pour être entendu du spectateur, ce qui illustre, ici aussi, le concept de **double destinataire**: en plus du comédien lui-même, le public est le récepteur de ces paroles. Le monologue met aussi en lumière le fait que le théâtre est fait de conventions. **G>**

Exemple	Analyse
Tiré d'une pièce de théâtre « FIGARO, *seul.* – La charmante fille! toujours riante, verdissante, pleine de gaieté, d'esprit, d'amour et de délices! mais sage! » (Et ainsi de suite, ce qui donne un monologue d'une vingtaine de lignes.) 　　　　Beaumarchais, *Le mariage de Figaro,* 1785	*Dans* Le mariage de Figaro, *le valet, tel que le précise la didascalie, parle seul sur scène, et donne ainsi accès à ses réflexions intimes. La ponctuation de ce passage traduit un état d'excitation lié à une grande émotion. Dans ce monologue, Figaro révèle en effet l'attirance qu'il ressent pour Suzanne sans tomber dans le ridicule, ce qui le différencie des valets* burlesques, *typiques du théâtre de Molière.* 　　　　　　　　　　　　　　　　**G>**

Polylogue

Échange à plusieurs voix, les personnages pouvant intervenir chacun à leur tour ou, au contraire, en désordre, dans la cacophonie totale.

Exemple

À la scène 13 de l'acte V du *Mariage de Figaro,* six personnages (Bartholo, le Comte, Bazile, Figaro, Antonio, Brid'oison) participent à cette courte scène en y lançant, chacun à leur tour, leur réplique.

Réplique

Énoncé qui varie en longueur, dit par un comédien à l'adresse d'un autre. Synonyme de **répartie**.

Exemple	Analyse
Tiré d'une pièce de théâtre « FIGARO – Pour m'ouvrir l'esprit, donne un petit baiser. SUZANNE – À mon amant aujourd'hui ? Je t'en souhaite ! Et qu'en dirait demain mon mari ? » Beaumarchais, *Le mariage de Figaro*, 1785	*Ces répliques révèlent la vivacité du style de Beaumarchais : les phrases courtes accélèrent le rythme des échanges et la ponctuation montre la variation syntaxique dans la formulation des phrases, qui passent d'une affirmation à une question, puis à une exclamation. Le lecteur est en mesure d'imaginer le jeu des comédiens, changeant d'expression rapidement tout en variant le ton de la voix et les mimiques.*

Stichomythie

Succession de répliques courtes, qui produit une accélération du dialogue, et peut occasionner une intensification des émotions.

Exemple	Analyse
Tiré d'une pièce de théâtre « SUZANNE – Dans cette chambre ? FIGARO – Il nous la cède. SUZANNE – Et moi, je n'en veux point. FIGARO – Mais encore ? SUZANNE – Elle me déplaît. FIGARO – On dit une raison. » Beaumarchais, *Le mariage de Figaro*, 1785	*L'extrait permet en effet d'observer qu'une intensification des émotions, que traduit notamment la ponctuation, s'accompagne d'un débit plus accéléré puisqu'aucune réplique ne fait plus de six mots (aucun d'eux ne compte plus de deux syllabes).*

Tirade

Réplique plus longue (de plus d'une quinzaine de lignes), qui signale souvent un état de crise dans la pièce, et qui permet au comédien de se distinguer en attirant sur lui seul l'attention du public.

Exemple

On en trouve une dans *Le mariage de Figaro*, à l'acte III, scène 5, alors que Figaro exprime son admiration pour cette belle langue qu'est l'anglais (ce qui donne surtout lieu à un comique de langage, permettant au comédien qui joue Figaro d'illustrer ses talents).

Didascalies

Indications scéniques, généralement en italique dans le texte.

- Les didascalies s'adressent au metteur en scène et aux comédiens et ne sont donc pas prononcées sur scène ; elles fournissent, entre autres, des indications sur le décor et sur la façon de jouer.
- Au moment de la lecture, elles permettent d'imaginer la production finale.

Exemple

Dans l'extrait suivant tiré du *Mariage de Figaro*, acte I, scène 1, tout ce qui apparaît en italique est didascalie. Le lecteur peut donc se faire une idée de la façon dont la scène doit être jouée.

« FIGARO – C'est que tu n'as pas d'idée de mon amour.

SUZANNE, *se défripant*. – Quand cesserez-vous, importun, de m'en parler du matin au soir ?

FIGARO, *mystérieusement*. – Quand je pourrai te le prouver du soir jusqu'au matin.

On sonne une seconde fois.

SUZANNE, *de loin, les doigts unis sur la bouche*. – Voilà votre baiser, monsieur ; je n'ai plus rien à vous. »

(Beaumarchais, *Le mariage de Figaro*, 1785)

Double destinataire

Le destinataire est la personne à qui s'adresse un énoncé, qu'il soit oral ou écrit. Au théâtre, on dira qu'il y a double destinataire pour la raison suivante : lorsqu'un comédien parle sur scène, **son énoncé s'adresse d'abord à un autre comédien**, son vis-à-vis (un premier destinataire). Mais **cet énoncé doit rejoindre un deuxième récepteur, soit le spectateur** assis dans la salle (qui est ici le deuxième destinataire).

Double énonciation

Au départ, le mot « énonciation » renvoie à un échange réel qui se produit entre deux personnes, soit un locuteur qui parle ou écrit et un récepteur qui reçoit l'énoncé. Dans une pièce de théâtre, l'auteur (ou le locuteur) adresse en premier sa pièce (l'énoncé) à un lecteur (le récepteur). **La première énonciation (écrite) s'effectue donc par le texte** entre l'auteur et lecteur. Mais il y aura une deuxième communication (orale) au moment du spectacle sur scène, alors que les comédiens s'adresseront à un nouveau récepteur assis dans la salle.

Cette terminologie peut paraître complexe. Il importe toutefois de comprendre qu'un dramaturge fait face à un défi particulier : **ce qu'il écrit finira par être oral, dit sur scène et entendu**. Et c'est un comédien qui prêtera sa voix (mais aussi son corps) au personnage créé par l'auteur. **Au moment de l'analyse**, le lecteur doit être attentif à un certain nombre de procédés d'écriture qui sont reliés à la vocation orale du théâtre (dans ce cas, on parle de **conventions théâtrales**) : c'est notamment en pensant au spectateur dans la salle que le dramaturge écrit des apartés et des monologues. Dans la vraie vie, on n'énonce pas à haute voix, dans un monologue solitaire, ses réflexions personnelles. Ces apartés et monologues font donc partie des conventions théâtrales. **G›**

Pour mieux comprendre ces concepts, on peut effectuer un rapprochement avec le roman dans lequel l'auteur s'adresse directement à un lecteur. Ses personnages sont décrits par des mots et ils vont prendre forme dans l'imagination du lecteur sans qu'une autre étape de transmission soit nécessaire.

Metteur en scène

Celui qui élabore une mise en espace du texte, qui le transforme en spectacle. La mise en scène implique généralement les étapes décrites ci-après.

1. Lecture du texte

Elle a pour but de dégager les lignes directrices du texte. En tenant compte du spectateur à qui s'adresse le spectacle, le metteur en scène peut adapter et modifier une pièce ancienne, par exemple, pour en faciliter la réception chez le spectateur actuel ; il peut la styliser pour en augmenter l'impact ou en souligner l'**esthétique**, etc. **G›**

2. Direction des comédiens

À l'étape des répétitions, le metteur en scène explique comment jouer la pièce en donnant des directives aux comédiens qu'il aura préalablement choisis. Il peut ou non tenir compte des **didascalies**, la tendance actuelle étant la revendication de la plus grande liberté d'action possible.

3. Coordination du travail

Le metteur en scène **coordonne le travail** des différents artisans qui participent à la création théâtrale, comme le scénographe, qui aménage l'espace de la scène et prévoit les décors possibles, l'éclairagiste, le costumier, le musicien (le cas échéant), etc. Tous doivent orienter leur travail pour répondre à la conception du metteur en scène.

4. Prise en compte des espaces

La mise en scène devra tenir compte des **espaces** suivants qu'on retrouve dans un **théâtre**, lieu de représentation habituel des œuvres dramatiques.

- La **scène** est l'espace de jeu (où se trouvent les comédiens), séparé de la salle, du moins avant le spectacle, par un rideau de scène dont l'ouverture indique justement le début du spectacle.
- L'**avant-scène**, ou l'espace situé entre ce rideau et la salle.
- Le **côté cour** est ce qui se trouve à droite de la scène dans la perception des spectateurs,
- et le **côté jardin**, ce qui se trouve à gauche.

5. En conclusion

Le metteur en scène est donc en quelque sorte le **maître d'œuvre**, le chef d'orchestre, qui assure la cohérence du spectacle. En effet, tous les éléments doivent être intégrés afin de concourir à dégager de la pièce toute sa signification.

À noter Dans le théâtre plus récent, il est fréquent que la disposition de la scène par rapport à la salle soit différente de celle décrite précédemment : la scène peut, par exemple, se retrouver au centre de la salle. Il peut arriver également qu'il n'y ait pas de séparation entre la scène et la salle et que les comédiens jouent parmi les spectateurs.

Mimesis et catharsis

Selon Aristote, philosophe grec qui s'est intéressé à décrire le théâtre, toute tragédie se doit d'être « une imitation d'une action » (**mimesis**) qui, par la stimulation de la pitié et de la crainte, produit l'évacuation (**catharsis**) de ces émotions. Dans cette perspective, le théâtre se définit comme un récit en action (sans **narrateur**), qui doit refléter sur scène la réalité (**mimesis**), et viser un but moral, c'est-à-dire faire en sorte que le spectateur soit libéré d'émotions négatives à la fin de la pièce. En termes plus actuels, cela se traduit par l'idée qu'un récit doit sembler **crédible**, et viser la **vraisemblance** tout en faisant réfléchir le **spectateur**.

- À l'**époque classique**, cette conception servira à défendre l'utilité du théâtre contre les attaques des dévots, ces fanatiques religieux du siècle de Louis XIV.

- Plus tard, l'**école naturaliste**, à la suite de Zola, se donnera comme objectif de refléter principalement la réalité sociale sur scène.

- À partir du **symbolisme** jusqu'à aujourd'hui, les auteurs dramatiques s'accordent toute liberté de création ; certains se montrent parfois plus préoccupés de provoquer le spectateur que de rendre crédible la fable présentée sur scène.

- Le « mimétisme » est toutefois une notion relative, car la perception de la réalité change selon l'état des connaissances. Ce qui paraît vraisemblable aujourd'hui n'est que le résultat d'« un ensemble de **conventions** et de normes qui sont idéologiques » (Pavis, *Dictionnaire du théâtre*). **G›**

Personnage

Être conçu mot à mot pour contribuer à la signification de l'œuvre. Le personnage répond à plusieurs fonctions dans la pièce. Son rôle sera joué sur scène par un acteur.

Dans le texte	Sur scène
Le personnage représente un **être humain**, avec toutes les caractéristiques relatives : • à son physique, • à son caractère, • à son statut social, • à ses valeurs et à sa vision du monde. **G›**	Ces caractéristiques ne sont pas décrites ; l'**acteur** choisi pour jouer ce rôle leur donnera forme, à sa manière. Chaque nouvel acteur qui reprendra le rôle le concevra aussi à sa manière de telle sorte que la perception du spectateur pourra être chaque fois différente. Exemple Feydeau accompagne la liste des personnages d'*Occupe-toi d'Amélie* de celle des comédiens qui tenaient le rôle au moment de sa création, en 1908. Ainsi, le comédien français Marcel Simon prêtait alors ses traits au personnage de Marcel Courbois. Sur scène, c'est donc lui qui illustrait les caractéristiques physiques du personnage, et, dans une moindre mesure, ses traits de caractère.
Le personnage est un **actant** : • qui exerce une fonction (transitoire ou permanente) par rapport à l'action ; • qui peut être le sujet d'une quête, et celui sur qui se concentre l'action ; • qui peut en être l'objet, le but que l'on cherche à atteindre ; • qui peut être un allié du héros ou un opposant ; • etc. **G›**	Le metteur en scène rend donc perceptible sur scène la dynamique relationnelle entre les personnages par les déplacements, la gestuelle, les mimiques, etc.

L'importance d'un personnage se mesure notamment à la quantité de texte qui lui est octroyé et à sa place dans l'action.	• Le **héros ou protagoniste** est le noyau de l'intrigue ; le comédien qui le joue se retrouve le plus souvent sur scène et même au centre de l'espace scénique. • Autour de lui gravitent les **personnages principaux**, qui ont un rôle essentiel dans la quête du héros. • Les **personnages secondaires** ont une présence plus réduite sur scène. • Les **figurants** n'ont pratiquement aucune réplique à dire.
Le personnage peut aussi tenir un emploi **stéréotypé**, avec des traits codifiés, déjà connus du spectateur.	• Le jeune premier sera interprété par un jeune comédien au physique séduisant. • Le valet et la soubrette de la comédie, par des comédiens les plus susceptibles de faire rire. • Le confident sera généralement interprété par un comédien plus âgé que le héros.
Le **chœur**, dont les origines remontent à l'Antiquité grecque, est encore utilisé dans certaines pièces à titre de personnage collectif. Pour des usages connexes, on parlera aussi de **fonction chorale**.	Le chœur (qui fait appel à plusieurs figurants) occupe généralement les côtés de la scène, non le centre. Sa fonction est de créer une distance critique par rapport à la fiction, ou de représenter la morale ou les valeurs de la communauté. **G>**

Procédés littéraires

Répertoire de moyens dont se sert un écrivain pour donner du style à un texte ou pour donner toute son efficacité à la représentation théâtrale quand il s'agit d'une pièce de théâtre. Comme tout écrivain, un auteur dramatique peut user de tous les procédés existants ; ceux qui suivent sont les plus fréquemment utilisés.

Comique de situation

Tout ce qui tient du **quiproquo** (situation qui résulte d'un malentendu, d'une forme de confusion), en particulier dans les comédies. **G>**

Comique de langage

Jeux de mots, calembours (voir le chapitre 15, p. 116), lapsus (le fait de confondre des mots), mais aussi tout effet de syntaxe qui contribue à rythmer la pièce : variation du type de phrase, parallélisme, répétition, énumération, etc.

Comique de geste

Souvent associé à l'ironie, à la caricature, au **grotesque** ou au **burlesque** dans la comédie. Les gestes sont quelquefois décrits en didascalie dans le texte. **G>**

Rapprochements et oppositions

Tous les rapprochements analogiques ou les oppositions de nature antithétique visant à traduire l'héroïsme dans la tragédie ou le drame.

Niveaux de langue

Ils permettent de révéler l'origine sociale des personnages (et leur acculturation comme chez Michel Tremblay), mais aussi les conflits de valeurs, notamment entre valets et maîtres.

Embrayeurs (déictiques)

Marques du destinataire, de l'espace et du temps.

Modalisateurs

Marques de l'émotion et du jugement (voir le chapitre 13 sur l'énonciation).

4.3   Mise en application

Intégration des notions en interaction avec un texte. L'extrait suivant est tiré de la pièce *Le mariage de Figaro* de Beaumarchais, auteur dramatique du Siècle des Lumières, né en 1732, mort en 1799.

Résumé de l'œuvre

Figaro, valet du comte Almaviva, veut épouser Suzanne, une domestique à l'emploi du comte. Pour y arriver, il doit contourner un privilège que revendiquaient les nobles à l'époque, celui d'être les premiers à partager le lit de leurs jolies domestiques. Cependant, Figaro ne veut perdre ni son emploi ni la dot (un montant d'argent) que le comte doit donner à Suzanne, comme il était coutume de le faire. Figaro doit jouer d'astuce car les obstacles sont nombreux… Bartholo, le médecin, ne l'aime pas, et Marceline, qui se cherche aussi un époux, considère que Figaro ferait bien l'affaire…

Extrait

« **Acte I, scène 2, Figaro,** *seul.*

La charmante fille ! toujours riante, verdissante, pleine de gaieté, d'esprit, d'amour et de délices ! mais sage ! (*Il marche vivement en se frottant les mains.*) Ah, Monseigneur ! mon cher Monseigneur ! vous voulez m'en donner… à garder ? Je cherchais aussi pourquoi, m'ayant nommé concierge, il m'emmène à son ambassade et m'établit courrier de dépêches. J'entends, Monsieur le Comte ; trois promotions à la fois : vous, compagnon ministre ; moi, casse-cou politique, et Suzon, dame du lieu, l'ambassadrice de poche, et puis fouette courrier ! Pendant que je galoperais d'un côté, vous feriez faire de l'autre à ma belle un joli chemin ! Me crottant, m'échinant pour la gloire de votre famille ; vous, daignant concourir à l'accroissement de la mienne ! Quelle douce réciprocité ! Mais, Monseigneur, il y a de l'abus. Faire à Londres, en même temps, les affaires de votre maître et celles de votre valet ! […] Non, dissimulons avec eux pour les enferrer l'un par l'autre. Attention sur la journée, monsieur Figaro ! D'abord avancer l'heure de votre petite fête, pour épouser plus sûrement ; écarter une Marceline qui de vous est friande en diable ; empocher l'or et les présents ; donner le change aux petites passions de Monsieur le Comte ; étriller rondement Monsieur du Bazile et… »

Plus loin dans la pièce

« **Acte I, scène 4, Marceline, Bartholo.**

BARTHOLO *le regarde aller.* — Ce drôle est toujours le même ! Et à moins qu'on ne l'écorche vif, je prédis qu'il mourra dans la peau du plus fier insolent…

MARCELINE *le retourne.* — Enfin, vous voilà donc éternel docteur ! toujours si grave et compassé qu'on pourrait mourir en attendant vos secours, comme on s'est marié jadis, malgré vos précautions.

BARTHOLO — Toujours amère et provocante ! Eh bien, qui rend donc ma présence au château si nécessaire ? Monsieur le Comte a-t-il eu quelque accident ?

MARCELINE — Non, docteur.

BARTHOLO — La Rosine, sa trompeuse Comtesse, est-elle incommodée, Dieu merci ?

MARCELINE — Elle languit.

BARTHOLO — Et de quoi ?

MARCELINE — Son mari la néglige.

BARTHOLO, *avec joie.* — Ah ! le digne époux qui me venge !

MARCELINE — On ne sait comment définir le Comte ; il est jaloux et libertin.

BARTHOLO — Libertin par ennui, jaloux par vanité ; cela va sans dire. »

Beaumarchais, *Le mariage de Figaro*, 1785 |

Observation : Questions à poser

▷ À quoi reconnaît-on que le texte appartient au genre dramatique ?

• Le texte se présente comme une succession de répliques attribuées à des personnages, Figaro, Marceline et Bartholo.

• Les **didascalies** accompagnant les répliques confirment le classement du texte.

▷ Comment s'organise ici le dialogue ?

• La scène 2 est constituée d'un **monologue**.

• En fait, Figaro s'adresse d'abord à un destinataire absent, le comte, son maître, qu'il interpelle (voir marques du destinataire en bleu dans le texte), puis à un second destinataire, lui-même (marques en vert dans le texte).

• La scène 4 est constituée d'un échange entre Marceline et Bartholo, tour à tour locuteur et destinataire. (Les marques du destinataire sont en bleu dans leurs répliques.)

• Les **stichomythies** contribuent en outre à l'accélération du dialogue (en orange dans le texte).

• On trouve un parallélisme (placé en symétrie) au service d'un jeu de mots dans la dernière réplique.

▷ Qu'apprend-on sur les personnages ?

• L'extrait permet de dresser la structure du schéma actanciel :
 – Figaro, sujet de la quête ;
 – Suzanne, son objet ;
 – le comte, opposant principal ;
 – Bartholo et Marceline, opposants secondaires. **G>**

• Par ailleurs les didascalies, tout autant que la variété syntaxique dont rend compte la ponctuation, permettent de tracer les traits essentiels du caractère de Figaro : alerte, expressif, verbomoteur…, « un fier insolent » comme le précise Bartholo.

• Figaro correspond donc au **stéréotype du valet** de comédie.

Comment progresser vers la rédaction ?

• Dégager la piste d'analyse : *étudier le rapport du valet au maître.*
 L'étudiant peut s'appuyer sur le schéma actanciel pour analyser ce rapport.

• Planifier le texte.
 1. Répartition des rôles par rapport à la quête principale.
 2. Conflits et résolution des conflits.
 3. Transformation du héros par rapport à lui-même et aux autres personnages.

• Rédiger des paragraphes de développement : intégrer les concepts relatifs au genre dramatique, illustrer le tout par des exemples et des citations.

Exemple de paragraphe

Beaumarchais effectue dans sa pièce un changement significatif par rapport à la tradition classique : le valet est placé au centre de l'intrigue, c'est lui le héros, le sujet de la pièce. Le comte, son maître, devient un personnage secondaire. Il a pour fonction de s'opposer au projet de mariage de son valet puisqu'il cherche à séduire lui-même Suzanne, sa domestique. Le monologue permet à Figaro non seulement de prendre la parole sous les éclairages, mais aussi d'occuper le centre de la scène. L'attention du lecteur lui est alors totalement consacrée. En outre, le comte représente l'obstacle dans la quête de Figaro, qui veut épouser Suzanne. Le maître est montré comme un profiteur blasé, et son comportement est dénoncé par Figaro lorsqu'il dit : « Mais, Monseigneur, il y a de l'abus. » Le valet prend conscience de certaines injustices dont se rend coupable l'aristocratie, ici représentée par le comte (titre de noblesse) Almaviva.

Chapitre 5

La tragédie (et la tonalité tragique)

En France, la tragédie est associée à l'Ancien Régime, à une société de castes fermées où la mobilité sociale est très limitée. Dans un contexte où la destinée humaine semble déterminée, le **héros** qui cherche à assurer sa liberté, à échapper aux contraintes sociales et morales échoue fatalement. **G>**

Auteurs représentatifs : Corneille et Racine au xviie siècle, et Voltaire au xviiie siècle (dont les tragédies ne sont plus présentées aujourd'hui).

La tragédie (et la tonalité tragique) : tableau descriptif

Action	**Personnages** Personnages principaux de rang élevé (des rois et des reines, des familles nobles). Personnage secondaire du confident, d'origine sociale inférieure au héros, qui lui sert de guide ou de conseiller, tout en prenant sous sa responsabilité une partie des besognes indignes du héros. **Intrigue** Centrée sur un conflit entre l'amour d'un côté et les devoirs envers l'État de l'autre. Déchirement entre l'amour et l'honneur familial. L'intrigue doit se plier aux règles : • de bienséance (l'action ne doit pas contrevenir à la morale) ; • de vraisemblance (l'action doit paraître plausible à un spectateur du XVIIe siècle). Espace et temps de la fiction : l'Antiquité grecque et romaine (époque de convention, l'essentiel étant de se retrouver dans une cour royale, un espace où s'exerce le pouvoir). **G>**

Structure	Unité d'action : un seul conflit.
	Unité de lieu : un seul endroit (lieu de rencontre abstrait, sans changement de décor).
	Unité de temps : une seule journée.
	• La tragédie comporte cinq actes :
	  – acte 1 : l'exposition et la présentation des principaux éléments de l'intrigue ;
	  – acte 2 : le nœud ou l'obstacle qui plonge le spectateur dans le tragique ;
	  – acte 3 : la péripétie, soit l'événement imprévu, le retournement de situation ;
	  – acte 4 : la catastrophe, qui amène un changement irréversible de la situation ;
	  – acte 5 : le dénouement, avec une fin généralement malheureuse (souvent la mort du protagoniste).

Thématique	Teintée de pessimisme : la fatalité, la destinée humaine, le pouvoir, l'amour, l'honneur, la loyauté envers Dieu et le roi, la pièce ayant comme premier but : • d'expurger de l'homme les sentiments néfastes (catharsis), et comme second but implicite : • de proposer aux spectateurs des modèles de comportement incarnés par les nobles, le tout devant servir la gloire du royaume.
Style et procédés d'écriture	Tonalité pessimiste, les répliques adoptant le rythme majestueux de l'alexandrin tout en conservant un niveau de langue soutenu. Variation dans la syntaxe pour souligner la tension entre les personnages. Accent mis sur le caractère cérémoniel (solennel, fait pour impressionner) de la représentation. Procédés littéraires variés, mis au service d'une esthétique de sobriété classique. **G>**

Chapitre 6

La comédie (et la tonalité comique)

La comédie vise à faire rire. Elle présente une vision optimiste de la vie en comptant sur un dénouement heureux. Le personnage de comédie est un Monsieur Tout-le-monde, tiré de l'anonymat le temps d'un spectacle. Pour faire rire, la comédie ne peut se contenter du pouvoir des mots (ce qui se rapporte à la *littérarité*). Elle doit jouer sur les effets visuels et le jeu corporel (ce qui contribue à un plus grand degré de *théâtralité*).

Quelques auteurs représentatifs : Corneille (comédies baroques) ; Molière (**farces**, comédies baroques et classiques) ; Marivaux, Beaumarchais (comédies de mœurs) et Musset (comédies sentimentales) ; Labiche et Feydeau (**vaudevilles**) ; au Québec, Gratien Gélinas. **G›**

La comédie (et la tonalité comique) : tableau descriptif

Action	**Personnages** Personnages principaux issus de la bourgeoisie, les jeunes étant souvent en opposition avec leurs parents. Personnage du valet, conseiller du maître et souvent adjuvant ; ses traits stéréotypés sont la source du comique de la pièce. Figurants illustrant la domesticité de la maison. **Intrigue** Conflit de couple, de générations ou de classes sociales (dans les relations maître / domestique). Espace et temps dramatiques : habituellement une maison bourgeoise au XVIIᵉ ou au XVIIIᵉ siècle.
Structure	Plus la comédie est proche de la farce, plus la pièce tend à être courte. **G›** Plus la comédie cherche à s'élever, plus elle imite la structure de la tragédie en cinq actes, de l'exposition au dénouement qui devra forcément être heureux (résoudre le conflit, rétablir l'harmonie). Les auteurs dramatiques prennent en général plus de liberté dans la comédie que dans la tragédie. Au XVIIᵉ siècle, il y a respect de la règle classique des trois unités et de la bienséance.
Thématique	La réalité quotidienne, la vie privée, en général. Selon les thèmes privilégiés, on utilisera l'une ou l'autre des dénominations suivantes : • Comédie de caractères : intrigue fondée sur une opposition psychologique. • Comédie de mœurs : intrigue fondée sur l'observation sociale (traits de mentalité). • Comédie sentimentale : intrigue fondée sur les relations amoureuses.

Style et procédés d'écriture	Composées en vers dans le cas de certaines grandes comédies de Molière ; autrement, elles sont en prose. **Comique de situation (ou d'intrigue) :** déguisement, quiproquo (confusion sur une personne, une chose) et imbroglio (intrigue multipliant les ramifications), coup de théâtre (retournement imprévu de la situation). **Comique de langage :** procédés d'exagération (hyperboles), de contraste ou créant la surprise. Humour (jeux de mots), ironie (les mots contredisent la pensée, antiphrase), rythme dans les échanges (stichomythie, parallélisme, etc.). Mélange de niveaux de langue. Automatismes de langage. *À noter* Lors de la représentation, la gestuelle des comédiens (mécanisation du corps ; grimaces et mimiques grotesques ; bastonnades, etc.) contribue également au registre comique de la pièce (**comique de geste** ou **farcesque**). **G>**

Le Théâtre

Chapitre 7

Le drame

Au xviiie siècle, Diderot est le premier à réclamer une nouvelle forme de théâtre qui représente sur scène la condition sociale du citoyen ordinaire, exerçant une profession tout en assumant son rôle de père de famille. Ces pièces, qualifiées de **drames bourgeois,** ne sont plus présentées aujourd'hui. Au xixe siècle, Victor Hugo redéfinit le drame dans une optique romantique : il envisage une démocratisation du théâtre qui doit dorénavant plaire à tous les publics par le mélange des genres, l'alliance des groupes sociaux et l'intégration du **grotesque** au **sublime.** Auteurs représentatifs : Victor Hugo, Alfred de Musset, Alfred de Vigny, Alexandre Dumas. **G›**

À noter Le mot « drame » perd aujourd'hui son sens spécifique pour s'appliquer pratiquement à tout type de pièce du répertoire actuel.

Le drame : tableau descriptif

Action	**Personnages** Héros jeunes, souvent prisonniers d'un dualisme inscrit dans leur personnalité : en quête de sublime ou voulant se distinguer par leur héroïsme, ils sont acculés à la trahison ou à la bassesse. Personnages secondaires nombreux et scènes de groupes fréquentes, ce qui contribue à la théâtralité (effet spectaculaire). Les personnages féminins représentent généralement un idéal de pureté. **Intrigue** Contextes historiques, où l'action, située dans le passé, fournit des explications sur ce qui se passe en France à l'époque romantique. Espace et temps fictifs : pour illustrer le goût du pittoresque, le cadre fictif sera souvent celui de pays étrangers ou d'une époque révolue : par exemple la pièce de Victor Hugo *Hernani* est située en Espagne, en 1519 ; celle de Musset, *Lorenzaccio,* à Florence, également au XVIe siècle. **G›**
Structure	• Pièce séparée en actes et en scènes, mais qui ne respecte plus la règle classique des trois unités. L'intrigue se charge d'anecdotes secondaires et on met en scène les suicides, les meurtres, les longues agonies (on ne se contente pas de les rapporter comme dans la tragédie). • Les didascalies laissent entrevoir des mises en scène fastueuses, loin de la sobriété et du statisme des tragédies classiques, avec bruits, musique, décor et accessoires. • Mélange de comique et de tragique.
Thématique	Centrée davantage sur les émotions que sur les idées et la raison. Quête de l'idéal et désir d'élévation ; malaise existentiel (*le mal du siècle*).
Style et procédés d'écriture	• Composé en vers ou en prose. **G›** • Accent mis sur le caractère émouvant de la représentation. • Effets de contraste marqués. • Goût pour les rapprochements antithétiques (procédés d'antithèse et d'oxymore). • Tonalités souvent pathétiques, dénouements pessimistes.

La Poésie

Chapitre 8

Le genre poétique

8.1 Entrée en matière

Avant que les poètes symbolistes (deuxième moitié du xixe siècle) ne fassent éclater les frontières entre **prose** et poésie par le poème en prose, il était facile de reconnaître un poème à ses vers réguliers et à ses rimes. La poésie était alors un art du langage dont on mesurait la réussite non seulement à l'originalité de l'expression ou de la thématique, mais aussi à la capacité de se soumettre avec virtuosité aux règles de la **métrique**.

Les poètes continuent aujourd'hui leur incessante exploration du langage en s'accordant une très grande liberté par rapport aux règles établies au siècle classique (xviie siècle). Toutefois, de façon générale, **on peut définir le poème comme un texte où sont articulés, pour former un tout, une signification, un rythme et des images**. La **versification**, qui concerne tous les moyens mis en œuvre pour concevoir un vers, n'a toutefois pas que la poésie comme domaine d'application, mais également les **fables** et le théâtre. De la **tragi-comédie** baroque au drame hugolien puis claudélien, les pièces de théâtre sont souvent composées en vers. **G›**

Il importe en plus de souligner que le poème français était au Moyen Âge une chanson, et que c'est en quelque sorte l'invention de l'imprimerie qui, en donnant une forme graphique au poème, l'a forcé à trouver son propre rythme sans soutien musical. La chanson actuelle conserve donc vivante cette tradition de la poésie orale.

8.2 Notions clés par ordre alphabétique

Concordance

Coïncidence de la phrase avec le vers (1 vers = 1 phrase) (ce qui était, du moins en théorie, une sorte de norme en poésie traditionnelle).

<u>Exemple</u>

« Sa peccadille fut jugée un cas pendable. » (Jean de La Fontaine, *Fables*, Livre VII)

Dans ce cas, la phrase complète s'articule en douze syllabes, c.-à-d. en un alexandrin.

Les excédents de la phrase qui débordent du vers contribuent donc à sa discordance et portent un nom. Ces différentes appellations sont présentées ci-après.

Enjambement

Toute phrase qui déborde d'un vers, dont l'excédent est déporté au vers suivant.

Exemple

« Et le soupir d'adieu du soleil à la terre
Balance les beaux lis comme des encensoirs. » (Alfred de Vigny, « La nature t'attend dans un silence austère », *Les destinées*, 1864)

Le vers surligné illustre ici le procédé de l'enjambement. Dans cet exemple, la phrase se prolonge sur deux vers, contribuant ainsi à la fluidité du poème.

Rejet

Forme spécifique d'enjambement : le fait de reporter dans le vers suivant un groupe syntaxique court, souvent même un seul **mot. G>**

Exemple

« Ah ! qu'est-ce que je fais, ici, dans cette chambre !
Des vers. Et puis, après ! Ô sordide limace ! » (Jules Laforgue, « Les complaintes d'un autre dimanche », *Les complaintes*, 1885)

Dans ces deux vers au rythme saccadé, le rejet qui concerne deux mots, « Des vers » (surligné dans l'exemple), contribue au ton exacerbé, très émotif du poème que met aussi en relief la ponctuation.

Contre-rejet

Le fait de placer la partie courte dans le premier vers et de reporter le groupe syntaxique le plus long dans le second.

Exemple

« Un éclair... puis la nuit ! – Fugitive beauté
Dont le regard m'a fait soudainement renaître » (Baudelaire, « À une passante », *Les fleurs du mal*, 1857)

Le rythme de ces vers s'accorde avec l'idée d'une naissance, d'une émergence, ce que souligne le contre-rejet avec la partie courte au début, soit « Fugitive beauté », et le groupe syntaxique plus long dans le deuxième vers : « Dont le regard m'a fait soudainement renaître ».

Coupe du vers

Divisions internes à l'intérieur de vers qui comptent plus de huit syllabes, qui influencent le rythme du poème. Les notions décrites ci-après sont reliées à la coupe du vers.

Accent tonique

Plus grande intensité de la voix portant sur la dernière syllabe d'un groupe syntaxique, à l'exception, évidemment, des syllabes muettes. Les coupes se placent donc à la suite d'une syllabe accentuée.

Dans ces vers de Corneille, les syllabes accentuées sont surlignées. Les barres obliques marquent la césure.

Exemple

« Cessez de vous en plaindre. / À présent le théâtre
Est en un point si haut / que chacun l'idolâtre » (Corneille, *L'illusion comique*, 1636)

Hémistiche

Moitié d'un alexandrin qui compte six syllabes ; la césure sert à départager les deux hémistiches. L'exemple précédent en fait état.

Tétramètre

Coupe de l'alexandrin en quatre parties généralement égales (que mettent en relief les virgules dans le texte de Musset).

Exemple

« Pour savoir, après tout, ce qu'on aime le mieux :
Les bonbons, l'Océan, le jeu, l'azur des cieux,
Les femmes, les chevaux, les lauriers et les roses. » (Alfred de Musset, « Sonnet », *Poésies nouvelles,* 1850)

Les deux vers surlignés illustrent la coupure en quatre parties (le tétramètre).

Trimètre

Coupe de l'alexandrin en trois parties (généralement égales mais pas toujours), ce qui est fréquent dans la poésie des romantiques.

Exemple

« Un amour, rien qu'un seul, tout fantasque soit-il ;
Et moi qui le recherche ainsi, noble et subtil [...]. » (Émile Nelligan, « Beauté cruelle », *Poésies complètes,* 1952)

Image

Le poète étant un « peintre du langage », il utilisera les mots non seulement pour faire vivre au lecteur ce qu'il ressent, mais aussi pour lui en faire visualiser toutes les nuances. Les **comparaisons** et les **métaphores** servent particulièrement ce but en permettant à l'auteur de concrétiser des concepts abstraits. Au moyen de la comparaison, la liberté (concept abstrait) deviendra un oiseau (**référent** concret). Au moyen de la métaphore, la liberté volera dans le ciel. Il est à noter que l'image poétique se déploie en réseau, tissant des liens d'un vers à l'autre pour qu'à la lecture, les mots du poème racontent comme le ferait un petit film, avec ses formes, ses couleurs, son mouvement et sa signification. **G>**

Rimes

Reprise de sons (ou **phonèmes**) identiques à la finale de deux vers. **G>**

Rimes féminines

Elles se terminent par un *e* muet.

Rimes masculines

Elles se terminent par une lettre autre que le *e* muet. Voir l'exemple de la page 49 (8.3 Mise en application).

Rimes plates ou suivies ou consonantes

Deux rimes féminines se suivent et deux rimes masculines leur succèdent, ce qui donne le modèle de rimes *aabbcc,* etc. (*aa* = deux rimes féminines identiques ; *bb* = deux rimes masculines homophoniques ; *cc,* retour à des rimes féminines mais phonétiquement différentes des premières, et ainsi de suite, comme dans les tragédies classiques).

Exemple

« Ton ardeur criminelle à la vengeance aspire ! (rime féminine avec *e* muet)
Ta bouche la demande, et ton cœur la respire ! (rime féminine avec *e* muet)
Suis moins ta passion, règle mieux tes désirs, (rime masculine)
Ne me fais plus rougir d'entendre tes soupirs ; (rime masculine)
Tes flammes désormais doivent être étouffées ; (rime féminine)
Bannis-les de ton âme, et songe à mes trophées : » (rime féminine) (Corneille, *Horace,* 1640)

Rimes croisées ou alternées

Alternance de rimes féminines et masculines selon le modèle *abab.*

Exemple

« Tantôt, saisi de quelque horreur
D'être seul parmi les ténèbres
Abusé d'une vaine erreur,
Je me feins mille objets funèbres. » (Marc-Antoine Girard de Saint-Amant, « Le contemplateur »,
Œuvres poétiques, 1629)

Rimes embrassées

Premier et dernier vers de la strophe se terminant par une rime masculine (par exemple), avec deux vers à rimes féminines au centre (ou féminine en entrée et masculines au centre), ce qui donne l'alternance *abba.* Dans le sonnet les rimes s'embrassent parfois d'un tercet à l'autre. Voir l'exemple de la page 49 (8.3 Mise en application).

Exemple

« La Nature est un temple où de vivants piliers
Laissent parfois sortir de confuses paroles ;
L'homme y passe à travers des forêts de symboles
Qui l'observent avec des regards familiers. » (Baudelaire, « Correspondances », *Les fleurs du mal,* 1857)

Rime riche

Trois homophonies (trois **phonèmes** répétés), comme dans riv**ièr**es et f**ièr**es. (La mesure de la richesse de la rime ne s'applique donc qu'à la syllabe accentuée, à l'exclusion du e muet aussi appelé e caduc ou e atone.) **G>**

À noter La **qualité de la rime** dépend du nombre de phonèmes en reprise, à l'exclusion du e caduc.

Rime suffisante

Deux **phonèmes** répétés comme dans b**leu** et p**leu**t. **G>**

À noter Deux lettres servent à transcrire le son « eu », mais il ne s'agit en fait que d'un seul phonème.

Rime pauvre

Reprise d'un seul **phonème** à la fin du vers comme dans « ami » et « fini ». **G>**

Rythme

Effet de musicalité obtenu par la répétition de sons (rimes, procédés sonores, **refrain**), de mots (homonymes et refrain), de vers de longueur similaire et de phrases (parallélisme, par exemple). Le phénomène de répétition est considéré par plusieurs linguistes comme une des composantes distinctives du langage poétique. C'est dans ce sens qu'on peut définir le poète comme un « musicien du langage ». **G>**

Strophe

Regroupement de vers généralement suivi d'un blanc typographique.

- Selon le nombre de vers qu'elle comporte, la strophe porte des noms différents : **sizain** (six vers), **quintil** (cinq vers), **quatrain** (quatre vers) et **tercet** (trois vers).

- Les strophes sont **isométriques** quand les vers qui les composent sont tous de même longueur, comme dans l'exemple suivant où les vers comportent également douze syllabes :
  « Un style si rapide et qui court en rimant,
  Marque moins trop d'esprit que peu de jugement » (Nicolas Boileau, *L'art poétique,* 1674)

- Les strophes sont **hétérométriques** (ou **anisométriques**) quand il y a variation de la longueur des vers à l'intérieur d'une même strophe (par exemple des alexandrins alternant avec des octosyllabes).

Exemple

« Les mouches bourdonnaient sur ce ventre putride,
        D'où sortaient de noirs bataillons
De larves qui coulaient comme un épais liquide
        Le long de ces vivants haillons. » (Baudelaire, « Une charogne », *Les fleurs du mal,* 1857)

Syllabe

Unité de base du vers français. Elle est formée de consonnes et de voyelles (exceptionnellement d'une voyelle unique), elle se prononce en une seule émission de voix.

Le décompte des syllabes

Il consiste à relever et marquer le nombre de syllabes d'un vers par une barre oblique (ce qui est synonyme de « scander » le vers).

Exemple

« Il /est /des /par/fums /frais /com/me /des /chairs /d'en/fants »
  1   2   3   4   5   6   7 8 9   10   11   12

12 syllabes = un alexandrin

(Baudelaire, « Correspondances », *Les fleurs du mal,* 1857)

La scansion du vers

Pour effectuer le décompte (la scansion) du vers, il importe de tenir compte des phénomènes qui suivent :

- La **liaison** ou l'enchaînement de la dernière consonne d'un **mot** avec le suivant. **G>**
- La syllabe finale de la rime féminine qui ne compte pas ; par ailleurs, à l'intérieur du mot, le e atone compte s'il est entre deux consonnes, mais s'élide dans une liaison.

La Poésie

- La **diérèse** ou le fait de compter pour deux syllabes ce qui, en **prose**, ne compterait que pour une syllabe, comme dans les mots « pied » ou « vieux », qui fait pi/ed, vi/eux.

- La **synérèse**, phénomène inverse qui consiste à considérer « pied » ou « vieux » comme un **mot** d'une seule syllabe. **G›**

Exemple

Les vers suivants, tirés du poème « Correspondances » de Baudelaire, permettent d'observer ces notions.

« A/yant /l'ex/pan/si/on /des /cho/se/s_ in/fi/nies,
   1 2   3   4 5 6   7   8 9 10 11 12

> **diérèse** aux syllabes 5 et 6
> **liaison** à la syllabe 10

Com/me /l'am/bre, /le /musc, /le /ben/join /et /l'en/cens, »
   1   2   3   4   5   6   7   8   9 10 11 12

> **synérèse** à la syllabe 9

Thématique

La poésie ne s'intéresse ni à l'utilitaire ni à la banalité, mais plutôt aux faits légendaires qui nourrissent la mémoire collective ou, plus récemment, aux émotions, aux rêves et même à ces moments fugaces qui transcendent le quotidien. Les **thèmes**, éléments de signification du texte, varient selon l'orientation ou le type de tonalité privilégiée par le poète. (Voir le chapitre 11 sur les tonalités littéraires à la page 58.) **G›**

Vers

Unité rythmique disposée sur une ligne.

À noter La **métrique** est l'étude du vers, mais aussi de la somme des éléments qui le définissent.

Les vers pairs

Les vers pairs, en poésie traditionnelle, portent des noms différents selon le nombre de syllabes dont ils sont composés. Les plus habituels sont les suivants :

- **l'alexandrin** (douze syllabes)

Exemple

« Le jour de la raison ne le saurait percer. » (Nicolas Boileau, *L'art poétique*, 1674)

- **le décasyllabe** (dix syllabes)

Exemple

« Le mur fléchit sous le noir bataillon. » (Victor Hugo, « Les djinns », *Les orientales*, 1827)

- **l'octosyllabe** (huit syllabes)

Exemple

« La misère aussi faisait rage » (Verlaine, « Laeti et errabundi », *Parallèlement*, 1889)

Les vers impairs

Les vers impairs, moins fréquents en poésie française, sont généralement de cinq ou de sept syllabes.

- **le pentasyllabe** (cinq syllabes)

Exemple

« Songe à la douceur » (Baudelaire, « L'invitation au voyage », *Les fleurs du mal,* 1857)

- **l'heptasyllabe** (sept syllabes)

Exemple

« Là, tout n'est qu'ordre et beauté » (Baudelaire, « L'invitation au voyage », *Les fleurs du mal,* 1857)

Les vers libres

Les vers libres, de longueur variée, échappent aux règles de la versification classique.

Exemple

« tu es mon amour
ma clameur mon bramement
tu es mon amour ma ceinture fléchée d'univers » (Gaston Miron, « La marche à l'amour », *L'homme rapaillé,* 1970)

Si le vers est plus long qu'un alexandrin et séparé du vers suivant par un blanc typographique, on parlera plutôt de **verset**.

Exemple

« Lorsque la rivière étire ses membres dans le lit de la savane
Et frileuse écoute le biceps des glaces étreindre le pays sauvage » (Jacques Brault, « Suite fraternelle », *Mémoire,* 1965)

8.3   Mise en application

Intégration des notions en interaction avec un texte. Le poème présenté est « Le dormeur du val » d'Arthur Rimbaud.

Extrait

Le dormeur du val

« [1]C'est un trou de verdure où chante une rivière
[2]Accrochant follement aux herbes des haillons
[3]D'argent ; où le soleil, de la montagne fière,
[4]Luit : c'est un petit val qui mousse de rayons.

[5]Un soldat jeune, bouche ouverte, tête nue,
[6]Et la nuque baignant dans le frais cresson bleu,
[7]Dort ; il est étendu dans l'herbe, sous la nue,
[8]Pâle dans son lit vert où la lumière pleut.

[9]Les pieds dans les glaïeuls, il dort. Souriant comme
[10]Sourirait un enfant malade, il fait un somme :
[11]Nature, berce-le chaudement : il a froid.

[12]Les parfums ne font pas frissonner sa narine ;
[13]Il dort dans le soleil, la main sur sa poitrine
[14]Tranquille. Il a deux trous rouges au côté droit. »

Arthur Rimbaud, *Poésies,* 1870

Observation : Questions à poser ➡

Observation : Questions à poser

▷ De quel type de poème s'agit-il ?
Un poème à forme fixe : le sonnet.
Disposition
Quatorze vers en deux quatrains et deux tercets.
Vers isométriques : tous des alexandrins.

▷ Quel est le patron de rimes ?
Quatrains : rimes croisées (abab / cdcd).
Tercets : deux rimes féminines en alternance avec une masculine (eef/ggf).

▷ Rimbaud s'en tient-il à la coupe régulière ?
La **césure** est centrale lorsque le vers est coupé en deux hémistiches, et ce, aux vers 1, 2, 6, 8, 13.
Plusieurs vers ont des coupes inégales (3, 4, 7, 9, 11, 14). Trimètre inégal : le vers 5 en présente un exemple.

▷ Quelle appréciation peut-on faire des rimes ?
Nature des rimes
Rimes féminines, syllabe accentuée,
vers 1 ri*vière* avec vers 3, *fière* ;
vers 5 *nue* (adj.) avec vers 7, *nue* (nom homonyme) ;
vers 9 *comme* avec vers 10, *somme* ;
vers 12 na*rine* avec vers 13, poit*rine*.

Rimes masculines, syllabe accentuée,
vers 2 hai*llons* avec vers 4, ra*yons* ;
vers 6 b*leu* avec vers 8, p*leut* ;
vers 11 f*roid* avec vers 14 d*roit*.

Qualité des rimes
Rime riche avec trois homophonies :
vers 1 et 3 : ri*vière* et *fière*.
Rimes suffisantes avec deux homophonies :
vers 9 et 10 : *comme* et *somme*.

🅐 *noter* Placer le mot-outil *comme* à la rime contrevient aux règles de la versification classique.

🅐 *noter* On peut aussi considérer plus « pures » les rimes homographiques (mêmes lettres comme « rivière » et « fière ») par rapport à des rimes uniquement homophoniques, comme « haillon » et « rayons ».

▷ Y a-t-il fréquente discordance ?
Rejet : report d'un seul mot aux vers 3, 4, 7, 14.
Contre-rejet : vers 10.

Comment progresser vers la rédaction ?

- Dégager la piste d'analyse : à *partir du contenu – thématique de la mort ou de la guerre –, s'orienter vers la forme.*

- Planifier le texte.
  1. Rimbaud entretient savamment un malentendu tout au long des strophes, faisant croire à une scène bucolique (description idyllique de la nature ; multiples connotations sensorielles ; oxymore à caractère synesthésique : « la lumière pleut »).
  2. Pourtant, la mort est implicitement présente tout au long du poème (on y joue sur l'homonymie « trou de verdure » et « trous rouges » des balles), véhiculée par un champ lexical singulier (« haillons » ; « dort » [répété trois fois], idée reprise par la périphrase « il fait un somme » ; « il a froid » ; les mots « pâle » et « malade ») et l'usage d'un euphémisme, comme dans le vers « les parfums ne font pas frissonner sa narine ».
  3. La versification, toute en ruptures, contribue aussi à créer l'impression d'un monde éclaté, par ses coupes de vers irrégulières et ses nombreux rejets et contre-rejets.

- Rédiger le texte : rédiger des paragraphes de développement, intégrer les concepts relatifs au genre poétique, les illustrer par des exemples et des citations.

Exemple de paragraphe : développement de la troisième idée

Par une versification tout en ruptures, Rimbaud crée un effet permanent de discordance qui touche à la fois le sens du poème et sa forme. En effet, le dernier vers fait voler en éclats l'illusion apaisante d'un jeune soldat qui ferait la sieste dans un site enchanteur. Les « trous rouges au côté droit » sont en quelque sorte la contrepartie du « trou de verdure » chantant du début du texte : la rupture est totale par rapport à la tonalité lyrique du début. Au plan formel, plusieurs effractions de Rimbaud par rapport aux règles de la versification classique annoncent cette fracture du monde, notamment les multiples rejets qui surviennent aux vers 3, 4, 7 et 14, les vers 7 et 14 semblant encore ici contredire l'illusion créée par les vers 3 et 4 en début de texte : le mot « dort », rejeté en début de vers, suggère déjà l'idée de la mort, tout comme « tranquille ». Les deux termes s'opposent aux mots « argent » et « luit » associés à la luminosité et connotant la vie. Le vers 10, où se situe le contre-rejet, traduit l'équilibre précaire entre vie et mort : l'enfant « sourit » comme « un enfant » certes, mais « malade », « il fait un somme » dont on soupçonne déjà qu'il ne sera pas suivi d'un réveil. Ce sommeil est irrémédiable. La forme dans ce poème n'est donc pas gratuite, elle participe au sens dramatique du texte.

Chapitre 9

Les formes poétiques

9.1 Les poèmes à formes fixes

Ces poèmes obéissent à des règles de composition (qui peuvent être enfreintes partiellement). Plusieurs des formes fixes pratiquées jusqu'au xviiᵉ siècle ont depuis été abandonnées. Ne sont retenues ici que les formes qui ont subi l'épreuve du temps et qui sont illustrées dans la poésie moderne.

Ballade

Poème composé de trois strophes ou couplets (au nombre équivalent de vers de même longueur, donc isométriques) et d'un envoi. Strophes et envoi se terminent par la reprise du même vers, qui sert ainsi de **refrain**. **G›**

Haïku

D'une forme empruntée à la littérature japonaise, le haïku est un poème à forme fixe de dix-sept syllabes, réparties sur trois vers impairs de cinq, sept et cinq syllabes.

Ode

Forme poétique héritée de l'Antiquité, qui a pour objet, généralement, d'exprimer des sentiments universels dans une métrique autre que l'alexandrin (du moins en général). On trouve aussi dans la poésie moderne des odes en vers libres.

Pantoum

D'une forme empruntée à la poésie malaise par les poètes romantiques, le pantoum, composé de quatrains à rimes croisées, a pour fondement la reprise des vers d'une strophe à l'autre mais en les déplaçant, le premier et le troisième vers de la première strophe devenant, dans la suivante, le deuxième et le quatrième vers. La structure de ce poème permet donc la mise en parallèle et sert notamment à exploiter des thèmes antithétiques.

Rondeau

Poème généralement divisé en trois strophes, assorties d'un **refrain** en position centrale et finale. Composé à l'origine sur deux rimes, il adopte en poésie moderne une disposition plus libre. **G›**

Exemple d'un poème à forme fixe, un rondeau d'Alfred de Musset.

« Dans dix ans d'ici seulement,
Vous serez un peu moins cruelle.
C'est long, à parler franchement.
L'amour viendra probablement
Donner à l'horloge un coup d'aile.

Votre beauté nous ensorcelle,
Prenez-y garde cependant ;
On apprend plus d'une nouvelle
    En dix ans.

Quand ce temps viendra, d'un amant
Je serai le parfait modèle,
Trop bête pour être inconstant,
Et trop laid pour être infidèle.
Mais vous serez encor trop belle
    Dans dix ans. » (Alfred de Musset, « À Madame G. », 1842)

Sonnet

Poème de quatorze vers, disposés en deux quatrains et deux tercets.

9.2   Les poèmes à formes libres

Le poème à forme libre illustre l'évolution du genre poétique vers la liberté d'inspiration et de forme. Il s'inscrit dans une tendance qui favorise la libre circulation des formes et des matériaux. Depuis l'aventure cubiste, les artistes poussent très loin la combinaison des matériaux (l'huile, le bois, le papier ou le métal), non seulement sur une toile mais aussi ailleurs. Par exemple, le spectateur actuel ne s'étonnera pas de voir, au théâtre, des acteurs danser sur un arrière-fond d'images filmées. Certains poèmes illustrent ces explorations vers d'autres arts notamment graphiques, comme le calligramme expérimenté par Apollinaire au début du xxe siècle.

Calligramme

Poème devenu figuratif par l'agencement des mots sur la page, qui exige une double lecture, à la fois littérale (les mots du poème) et picturale (leur disposition formant une image graphique, en lien direct avec le sujet traité).

Poème à vers libres

Poème dont la versification vise la souplesse en se libérant des contraintes associées à la poésie traditionnelle. Le rythme est souvent obtenu :
• en jouant avec des effets de sonorité (assonances ou allitérations),
• ou en jouant avec des procédés d'ordre syntaxique, pour créer des effets de **refrain** (les parallélismes, les répétitions et les énumérations, etc.).
Le **verset** est une illustration particulière du vers libre ; son vers a comme particularité d'être plus long que l'alexandrin. **G>**

Exemple

Exemple d'un poème à forme libre, « Accompagnement » de Hector de Saint-Denys Garneau.

« Je marche à côté d'une joie
D'une joie qui n'est pas à moi
D'une joie à moi que je ne puis pas prendre

Je marche à côté de moi en joie
J'entends mon pas en joie qui marche à côté de moi
Mais je ne puis changer de place sur le trottoir
Je ne puis pas mettre mes pieds dans ces pas-là
                    et dire voilà c'est moi

Je me contente pour le moment de cette compagnie
Mais je machine en secret des échanges
Par toutes sortes d'opérations, des alchimies,
Par des transfusions de sang
Des déménagements d'atomes
                    par des jeux d'équilibre

Afin qu'un jour, transposé,
Je sois porté par la danse de ces pas de joie
Avec le bruit décroissant de mon pas à côté de moi
Avec la perte de mon pas perdu
                    s'étiolant à ma gauche
Sous les pieds d'un étranger
                    qui prend une rue transversale. »

(Saint-Denys Garneau, *Regards et jeux dans l'espace*, 1937)

Poème en prose

Comme son nom l'indique, ce poème est le fruit de la libération des contraintes de la versification ; il est par conséquent composé de phrases et divisé en paragraphes. Il se caractérise généralement par un contenu à caractère descriptif (excluant le narratif), une grande concentration d'images, un jeu de sonorités et l'utilisation d'autres procédés stylistiques visant à créer un effet de musicalité.

L'*E*ssai

Chapitre 10

L'essai : genre ou forme composite

10.1 L'essai

Avec Montaigne, qui donne à son œuvre le titre d'*Essais*, le genre vient au monde à la Renaissance. L'être humain prend conscience de sa singularité comme individu et ne se définit plus uniquement par son appartenance à un groupe, à une famille, à un clan ou à une caste. Par la pratique qu'il en fait, Montaigne contribue à déterminer la nature de l'essai. Amalgame de récit autobiographique et de discours **argumentatif**, l'essai est à la fois récit de l'expérience vécue et réflexion sur la vie privée et publique, entre le personnel et l'universel, entre l'émoi et la raison. Genre aux délimitations fluctuantes, il peut aussi ouvrir ses frontières à tous les textes qui portent sur un sujet relié à la réalité. **G›**

En France comme au Québec, il se trouve des écrivains comme Pierre Vadeboncœur pour faire reposer leur œuvre presque exclusivement sur la pratique de l'essai. Certains explorent ce genre concurremment à d'autres modes d'expression. Le Siècle des Lumières, siècle d'idées et de philosophie, lui donne prédilection. Au xxᵉ siècle, les adhérentes du mouvement féministe apprécient la possibilité qu'il offre de sortir des sentiers battus, en toute liberté. (Voir les tableaux de ces différents courants ou de ces époques.)

L'essai : tableau descriptif

Contenu	L'essai littéraire est un texte en prose qui se présente comme une réflexion libre, et non comme un bilan définitif, sur un sujet donné. Il a quatre caractéristiques importantes. **G›** • **Référentiel :** l'auteur exprime ses idées directement, sans l'intermédiaire d'une intrigue et de personnages fictifs. • **Subjectif :** personnel et partial, reflétant fortement les opinions et les valeurs de l'auteur. • **Ancré dans l'actualité :** l'auteur se positionne par rapport à des sujets qui préoccupent ses contemporains. • **Fidèle à la réalité :** l'auteur respecte le pacte de lecture qui est celui de tous les récits réels, en attestant l'authenticité de ce qu'il dit.
Forme et structure	**Qui s'exprime ?** L'auteur est celui qui dit « je ». L'auteur fait entendre sa propre voix (quoiqu'il existe aussi des essais impersonnels, moins susceptibles toutefois d'être littéraires). L'essai est une forme littéraire composite, qui a pour fonction de permettre à un auteur : • d'**exprimer** sa sensibilité, ses émotions ; • d'**informer** les lecteurs en appuyant son point de vue de faits objectifs ; • d'**argumenter** et de convaincre afin d'engager le destinataire à prendre position ou à changer le monde.

Forme et structure (suite)	**Comment les idées s'organisent-elles ?** Dans l'essai, l'organisation des idées est libre et fluctuante : le lecteur peut même avoir l'impression d'assister à l'émergence d'une pensée, qui n'hésite pas à se contredire pour mieux s'affirmer.
Thématique	Prédilection pour les sujets à caractère culturel, les problématiques sociales et politiques. Crise d'identité individuelle, qui s'exprime souvent sur fond de crise de culture ou de civilisation.
Style et procédés d'écriture	L'auteur favorise souvent : • un lexique accessible et un ton informel ; • les marques du destinataire et les modalisateurs marquant l'émotion ; • les conjonctions, les prépositions, les locutions prépositives, importantes pour saisir la logique argumentative ; • le recours aux anecdotes ; usage de l'humour, de la satire et de l'ironie (les antiphrases).

10.2   Mise en application

Intégration des connaissances en interaction avec un texte.

Extrait

L'extrait suivant est tiré des *Essais* de Montaigne (1533-1592). Dans cette œuvre composite à l'origine du genre, l'auteur devient à la fois le sujet et l'objet de la réflexion, illustrant ainsi l'humanisme de l'époque puisque « chaque homme porte en lui tout entière la forme de la condition humaine ».

Qu'est-ce que l'amitié ?

« Au demeurant, ce que nous appelons le plus souvent **amis ou amitiés**, ce ne sont que des **relations** ou des familiarités nouées par hasard ou par intérêt, par le moyen desquelles nos âmes s'entretiennent. Or, dans l'**amitié** dont je parle, les âmes se mêlent et se confondent l'une l'autre dans un mélange si parfait qu'elles effacent et ne retrouvent plus la couture qui les a jointes. Si on me presse de dire pourquoi j'**aimais** mon ami La Boétie, je sens que cela ne peut s'exprimer qu'en répondant : "Parce que c'était lui, parce que c'était moi."

Il y a au-delà de mon propos et de ce que je puis en dire particulièrement, je ne sais quelle force inexplicable et marquée par le destin, qui a servi d'intermédiaire à cette **union**. Nous nous cherchions avant même de nous être vus et, par des **rapports** que nous entendions l'un de l'autre – qui faisaient plus d'effets sur notre **affection** que ne le supposerait raisonnablement le bien-fondé de tels **rapports** –, par quelque volonté du ciel, je crois, nous nous **embrassions** par nos noms. Et à notre première rencontre, qui eut lieu, par hasard, pendant une grande fête et assemblée à Bordeaux, nous nous découvrîmes si **épris**, si connus et si **liés**, que plus rien dès lors ne nous fut si proche que l'un et l'autre […].

Qu'on ne me mette pas sur le même pied les autres **amitiés** communes : j'en ai autant de connaissance qu'un autre, et des plus parfaites en leur genre, mais je ne conseille pas qu'on confonde leurs règles : on s'y tromperait. Il faut marcher dans ces autres **amitiés** la bride à la main, avec prudence et précaution, la **liaison** étant nouée de manière à ce qu'on ait toujours à s'en défier.

[…] Et pour montrer comment cela se pratique dans les faits, j'en raconterai un exemple ancien et singulier. »

Montaigne, *Essais*, 1580

Observation : Questions à poser ⟶

Observation : Questions à poser

▷ À quoi reconnaît-on le caractère référentiel de ce texte ?

Au sujet du domaine des idées : l'amitié.
Au fait qu'on ne trouve pas d'intermédiaire fictif : La Boétie n'est pas un personnage de roman, mais un être humain véritable, contemporain de Montaigne.

▷ Quelles sont les marques qui témoignent de la subjectivité de l'essai ?

Les marques sont celles du locuteur qui s'exprime par l'usage du pronom « je », répété plusieurs fois, auquel s'ajoutent d'autres marques du locuteur, « me », « moi », « mon », etc.

▷ Quelles sont les marques qui témoignent de l'actualité du propos ?

Montaigne se réfère à un événement relié au contexte d'énonciation : une fête et assemblée à Bordeaux (lieu de résidence et ville dont Montaigne est maire).

▷ Où voit-on que le texte cherche à :
• exprimer des émotions ?

À certaines parties de phrases servant de modalisateurs : *si on me presse, je sens que cela, je ne sais quelle force, par quelque volonté du ciel*. Le champ lexical de l'affectif est aussi très présent (en gras dans le texte).

• informer ?

À la première phrase, qui propose une tentative de définition de l'amitié.

• argumenter ?

Lorsque Montaigne se sert d'un exemple à titre d'argument.

Comment progresser vers la rédaction ?

- Dégager la piste d'analyse : *montrer que le texte illustre les caractéristiques de l'essai.*

- Planifier le texte : consacrer un paragraphe à chaque fonction de l'essai, soit s'exprimer, informer et argumenter.

- Rédiger le texte.

> ### Exemple de paragraphe illustrant la fonction expressive de l'essai (première idée)
>
> *Cet extrait tiré des* Essais *illustre bien une des caractéristiques du genre créé par Montaigne, soit de permettre l'expression personnelle des sentiments. Dès le début, l'auteur inscrit sa présence dans le texte par l'usage du pronom personnel « je », marque habituelle de la subjectivité, comme l'illustre le passage suivant : « Or, dans l'amitié dont je parle ». Et ce « je » renvoie assurément à la personne réelle de Montaigne puisque l'amitié envers La Boétie est un fait biographique connu. Enfin, un champ lexical lié à l'affectif souligne bien que Montaigne n'entend pas rester neutre dans la description de ce sentiment, qu'il désire en parler à cœur découvert : on retrouve en effet les vocables « amis ou amitiés » (ce dernier terme répété trois fois), « relations, rapports » (répété deux fois), « affection et liaison ». En dernier lieu, il importe aussi de souligner que Montaigne rend compte de son engagement affectif en décrivant son comportement avec La Boétie qu'il « aimait » ; il ajoute plus loin « nous nous embrassions », en précisant à quel point il était épris de cet homme, à quel point il se sentait lié à lui. Tous ces faits corroborent le fait que l'essai littéraire ne se limite pas à présenter une argumentation, que ce texte sert aussi d'exutoire aux émotions.*

Chapitre 11

Les tonalités littéraires

11.1 Entrée en matière

La notion de « tonalité » est empruntée au domaine musical. En littérature, il est plus fréquent de lui préférer « ton », terme que le *Petit Robert* définit comme la « **manière de s'exprimer dans un écrit** ». Ce concept de « tonalité », relativement indéterminé, est relié aux intentions de l'auteur mais aussi à la réception de l'œuvre, à l'**impression** qu'elle laisse **chez le lecteur**, autre signification confirmée par le *Robert*. Plusieurs composantes contribuent à créer une **atmosphère** dans un texte, tant les descriptions qu'une certaine musicalité de la phrase, ou encore un usage concerté de tropes.

Il importe toutefois de ne pas confondre tonalités et formes littéraires (ou sous-genres littéraires). À titre d'exemple, la tragédie est une forme ou un sous-genre, où domine nécessairement le ton tragique, appellation qui peut aussi s'appliquer à de courts extraits d'un autre type d'œuvre. Le ton lyrique (tonalité étant, selon le *Petit Robert*, un emploi critiqué) concerne en premier lieu la poésie. Par dérivation, on l'appliquera à la prose, surtout à celle qui se situe à la frontière de la poésie, comme c'est le cas chez des écrivains comme Chateaubriand ou Nerval.

Dans ce manuel, préséance a été accordée à la notion de « forme littéraire ». Dans les chapitres consacrés aux quatre grands **genres**, on trouve les tableaux descriptifs, les extraits et exemples d'analyse des principales formes littéraires comme la tragédie, la comédie, le récit fantastique, etc. Le rôle du présent chapitre est de présenter des tonalités jusqu'à maintenant peu abordées, ou de présenter de nouvelles applications à celles qui ont déjà fait l'objet d'une explication. **G›**

11.2 Les tonalités par ordre alphabétique

La description des tonalités sert de conclusion aux parties 1 à 4, soit la description des genres et des formes littéraires.

Comique

La tonalité comique dérive de la comédie et se définit par les caractéristiques qu'on attribue à ce type de pièce de théâtre. Le lecteur trouvera un tableau descriptif de la comédie au chapitre 6, en page 40.

À noter Si on veut préciser le type de comique utilisé dans le texte, on peut parler de comique **parodique** (imitation caricaturale), **burlesque** ou **grotesque** (comique farcesque et humour plutôt grossier). **G›**

Caractéristiques de la tonalité comique

Le texte comique fait rire mais peut aussi, plus subtilement, faire sourire. Plusieurs moyens sont mis à la disposition des écrivains pour atteindre ces buts :

- des **personnages** ridicules et contrastés ou juvéniles et séduisants ;
- une **intrigue** à rebondissements ;
- une **thématique** du conflit de générations ou d'autorité (maître et valet), ou des jeux de séduction ;
- un **style** où toutes les ressources du comique et de l'ironie, les **jeux de mots** et les **antiphrases sont utilisés, de même qu'une syntaxe alerte et variée**.

Exemple	Analyse
Tiré d'un conte « Le lendemain, après le dîner, comme on sortait de table, Cunégonde et Candide se trouvèrent derrière un paravent ; Cunégonde laissa tomber son mouchoir, Candide le ramassa ; elle lui prit innocemment la main ; […] leurs bouches se rencontrèrent, leurs yeux s'enflammèrent, leurs genoux tremblèrent, leurs mains s'égarèrent. Monsieur le baron de Thunder-ten-tronckh passa auprès du paravent, et, voyant cette cause et cet effet, chassa Candide du château à grands coups de pied dans le derrière […]. » Voltaire, *Candide*, 1759	*Dans ses contes philosophiques, Voltaire utilise tous les moyens pour tourner en ridicule les réflexions philosophiques de certains de ses contemporains. Il s'en prend ici à Leibniz qui prétend qu'«aucun fait ne saurait se trouver vrai ou existant » sans raison pour l'expliquer. Il reprend donc cette idée de « cause » et d'« effet » en ridiculisant une scène de séduction. Il affuble le baron et sa fille de noms ridicules. Quant au personnage principal, « Candide », son prénom à lui seul résume son caractère. Il se comportera en conséquence, très candidement, tout au long du récit, fécond en rebondissements souvent burlesques.* **G>**

Didactique

La tonalité didactique sert une intention d'enseignement qui peut être moral, esthétique ou autre. Par extension, elle se retrouve pratiquement dans tout texte puisque c'est dans la nature de l'écrit de véhiculer un savoir.

Au xviiᵉ siècle, les formes courtes comme les **maximes**, les **fables** et les contes servent une finalité morale. **G>**

Les romans réalistes, par leurs nombreuses descriptions, renseignent sur les conditions de vie en France au xixᵉ siècle. Les essais contiennent toujours une grande part de renseignements.

Caractéristiques de la tonalité didactique

L'intention de cette tonalité est de renseigner sur des sujets variés, d'enseigner ouvertement une morale et de véhiculer un savoir.

- La **prose** est un véhicule d'information plus efficace que la poésie.
- Les **phrases** sont généralement **affirmatives**.
- La **langue** est **à dominance dénotative** ; on note, en général, une faible utilisation des figures de style. **G>**

Exemple	Analyse
Tiré d'une correspondance « Je ne vous parlerai que de Mme Voisin : ce ne fut point mercredi, comme je vous l'avais mandé, qu'elle fut brûlée, ce ne fut qu'hier. [...] À cinq heures on la lia ; et, avec une torche à la main, elle parut dans le tombereau, habillée de blanc : c'est une sorte d'habit pour être brûlée ; elle était fort rouge, et l'on voyait qu'elle repoussait le confesseur et le crucifix avec violence. [...] À Notre-Dame, elle ne voulut jamais prononcer l'amende honorable, et à la Grève elle se défendit, autant qu'elle put, de sortir du tombereau : on l'en tira de force, on la mit sur le bûcher, assise et liée avec du fer ; on la couvrit de paille ; elle jura beaucoup ; elle repoussa la paille cinq ou six fois ; mais enfin le feu s'augmenta, et on l'a perdue de vue, et ses cendres sont en l'air présentement. Voilà la mort de Mme Voisin, célèbre par ses crimes et par son impiété. » Marie de Rabutin-Chantal, marquise de Sévigné, *Lettre à Monsieur et Madame de Grignan*, 1680	*Tiré d'une lettre à sa fille, Madame de Grignan, cet extrait donne un aperçu du style alerte et naturel de Mme de Sévigné mis au service d'une information à caractère journalistique. La locutrice dépeint à sa correspondante une scène courante de la vie parisienne, dans ce cas-ci le supplice de la Voisin, femme du peuple, accusée d'avoir fourni du poison à quelques grands noms de la noblesse et d'avoir pratiqué la sorcellerie. Il est possible qu'on ait choisi de condamner cette simple femme du peuple pour éviter qu'elle ne fasse des révélations gênantes. Cette lettre présente un phénomène de double énonciation puisqu'elle s'adressait à l'origine à une première destinataire, Mme de Grignan, dans le but de l'informer des dernières nouvelles de Paris. Elle rejoint un deuxième destinataire, le lecteur d'aujourd'hui, qui prend connaissance des mœurs du XVIIe siècle et d'une façon d'exécuter les criminels, aujourd'hui disparue.* *Sous couvert fictif, ce type de propos pullule dans les romans qui sont, pour cette raison, une source de connaissance sur les us et coutumes d'une époque révolue.*

Épique

La tonalité épique domine dans l'épopée, aussi appelée « chanson de geste », forme littéraire à la jonction du récit et de la poésie, dont les caractéristiques sont les suivantes :

- **héros** légendaire présenté comme un modèle inatteignable ;
- faits historiques transposés en **légendes** ; **G›**
- simplicité de la narration (peu de nuances) ;
- grandiloquence du style : vocabulaire noble et usage de superlatifs ;
- structure en laisses assonancées ; répétition de formules ou expressions stéréotypées qui facilitent le travail de mémorisation.

Caractéristiques de la tonalité épique

Transposée dans la poésie postérieure au Moyen Âge ou dans des récits réels, la tonalité épique favorisera donc :

- des **personnages** décrits comme plus grands que nature, des figures héroïques ;
- des **intrigues** en lien avec l'histoire d'un pays, d'une nation ;
- une **thématique** d'idéaux exaltants, souvent dans un contexte guerrier ;
- un **style** grave avec usage de **figures d'amplification** et de **superlatifs**.

Exemples	Analyse
Tiré d'une épopée « Roland le comte a la bouche ensanglantée. Sur sa tempe la veine s'est rompue. Il sonne l'olifant à grande peine et grande douleur. Charles l'entend bien là-bas, et ses Français aussi l'entendent. Le roi alors dit : "Ce cor a longue haleine !" Naimes le duc répond : "Si le baron s'en donne la peine, c'est qu'il livre bataille, voilà mon avis. Celui-là même l'a trahi, qui vous conseille de le laisser tomber. Revêtez vos armures, criez votre cri d'armes et allez porter secours à votre armée vaillante ! Ah ! vous entendez bien que Roland se démène !" » <div align="right">*La chanson de Roland*, v. 1070, transposition en prose de vers assonancés, à l'origine en ancien français</div>	*Les deux extraits, l'un tiré de la célèbre* Chanson de Roland *datant du XIᵉ siècle et l'autre, d'un poème québécois du début du XXᵉ siècle, illustrent tous deux les caractéristiques du ton épique. Le personnage du valeureux chevalier Roland se « démène », seul contre l'ennemi. Il est blessé, sa bouche est « ensanglantée ». La présence du roi et de l'armée décrite comme « vaillante » disent l'importance légendaire de cette bataille des Français contre les Maures.*
Tiré d'un poème « Je suis un fils déchu de race surhumaine, Race de violents, de forts, de hasardeux, Et j'ai le mal du pays neuf, que je tiens d'eux, Quand viennent les jours gris que septembre ramène. Tout le passé brutal de ces coureurs des bois : Chasseurs, trappeurs, scieurs de long, flotteurs de cages, Marchands aventuriers ou travailleurs à gages, M'ordonne d'émigrer par en haut pour cinq mois. Et je rêve d'aller comme allaient les ancêtres ; J'entends pleurer en moi les grands espaces blancs, Qu'ils parcouraient, nimbés de souffles d'ouragans, Et j'abhorre comme eux la contrainte des maîtres. » <div align="right">Alfred DesRochers, « Je suis un fils déchu », *À l'ombre de l'Orford*, 1929</div>	*Dans le poème de DesRochers, les héros sont de « race surhumaine » et sont en outre « nimbés de souffles d'ouragans ». Le premier terme est synonyme d'« auréolés », comme c'est le cas pour les saints, alors que la métaphore elle-même mythifie les ancêtres par son caractère cosmique. La thématique du « pays neuf » et du « passé brutal » est aussi reliée à une quête d'idéal, c'est-à-dire au désir de plonger dans l'histoire pour redonner un sens au pays et rejeter, comme l'exprime le dernier vers, « la contrainte des maîtres ».* *Actuellement, les bandes dessinées témoignent de la fascination qu'exerce toujours le récit épique sur les lecteurs, qui met l'accent sur le courage de héros invincibles, engagés dans une action héroïque.*

Fantastique

La tonalité fantastique met le lecteur en présence d'événements insolites, surnaturels ou irrationnels. Le récit fantastique concrétise l'angoisse, provoque l'inquiétude. Le lecteur trouvera un tableau descriptif plus complet de ce type de récit au chapitre 2, en page 26.

Caractéristiques de la tonalité fantastique

La tonalité fantastique se reconnaît aux caractéristiques suivantes :

- le **héros** est décrit comme un personnage à l'équilibre fragile, susceptible d'éprouver le doute, souvent entouré d'autres personnages maléfiques (vampires, morts-vivants, etc.) ; la narration tend vers la subjectivité ;

- l'**intrigue** tourne autour d'événements de l'ordre du surnaturel, susceptibles de susciter l'angoisse ;

- la **thématique** de l'amour inquiétant et de la mort, de la peur, de la folie ;

- le **style** est émotif ; **variation dans la formulation des phrases, figures d'analogie qui concrétisent la menace.**

Exemple	Analyse
Tiré d'un récit « Je suis perdu ! Quelqu'un possède mon âme et la gouverne ! quelqu'un ordonne tous mes actes, tous mes mouvements, toutes mes pensées. Je ne suis plus rien en moi, rien qu'un spectateur esclave et terrifié de toutes les choses que j'accomplis. Je désire sortir. Je ne peux pas. Il ne veut pas ; et je reste, éperdu, tremblant dans le fauteuil où il me tient assis. » Guy de Maupassant, *Le horla*, 1887	*Ces quelques lignes permettent d'apprécier l'atmosphère de cette nouvelle très connue. Le récit de Maupassant inquiète car il raconte un épisode de folie. Le langage utilisé traduit très fortement l'anxiété, en particulier les épithètes « terrifié », « éperdu » et « tremblant ».*

Humoristique, ironique, cynique et satirique

Ces tonalités permettent de créer une distance et favorisent le regard critique du lecteur. Elles sont d'usage fréquent dans les essais.

Caractéristiques des tonalités humoristique, ironique, cynique et satirique

Il s'agit de textes où l'auteur adopte une distance critique par rapport à ce qu'il décrit. Dans la tonalité humoristique, l'auditeur peut rire de bon cœur avec le locuteur ; toutefois, plus on se rapproche du cynisme et de la satire, plus l'écart s'élargit entre le locuteur et le destinataire, là où le rire peut devenir grinçant.

- Dans les récits, ce sont des **personnages** philosophes, intellectuels ou en position d'autorité (spécialement au théâtre) qui sont mis en scène ; personnages plus souvent masculins que féminins. Dans les essais, **l'auteur s'exprime souvent directement**.
- Des **thématiques** politiques ou philosophiques prédominent.
- Le **style** est façonné d'**ironie**, avec emploi d'**antiphrases**, de **jeux de mots**, de **formules paradoxales**.

Exemple	Analyse
Tiré d'un court essai « Le culte des plantes vertes conduit aux pires abus. Ne voit-on pas ces jours-ci, en Arizona, des gens qui prétendent vivre sous une cloche de verre à l'intérieur de laquelle ils fabriquent leur pluie et leur lumière, font pousser leurs légumes, respirent leur oxygène, recyclent leurs excréments, vivent au cœur d'un jardin fait main ? Cette expérience scientifique cherche à démontrer que le vivant est heureux en vase clos. Là, tout peut être contrôlé. La pollution est au niveau zéro. Qui l'eût cru ? La perfection et la pureté, la santé à l'état pur, tout cela vient en pot. » Serge Bouchard (avec Bernard Arcand), « La plante verte », *Du pâté chinois, du baseball et autres lieux communs*, 1995	*Ce passage, tiré d'un recueil d'articles à caractère ethnologique, montre comment l'humour peut servir l'analyse critique. Serge Bouchard semble d'abord décrire un projet expérimental mené en Arizona, mais, très rapidement, le lecteur est en mesure de saisir une pointe d'ironie dans l'énumération qui se termine par le recyclage des excréments. L'auteur se moque en fait de cette tendance, surtout américaine, de vivre en communauté fermée, d'éviter les contacts avec des gens différents sous prétexte de fuir toute forme de contamination. La recherche compulsive de la perfection, « la santé à l'état pur », sont des idéaux qui, poussés à l'extrême, seraient, selon lui, contraires à la vie.*

Ludique

La tonalité ludique ou fantaisiste est liée aux explorations linguistiques, pratiquées notamment par les **dadaïstes** (prédécesseurs des surréalistes), les surréalistes eux-mêmes et les écrivains de l'**Oulipo** (Ouvroir de littérature potentielle). **G›**

Caractéristiques de la tonalité ludique

La tonalité ludique se reconnaît aux caractéristiques suivantes :

- des **personnages** décrits comme fantaisistes (des originaux) ;
- des **intrigues** désopilantes, cocasses ;
- une **thématique** du regard sur le langage, sur la création elle-même ;
- un **style** fantaisiste et déconcertant, pouvant aller jusqu'au farfelu ; **figures d'analogie qui étonnent** ; **jeux de mots variés**.

Exemples	Analyse

Tirés de romans
« Ltipstu et Zazie reprit son discours en ces termes :
– Papa, il était donc tout seul à la maison, tout seul qu'il attendait, il attendait rien de spécial, il attendait tout de même, et il était tout seul, ou plutôt il se croyait tout seul, attendez, vous allez comprendre. [...] »
        Raymond Queneau, *Zazie dans le métro*, 1959
 	
« Nous avancions pourtant, nous nous rapprochions à tout instant du point final, car il fallait qu'il y ait un point final. Parfois, nous avons cru savoir : il y avait toujours un "ça" pour garantir un "Quoi ?", un "jadis", un "aujourd'hui", un "toujours", justifiant un "Quand ?", un "car" donnant la raison d'un "Pourquoi ?". »
        Georges Perec, *La disparition*, 1969
	Les deux exemples ci-contre présentent des récits anti-conventionnels composés par des écrivains de l'Oulipo. Dans son roman très connu intitulé Zazie dans le métro, *Queneau se donne comme défi de transcrire, avec la plus grande fidélité possible, le son des mots tels que prononcés oralement. Le premier mot, « Ltipstu », devrait donc être réécrit ainsi : « le type se tut ». Perec s'impose la contrainte de composer un roman en faisant disparaître le « e » muet, phonème distinctif du français. Ces explorations romanesques ont pour but de désarçonner le lecteur en lui donnant à entendre une langue inattendue. Elles démontrent aussi que l'écriture consiste toujours, d'une certaine façon, en jeux linguistiques. En effet, à une extrémité, il y a le fait d'inventer des figures de style en créant des liens neufs entre les mots ; à l'autre, il y a le projet d'imaginer des personnages qui ne sont rien d'autre que des êtres faits de mots.* **G›**

Lyrique

La tonalité lyrique s'exprime à l'origine dans la poésie **courtoise**.

- Le poète troubadour s'inspire de ses sentiments pour chanter un idéal d'amour.
- Le poème courtois est fait pour être chanté, accompagné d'une mélodie jouée à la lyre, instrument à cordes qui donne son nom à la poésie lyrique.
- Les courants littéraires qui regroupent surtout des poètes, comme le romantisme, le symbolisme et le surréalisme, ont tous contribué à renouveler le lyrisme.

Dérivé du mot « lyre », le lyrisme renvoie en second lieu à une manière personnelle d'exprimer ses émotions, non seulement en poésie mais aussi dans les autres **genres littéraires**. **G›**

Caractéristiques de la tonalité lyrique

Transposée dans la poésie ou les œuvres postérieures au Moyen Âge, le ton lyrique se reconnaît aux caractéristiques suivantes :

- l'écrivain, poète ou romancier, inscrit sa présence dans le texte par l'usage du pronom personnel de la première personne, le **je** ;
- les **récits** où s'exprimera fort probablement le lyrisme sont les textes à caractère autobiographique et les romans introspectifs ;
- la **thématique** est particulièrement centrée sur l'amour, la nostalgie, la mort, la solitude, l'ennui de vivre ; la sensibilité s'épanche dans la nature ;
- le **style** renvoie aux **figures d'analogie** et **d'amplification**, notamment à tous les procédés qui créent du rythme **– anaphore, répétition et énumération –**, aux **procédés sonores** et à une syntaxe variée.

Exemples	Analyse
Lyrisme courtois, Moyen Âge « Lorsque les jours sont longs en mai Me plaît le doux chant d'oiseaux lointains, Et quand je suis parti de là Il me souvient d'un amour lointain ; Alors je m'en vais si morne et pensif Que ni chants, ni fleurs d'aubépines Ne me plaisent plus qu'hiver gelé. » 　　Jaufré Rudel, *Lorsque les jours sont longs en mai*, XIIe siècle **Lyrisme, poésie surréaliste, XXe siècle** « Ma femme aux cils de bâtons d'écriture d'enfant Aux sourcils de bord de nid d'hirondelle Ma femme aux tempes d'ardoise de toit de serre Et de buée aux vitres Ma femme aux épaules de champagne Et de fontaine à têtes de dauphins sous la glace Ma femme aux poignets d'allumettes » 　André Breton, « L'union libre », *Clair de terre*, 1931 **Lyrisme, prose romantique, XIXe siècle** « L'automne me surprit au milieu de ces incertitudes : j'entrai avec ravissement dans les mois des tempêtes. Tantôt j'aurais voulu être un de ces guerriers errant au milieu des vents, des nuages et des fantômes ; tantôt j'enviais jusqu'au sort du pâtre que je voyais réchauffer ses mains à l'humble feu de broussailles qu'il avait allumé au coin d'un bois. J'écoutais ses chants mélancoliques, qui me rappelaient que dans tout pays, le chant naturel de l'homme est triste, lors même qu'il exprime le bonheur. Notre cœur est un instrument incomplet, une lyre où il manque des cordes, et où nous sommes forcés de rendre les accents de la joie sur le ton consacré aux soupirs. » 　　René de Chateaubriand, *René*, 1802	*Il y a pratiquement huit siècles qui séparent les deux premiers poèmes : ils présentent pourtant des traits communs au ton lyrique. Dans les deux cas, les poètes inscrivent leur présence dans leurs vers, Rudel, au moyen de : « je suis parti de là » ; Breton, par le déterminant possessif « ma », notamment dans « ma femme ». Ces deux extraits mettent en lumière la thématique amoureuse et, dans les deux cas, il y a épanchement de la sensibilité dans la nature. Chez Rudel, le contexte est celui du mois de mai, mois de l'amour, des oiseaux et des fleurs ; chez Breton se retrouvent l'hirondelle et les dauphins. Dans les deux cas, une certaine forme de nostalgie s'infiltre dans les vers par l'allusion à l'hiver. Chez Rudel, l'image de l'« hiver gelé » dans le dernier vers ; Breton, quant à lui, parle de la « buée aux vitres » et de la « glace ». La différence entre les deux textes se situe surtout dans les liens que les poètes tissent entre les mots. Ces liens sont plus traditionnels et plus compréhensibles chez Rudel, alors que les figures de style sont construites de façon plus arbitraire chez Breton.* *L'extrait tiré de René, récit à caractère autobiographique, marque la transposition du ton lyrique en* prose*. Chateaubriand inscrit sa présence dans le texte (« j'entrai ») et associe la nature à l'expression de sa nostalgie. Son évocation de la « lyre » permet de relier cette écriture à la tradition lyrique, que Chateaubriand contribue d'ailleurs à régénérer.* **G⟩**

Merveilleuse

La tonalité merveilleuse est associée aux contes, aux **légendes** ou aux poèmes qui propulsent le lecteur dans un monde irréel, truffé d'invraisemblances (comme de voler dans l'espace en canot d'écorce). Le récit merveilleux fait oublier l'angoisse ; il est divertissant. **G›**

Caractéristiques de la tonalité merveilleuse

La tonalité merveilleuse se reconnaît aux caractéristiques suivantes :

- des **personnages** souvent issus de la mythologie médiévale (lutins, nains et géants, sorcières, dragons, licornes, etc.) ou religieuse (le diable) ;
- l'**intrigue** consiste en des actions inconcevables et fabuleuses ;
- la **thématique** est celle du bien et du mal, de la fusion du rêve avec la réalité ;
- le **style** est léger, souvent même fantaisiste ; on y trouve des **anaphores et des répétitions, procédés sonores** qui témoignent de l'origine orale du récit et qui devaient servir à sa mémorisation.

Exemple	Analyse
Tiré d'un conte « Acabris ! Acabras ! Acabram ! Fais-nous voyager par-dessus les montagnes ! À peine avions-nous prononcé les dernières paroles que nous sentîmes le canot s'élever dans l'air à une hauteur de cinq ou six cents pieds. Il me semblait que j'étais léger comme une plume et au commandement de Baptiste, nous commençâmes à nager comme des possédés que nous étions. Aux premiers coups d'aviron le canot s'élança dans l'air comme une flèche, et c'est le cas de le dire, le diable nous emportait. Ça nous en coupait le respire et le poil en frisait sur nos bonnets de carcajou. » Honoré Beaugrand, *La chasse-galerie*, 1900	*Dans cette version très connue d'un conte québécois renommé,* La chasse-galerie, *se trouvent confirmées certaines caractéristiques associées à la littérature dite « merveilleuse ». Une formule magique, qui repose sur des éléments de répétition homophonique, rend possible le prodige de voler en canot d'écorce ; c'est le diable lui-même qui emporte ces « possédés » de la Gatineau à Montréal. Par ailleurs, l'auteur cherche à produire l'illusion du récit oral par le recours à des expressions de langue populaire, comme « Ça nous en coupait le respire et le poil en frisait ». L'emploi du passé simple, temps réservé presque exclusivement à l'écrit, comme dans « nous sentîmes », « nous commençâmes », contredit toutefois cette intention.*

Pathétique

La tonalité pathétique se retrouve chez les écrivains qui privilégient l'émotion et visent à toucher le lecteur ou le spectateur. Cette forme d'expression est fréquente chez les romantiques.

Caractéristiques de la tonalité pathétique

L'intention est de faire pleurer, comme dans les **mélodrames G›**. La tonalité pathétique est associée aux caractéristiques suivantes :

- des **personnages** handicapés, malades ou monstrueux, des femmes victimes ou des enfants orphelins, etc. ;
- une **intrigue** illustrant souvent la relation de bourreau à victime ; scènes d'agonie, épisodes mettant en évidence l'injustice ;

- les **thématiques** de l'enfance, de l'exploitation, de la jalousie, de la violence, de la séparation, de la misère, etc. ;
- un **style de phrases surchargées de synonymes ; champ lexical** de la pitié et du larmoiement ; **figures d'amplification, de personnification**.

Exemple	Analyse
Tiré d'un roman « Cet homme et cette femme, c'était ruse et rage mariées ensemble, attelage hideux et terrible. […] Cosette était entre eux, subissant leur double pression, comme une créature qui serait à la fois broyée par une meule et déchiquetée par une tenaille. L'homme et la femme avaient chacun une manière différente ; Cosette était rouée de coups, cela venait de la femme ; elle allait pieds nus l'hiver, cela venait du mari. Cosette montait, descendait, lavait, brossait, frottait, balayait, courait, trimait, haletait, remuait des choses lourdes, et, toute chétive, faisait de grosses besognes. Nulle pitié ; une maîtresse farouche, un maître venimeux. » Victor Hugo, *Les misérables*, 1862	*Victor Hugo crée avec Cosette le type même du personnage susceptible de provoquer la pitié du lecteur. Placée en pension chez un couple dénaturé, abandonnée par sa misérable mère, la petite fille de huit ans souffre. Le vocabulaire traduit cette violence qu'on lui impose : elle est « broyée », « déchiquetée par une tenaille ». Un parallélisme souligne l'égale méchanceté des époux Thénardier : « Cosette était rouée de coups, cela venait de la femme ; elle allait pieds nus l'hiver, cela venait du mari. » L'énumération profuse de verbes illustrant le travail acharné de cette petite fille complète ce tableau pathétique. Par ce portrait d'une toute jeune martyre, Hugo cherche à sensibiliser les lecteurs à la cause des enfants abandonnés et exploités, qui sont nombreux dans une France qui vit une profonde mutation sociale, sous la poussée d'un capitalisme sauvage.*

Polémique

La tonalité polémique est une manière d'écrire, fréquemment exploitée dans les essais, dans l'intention de convaincre le lecteur. Elle se retrouve notamment dans les contes philosophiques et les poèmes **manifestes**. Toutefois, on trouvera ailleurs en littérature des passages **argumentatifs**. **G>**

Caractéristiques de la tonalité polémique

Le texte polémique implique souvent la formulation d'une thèse, la révocation d'arguments opposés (l'antithèse) dans le but d'arriver à imposer un point de vue, une opinion, une synthèse.

- Bien que l'objectif soit d'ordre rationnel, la polémique recourt fréquemment aux **anecdotes** pour convaincre en faisant appel aux émotions.
- **Tous les types de figures** sont mis à contribution, avec une prédilection pour les **figures d'opposition, ainsi qu'une syntaxe variée**.

Exemples	Analyse
Tiré d'un texte manifeste **G>** « Le beau est toujours bizarre. Je ne veux pas dire qu'il soit volontairement, froidement bizarre, car dans ce cas il serait un monstre sorti des rails de la vie. Je dis qu'il contient toujours un peu de bizarrerie, de bizarrerie naïve, non voulue, inconsciente, et que c'est cette bizarrerie qui le fait être particulièrement le Beau. C'est son immatriculation, sa caractéristique. Renversez la proposition, et tâchez de concevoir un beau banal ! » Baudelaire, *L'exposition universelle*, 1855 **Tiré d'un essai** « On ne naît pas femme : on le devient. Aucun destin biologique, psychique, économique ne définit la figure que revêt au sein de la société la femelle humaine ; c'est l'ensemble de la civilisation qui élabore ce produit intermédiaire entre le mâle et le castrat qu'on qualifie de féminin. [...] » Simone de Beauvoir, *Le deuxième sexe*, 1949	*Ces deux extraits montrent, par leur formulation un tant soit peu provocatrice, ce qu'est la tonalité polémique. L'argumentation part d'une antithèse dans les deux cas : le bizarre est uni au beau chez Baudelaire ; l'acquis, qui est de l'ordre du devenir et de la culture, s'oppose à ce qui est déterminé par la nature chez Simone de Beauvoir. Ces assertions, qui vont à l'encontre d'idées reçues, désarçonnent le lecteur et c'est là le but recherché. Le lecteur peut ensuite entrer dans un processus interactif par rapport aux arguments qui lui sont présentés : il peut en discuter mentalement, les accepter, les rejeter, ou les utiliser pour former sa propre opinion.*

Tragique

La tonalité tragique se définit par les caractéristiques relatives à ce type de pièce de théâtre. Le lecteur trouvera un tableau descriptif de la tragédie au chapitre 5, en page 39.

⚠ noter Si le drame (p. 42) et la tragédie (p. 39) sont deux formes littéraires distinctes, les mots *dramatique* et *tragique* par contre sont de proches synonymes sur le plan des tonalités.

Caractéristiques de la tonalité tragique

Le ton tragique traduit non seulement la souffrance, mais aussi l'absence d'issue possible à cette souffrance, de solution pour résoudre le conflit. Il est associé aux caractéristiques suivantes :

- le **héros** est digne et grave, acculé à la catastrophe, faisant face à son destin ou ne pouvant vivre en harmonie avec les valeurs morales de son époque ;
- l'**intrigue** est centrée sur la mort, qui est généralement l'issue du récit ;
- une **thématique** de la condition humaine et de la fatalité est privilégiée ;
- le **style** renvoie à une **langue soutenue** au service de l'expression de cette souffrance ; **introspection** dans les récits plus récents.

Exemple	Analyse
Tiré d'une pièce de théâtre « Martha [...] Comprenez que votre douleur ne s'égalera jamais à l'injustice qu'on fait à l'homme et pour finir, écoutez mon conseil. Je vous dois bien un conseil, n'est-ce pas, puisque je vous ai tué votre mari ! Priez votre Dieu qu'il vous fasse semblable à la pierre. C'est le bonheur qu'il prend pour lui, c'est le seul vrai bonheur. Faites comme lui, rendez-vous sourde à tous les cris, rejoignez la pierre pendant qu'il en est temps. Mais si vous vous sentez trop lâche pour entrer dans cette paix muette, alors venez nous rejoindre dans notre maison commune. » Albert Camus, *Le malentendu*, 1941	*Albert Camus a désiré renouveler le genre de la tragédie, tombé en désuétude depuis le XVIIIᵉ siècle. Dans* Le malentendu, *ses personnages illustrent un thème moderne, celui de l'incommunicabilité. Jan, le personnage principal, est prisonnier d'une faute, celle de ne pas avoir révélé son identité à sa mère et à sa sœur. Il est assassiné par elles, ce qui n'est pas sans rappeler les conflits incestueux qui forment la trame de certaines tragédies de Racine. En fait, l'action peut être interprétée de multiples façons : Jan n'est-il pas assassiné parce qu'il est coupable d'avoir abandonné sa mère et sa sœur en pays étranger ? Ou n'est-il pas coupable d'avoir échoué à se faire reconnaître comme un des leurs, un être humain parmi d'autres ? À la fin, sa mort peut être vue comme une sorte de délivrance puisqu'il est devenu « semblable à la pierre » et que là se trouve, selon la sœur meurtrière, le seul vrai bonheur.* *La pièce incite à la réflexion philosophique sur le sens de la destinée humaine, problématique et profondément tragique.*

Les Courants littéraires

Chapitre 12

Les courants littéraires en France et au Québec du Moyen Âge à aujourd'hui : traits distinctifs

12.1 Le Moyen Âge

Tableau des caractéristiques de la littérature du Moyen Âge

Époque	**Du Xe au XVe siècle**
	La langue française se distingue progressivement du latin ; l'Empire chrétien prend forme ; les grands seigneurs se font la guerre et ralentissent l'unification du royaume ; la féodalité, qui place les hommes dans un rapport de dépendance les uns envers les autres, oriente les rapports sociaux et politiques.
	Les genres littéraires sont en gestation. Les textes sont instables (parce que chantés à l'origine), avec des différences selon les versions retenues. **G>**
1. La littérature épique Genre : chanson de geste. **G>** Œuvres anonymes comme *La chanson de Roland*.	• **Caractéristique générale** : récits de croisades, le héros chevalier participant à une guerre sainte contre les infidèles. Absence de l'amour. • **Personnages** de héros exceptionnels, dépeints de façon sommaire. • **Intrigues** reposant sur des faits historiques transposés en légendes. Il s'agit d'épopées collectives proposant un idéal, un modèle. • **Thématique** faisant la promotion du héros épique, le chevalier, et des valeurs guerrières, comme la vaillance et le sens de l'honneur. Manichéisme du monde, fondé sur une opposition simplifiée entre le bien et le mal. • **Style** grandiloquent, simplicité de la narration, structure en laisses assonancées.
2. La littérature courtoise, évoluant vers un lyrisme plus personnel (à la toute fin du Moyen Âge) Genres : poésie, récit. **Représentants** : Marie de France (*Lais*), Guillaume de Loris (*Le roman de la rose*) et autres restés anonymes ; Christine de Pizan, Charles d'Orléans, Rutebeuf, François Villon. **G>**	• **Caractéristique générale** : opposition aux mœurs primitives de la société féodale et évolution progressive vers un lyrisme plus personnel. • **Héros** : lien de l'amant (représentation du troubadour ou du chevalier), calqué sur les relations de soumission du chevalier à son seigneur. • **Intrigues** représentant une manière de vivre et d'aimer typique de la cour. • **Thème** du désir amoureux dans sa version platonique, mais en contexte adultère ; dans un deuxième temps, infortune, pauvreté, misère, mélancolie et mort. • **Style** : tonalité lyrique (emploi du « je »), servant l'expression de sentiments souvent tourmentés.

3. Le roman de chevalerie Genre : récit. **G>** Représentants : Chrétien de Troyes (*Perceval, Yvain...*) et autres restés anonymes. Œuvres anonymes : *Tristan et Iseult, Lancelot du lac.*	• **Caractéristique générale** : illustration des valeurs chevaleresques. • Héros souvent partagé entre sa dame et son seigneur. • **Intrigues** : multiplication des aventures, des exploits et des épreuves. • **Thèmes** empruntés à la littérature épique (exploits guerriers), courtoise (loyauté et désir) ; climat de merveilleux. • **Style** : conjugaison des tonalités épique, merveilleuse et lyrique.
4. La littérature satirique Genre : fabliaux, farces, récits. **G>** Œuvres anonymes : *Le cuvier, Le dit des perdrix, La farce de maître Pathelin, Le roman de Renart.*	• **Caractéristique générale** : à travers l'humour perce une volonté d'être plus près de la réalité sociale et politique, et de prendre ses distances par rapport à l'idéalisme de la littérature courtoise et chevaleresque. • **Personnages** de gens simples, pauvres ou peu instruits, confrontés à de puissants personnages : seigneurs, prêtres, chevaliers, etc. • **Intrigues** présentant des situations ridicules, qui contribuent à la dégradation des hauts placés ou qui montrent la duperie du mari par la femme. Développés dans un théâtre comique, des fables en prose ou fabliaux et, dans un gigantesque roman parodique, *Le roman de Renart.* • **Thème** du rapport de pouvoir entre exploiteurs et exploités. • **Style** mis au service de la caricature ; humour exagéré, souvent grivois, qui repose sur un ensemble de procédés comiques : jeux de mots, phrases à double sens, sarcasme, parodie, etc. **Finalité souvent morale.**

12.2 La Renaissance

Tableau des caractéristiques de la littérature de la Renaissance

Époque	**Fin XVe et XVIe siècle** Ère nouvelle, tournée vers le progrès, comme en témoignent l'invention de l'imprimerie, qui accélère la diffusion de la connaissance, et l'exploration du Nouveau Monde, rendue possible grâce aux nouvelles techniques de navigation. La découverte des grands auteurs de l'Antiquité donne son impulsion à la vie intellectuelle, tandis que la Réforme stigmatise la polémique entourant le doute religieux.
Principaux représentants	François Rabelais : des personnages de géants, des intrigues carnavalesques de tradition populaire, de multiples références culturelles illustrant l'importance de la culture savante. Pierre de Ronsard : lyrisme qui s'exprime en des sonnets gracieux (ouvrant la voie à la préciosité). Louise Labé : lyrisme tourmenté, exprimant l'érotisme féminin. Joachim Du Bellay : poésie militante en faveur d'une langue et d'une littérature nationales. Michel de Montaigne : invention d'un nouveau genre, l'essai, exprimant un individualisme en émergence. Les genres littéraires, tout comme la langue, sont en train de se fixer. **G>**
Caractéristiques générales	• La culture écrite finit par dominer la culture orale. • La culture gréco-latine fournit de nouveaux cadres à la création (en contrepartie de la rupture plus ou moins généralisée avec la littérature médiévale). • La préférence pour la culture savante plutôt que pour la culture populaire se manifeste.

Caractéristiques générales (suite)	• La prise de conscience de soi et l'émergence de la subjectivité apparaissent. • Le militantisme s'exerce en faveur d'une langue et d'une littérature nationales. • La confiance dans la nature humaine et l'importance accordée à l'éducation émergent. • Une exploration de formes littéraires variées est pratiquée. ✍ *noter* On trouvera un tableau du genre de l'essai, créé par Montaigne, aux pages 55 et 56.

12.3 Le baroque

Tableau des caractéristiques du courant baroque

Époque, principaux représentants, genre privilégié **G**>	**Fin du XVIᵉ et XVIIᵉ siècle** **Instabilité sur fond de réforme religieuse et de conflits politiques.** Genre privilégié : tragi-comédie. Pierre Corneille (dans ses comédies et dans *Le Cid,* d'abord classé tragi-comédie) ; Molière (dans ses farces, ses comédies-ballets et ses comédies plus sombres comme *Dom Juan*) ; le poète Marc-Antoine Girard de Saint-Amant et d'autres écrivains et dramaturges plus ou moins tombés dans l'oubli, comme Cyrano de Bergerac.
Caractéristique générale : littérature du mouvement et du mélange des formes	Présentation d'un monde mobile, souvent fondé sur l'illusion. Irrégularité et mélange des genres et des formes : le tragique côtoie le comique comme dans la tragi-comédie.
Intrigues orientées vers l'héroïsme et le sublime G>	**Au théâtre, les personnages :** • se présentent souvent masqués ou déguisés ; • sont d'origines sociales diverses ; • sont susceptibles de se métamorphoser en cours d'action ; • ont une identité sexuelle souvent confuse. **Le héros baroque :** • adhère à l'idéal chevaleresque ; • accomplit des actions héroïques ; • entre souvent en contradiction avec lui-même ; c'est un héros déconcertant, toujours en quête de liberté.
Thématique de l'émotion et du sentiment	Les sentiments se distinguent avant tout par leur intensité : • mysticisme profond, • passion ardente, • héroïsme magnifique, pathétique éploré. Dans la palette des émotions dominent : • le sentiment d'une liberté à exercer ; • l'angoisse devant le passage du temps et l'inquiétude devant la mort.
Style, expression excessive ; accent mis sur la fantaisie et l'imagination	• Style emphatique ; **virtuosité** stylistique pour épater le lecteur ou le spectateur. • Emploi de figures de style multiples, associées à l'eau qui coule en cascade et tourbillonne, et au feu qui palpite et danse. • Priorité à l'imagination et à l'**originalité** ; il répugne à l'artiste baroque de se conformer aux règles et à la sagesse. • Effets de mise en scène visant le **spectaculaire** ; les pièces à machines cherchent à causer la surprise.

Les Courants littéraires

12.4 Le classicisme

Tableau des caractéristiques du classicisme

Époque, principaux représentants et genre **privilégié G>**	**XVIIᵉ siècle** **Âge d'or de la civilisation française en Europe grâce à Louis XIV, monarque absolu et prestigieux.** Le théâtre est le genre privilégié. D'autres genres, souvent considérés comme mineurs, sont à la mode à cause de leur caractère moralisateur : c'est le cas des fables, des maximes et des sermons. Pierre Corneille ; Molière dans ses grandes comédies versifiées ; Jean Racine dans toute sa production ; Nicolas Boileau et autres.
Caractéristique générale : littérature qui sert la gloire du roi et favorise le rayonnement de la civilisation française	Sous Louis XIV, tout doit prendre des allures de majesté. • Les relations prennent une allure protocolaire et l'art est toujours empreint de solennité. Goût pour tout ce qui est de l'ordre du grandiose, du spectaculaire. • Les auteurs accordent leur attention à des questions de foi et font planer un climat de religiosité. L'art doit justifier son existence d'un point de vue moral.
Intrigues et personnages illustrant l'idéal de l'honnête homme	Dans les tragédies : • les protagonistes centraux sont des **princes**, des **grands du royaume**, transposés dans un contexte de l'Antiquité ; • le héros se fait un point d'honneur de privilégier la gloire du royaume et de mettre en veilleuse ses ambitions ou ses sentiments personnels ; • le héros tragique analyse ses motifs personnels et tente de tempérer ses ardeurs. Dans les comédies : • le protagoniste au centre du récit est généralement un bourgeois dont on se moque ; • les domestiques sont des personnages stéréotypés au service de cette caricature ; • les personnages jeunes cherchent à contourner les règles et à échapper au contrôle des parents.
Thématique mettant l'accent sur les oppositions	• Dans la comédie : scènes de la vie privée ; en revanche, la tragédie permet de pénétrer les cercles du pouvoir. • Les thèmes de la rivalité et de la jalousie coexistent avec ceux de l'honneur et du devoir. De plus, l'amour place souvent le jeune homme ou la jeune femme en conflit avec les figures de l'autorité. • Le sens de l'honneur et des responsabilités l'emporte sur le goût du bonheur. • En général, il y a représentation de l'idéal de l'honnête homme.
Écriture réglementée	Les dramaturges doivent en particulier respecter la règle des trois unités : • d'**action** : concentration de l'action en un seul événement ; • de **temps** : concentration de l'action en une seule journée (l'intrigue doit se rapprocher le plus possible du temps de la représentation pour donner l'illusion que fiction et réalité se confondent) ; • de **lieu** : un seul lieu (espace de rencontre polyvalent). Les écrivains doivent se plier à des contraintes de composition et, en particulier, respecter les critères suivants : • la vraisemblance, en présentant une réalité de conventions qui se cantonne dans le sublime ; **G>**

Écriture réglementée (suite)	• la **bienséance**, selon laquelle on doit tenir compte de la décence sur scène et éviter la représentation de la sensualité, de la vulgarité ou du bizarre. Il faut en outre reléguer dans les coulisses les gestes de violence.
Sur le plan du style	• On favorise l'élégance et l'épuration : la langue est celle de la cour, dont l'Académie française, fondée en 1635, fixe l'usage. Seul Molière s'aventure dans la transcription des dialectes régionaux et populaires.
	• Les tragédies, genre noble par excellence, sont versifiées. Afin que la comédie jouisse d'une plus grande considération, Molière choisit de rédiger ses grandes comédies en vers. La préséance est donnée à l'alexandrin, vers souple et altier.
	• Les autres genres, souvent considérés comme mineurs – la fable ou le roman, par exemple –, se conforment en général à l'esprit du courant. **G>**

12.5 Le Siècle des Lumières

Tableau des caractéristiques de la littérature des Lumières

Époque, principaux représentants et genres privilégiés **G>**	**XVIIIᵉ siècle** **Un siècle d'idées, en marche vers la Révolution.** Le siècle favorise les formes hybrides : le drame (mélange de comique et de tragique), la comédie sentimentale (un comique subtil qui fait plutôt réfléchir que rire), le conte philosophique (à la frontière entre le récit et l'essai). **En France :** Charles de Montesquieu, Voltaire, Denis Diderot, Jean-Jacques Rousseau, Beaumarchais, Marivaux et autres. **Au Québec :** Jacques Ferron transpose au XXᵉ siècle l'esprit des Lumières en adoptant et en adaptant notamment la forme du conte philosophique.
Caractéristique générale : toute fiction **au service de l'argumentation G>**	• Les écrivains favorisent une écriture militante qui fait réfléchir sur les faits de l'actualité ; ils aiment illustrer les « jeux de l'amour et du hasard ». • L'humour et l'esprit critique sont au service de la polémique. • La problématique politique occupe une place prépondérante car il s'agit non pas de viser le paradis céleste, mais plutôt de rendre accessible aux hommes le bonheur terrestre.
Intrigues au service d'une vision philosophique	• Les personnages sont les porte-parole de l'auteur dans l'affrontement des idées. • Au théâtre, le représentant du peuple est un valet débrouillard et revendicateur ; le maître, un profiteur libertin. • Les déguisements et les jeux de masques représentent à la fois les inquiétudes individuelles et la fragilité de la structure sociale.
Thématique de revendication et de quête du bonheur	• Au théâtre, l'intrigue illustre les conflits entre maîtres et valets et la quête du bonheur et de justice sociale. • Dans la prose, on assiste à une dénonciation des abus de pouvoir et des superstitions, si ce n'est de la religion elle-même. **G>** • L'amour se conjugue avec l'érotisme et les jeux de la séduction. • L'analyse psychologique se raffine, surtout au théâtre.
Style qui préfère la raison et qui pratique l'humour tout en explorant de nouvelles formes	• La prose s'impose au détriment de la poésie. • Le style est alerte, audacieux dans les raisonnements. • L'humour et les jeux de mots brillants plaisent. • La tonalité est optimiste.

Les Courants littéraires

12.6   Le romantisme

Tableau des caractéristiques du romantisme

Époque, principaux représentants et genres **privilégiés G>**	**Première moitié du XIXᵉ siècle** **D'un Napoléon à l'autre avec un intermède monarchiste, la France n'oublie pas les idéaux de la Révolution.** Les écrivains romantiques sont les derniers à s'illustrer également dans tous les genres littéraires, mais ils abordent l'écriture d'abord en poètes. La poésie est donc, à l'époque, le genre de prédilection. Toutefois, tant hier qu'aujourd'hui, le théâtre et les récits romantiques rejoignent un plus grand public. Plusieurs écrivains romantiques pratiquent aussi la littérature fantastique, appelée à l'époque « romantisme noir ». (Voir à ce sujet les caractéristiques du récit fantastique, p. 26.) Invention de nouvelles formes littéraires : le drame romantique et la comédie sentimentale. **En France :** François René de Chateaubriand, Alphonse de Lamartine, Alfred de Musset, Alfred de Vigny, Victor Hugo, George Sand, Alexandre Dumas et autres. **Au Québec,** le romantisme est plus tardif et son influence s'exerce de façon diffuse sur plusieurs écrivains de la fin du XIXᵉ siècle jusqu'au début du XXᵉ, mais de façon plus marquée sur Octave Crémazie, François-Xavier Garneau et Louis Fréchette.
Caractéristique générale : l'expression de la subjectivité et de l'émotion	• Le but est de peindre la réalité extérieure ou intérieure d'un point de vue personnel, en favorisant le ton confidentiel, le lyrisme et le pathétique, et en se méfiant de la sèche raison. • Narration souvent subjective à tendance autobiographique ; autrement, adoption fréquente d'une focalisation interne, notamment dans les récits fantastiques.
Intrigues intenses donnant généralement primauté à l'imaginaire	• Personnages idéalisés, magnifiés et parfois monstrueux ou maléfiques. • Personnages masculins jeunes, conçus à l'image de leur créateur, artistes et marginaux. • Amants ténébreux, héros désillusionnés. **G>** • Personnages féminins idéalisés et contrastés (stéréotypes de la femme pure et de la femme fatale). • Action à multiples rebondissements. • Moralisme dans les dénouements.
Thématique du rêve, de l'évasion ; désir d'élévation vers des idéaux	Le déchirement amoureux : l'amour se conjugue avec la mort et la peur. L'ennui de vivre, l'obsession du temps qui passe. L'évasion : • dans la nature (refuge lyrique) ; • vers des pays étrangers (goût du pittoresque et de la couleur locale) ; **G>** • vers le passé ; • dans le rêve. Importance de la Révolution et de Napoléon comme sources d'inspiration. Appel à l'engagement social (souvent associé à un humanisme chrétien).
Écriture d'exploration et de libération des règles	• Primauté de l'inspiration sur l'imitation et le respect des règles. • Exploration stylistique. • Style imagé (emploi de multiples figures de style), porté vers la virtuosité (tendance aux répétitions et aux énumérations, goût pour les antithèses). Jeu de contraste noir / rouge.

12.7 Le réalisme et le naturalisme

Époque, principaux représentants et genre privilégié G›	**Deuxième moitié du XIXᵉ siècle en France et première moitié du XXᵉ siècle au Québec** Passage d'une économie agricole à une économie industrielle et capitaliste ; exode des paysans vers la ville ; difficultés d'adaptation à un monde dorénavant orienté vers la concurrence et le profit. Le genre privilégié est nettement le récit (le roman et la nouvelle). **En France :** Honoré de Balzac (l'initiateur du réalisme), Stendhal, Gustave Flaubert, Guy de Maupassant, Émile Zola (théoricien du naturalisme). (Vogue éphémère du théâtre naturaliste.) **Au Québec :** Roger Lemelin, Gabrielle Roy pour le roman ; Marcel Dubé pour le théâtre.
Caractéristique générale : la littérature doit « copier » la réalité sociale	• Le romancier doit donner l'illusion de la réalité (comme un reporter de l'imaginaire), en suivant des étapes dans sa création : observation du milieu, organisation du matériel fictif et, même, illustration d'une hypothèse scientifique (comme Zola l'a fait). • Narrateur omniscient (non représenté ; généralement focalisation zéro). **G›** • Organisation chronologique et logique des événements, de cause à conséquence. • Intrigues à ramifications multiples, servant à décrire globalement la société. • Récits se présentant comme des chroniques de la vie à la campagne et de la vie à la ville. • Intrigues illustrant la progression ou la déchéance sociale des personnages ou, encore, la lutte des classes (cette dernière variante se retrouve surtout chez les écrivains naturalistes).
Intrigues et personnages représentatifs de la dynamique sociale	• La description des personnages tient compte de leur origine sociale, au point de construire des stéréotypes de l'ouvrier, du bourgeois, du noble. • Les personnages féminins sont souvent traités dans une optique matérialiste (Combien cette femme coûte-t-elle ? Quel avantage présente-t-elle ? Vais-je progresser grâce à elle ?) Représentation fréquente de la prostituée, surtout dans le naturalisme.
Thématique au service d'une conscientisation du lecteur	• Thèmes de l'argent, du pouvoir et de la guerre. • Conflits d'intérêts et luttes de classes. • Hérédité, culpabilité (surtout dans le naturalisme), violence.
Lisibilité du style	• Objectif de rendre le texte accessible au lecteur en évitant la surcharge stylistique. • Présence de réseaux métaphoriques qui matérialisent le fonctionnement social. • Refus manifeste d'idéaliser la réalité ; dénonciation de tout sentimentalisme. Ironie.

Les Courants littéraires

12.8   Le symbolisme

Tableau des caractéristiques du symbolisme

Époque, principaux représentants et genre **privilégié** ⏵	Deuxième moitié du XIXᵉ siècle en France, en débordant vers le vingtième siècle, jusqu'à la Belle Époque (vers 1920) Réaction à la moralité rigide et à l'utilitarisme d'une bourgeoisie triomphante ; ouverture à des façons de vivre moins contraignantes, notamment au mode de vie bohème. Au Québec, émergence du symbolisme, en réaction à une société conformiste, dominée par le clergé catholique. Genre privilégié : poésie ; l'esprit symboliste se transporte ensuite dans les récits et les drames. **En France,** du côté des poètes : Charles Baudelaire (l'initiateur du symbolisme), Paul Verlaine, Arthur Rimbaud, Stéphane Mallarmé, Jules Laforgue, Paul Valéry. Du côté des romanciers : Joris-Karl Huysmans (*À rebours*), Colette, Marcel Proust. Du côté des dramaturges : Paul Claudel. **Au Québec :** Émile Nelligan, Saint-Denys Garneau, Anne Hébert, Rina Lasnier, Alain Grandbois.
Caractéristique générale : explorer l'univers sensoriel, franchir les interdits	• Repousser les frontières morales et esthétiques (« le beau est toujours bizarre »). ⏵ • Aller à la découverte de la sensualité. • Refuser les interdits concernant la sexualité.
Dans les intrigues ou ailleurs, exploration d'espaces oniriques et sensoriels	• Personnages ayant le désir de transgresser les normes morales. • Héros raffiné, snob, mondain. • Narrateur à la première personne, qui débusque les secrets, qui révèle l'intimité des êtres. ⏵ • Exploration d'un temps narratif pluriel (le temps intérieur, le temps réel, le temps fantasmé) ou extensible (comme chez Proust).
Thématique de la ville, de la nuit, du fantasme	• Homosexualité. Valorisation de la marginalité bohème. • Luxe, sensualité, frivolité. Jalousie. • Échappées vers l'inconscient ; retour à l'enfance. • L'art, un thème de création en soi.
Style, art des correspondances	• Métaphores synesthésiques (associations multiples des idées avec la sensorialité). • Symbolisme à caractère cosmique (l'eau, le feu, l'air, la terre fortement présents chez les poètes québécois). • Hermétisme. Personnalisation du style, quête manifeste d'originalité. • Du vers régulier au poème en prose. ⏵

12.9   Le surréalisme (l'automatisme au Québec)

Tableau des caractéristiques du surréalisme

Époque, principaux représentants et genre **privilégié** ⏵	L'entre-deux-guerres et un peu au-delà, 1920-1950 La montée des totalitarismes dans un climat d'antisémitisme, de règlement de comptes et de guerre perpétuelle ; le choc des idéologies (libéralisme, socialisme, marxisme) ; la nécessité de redonner un sens à la vie. Genre nettement privilégié : poésie. **En France :** André Breton, Louis Aragon, Paul Éluard, Henri Michaux et autres ; au théâtre, Antonin Artaud.

Époque, principaux représentants et genre privilégié (suite)	Au Québec, à la fin de la guerre, un grand désir de mettre fin à tous les conformismes (à la grande noirceur duplessiste) pour s'ouvrir à la modernité. Les automatistes, signataires du *Refus global,* s'inspirent notamment du surréalisme pour en appeler à la libération de l'art. Dans cette foulée, création d'œuvres des poètes suivants : Roland Giguère, Paul-Marie Lapointe, Claude Gauvreau. On peut aussi reconnaître l'influence du surréalisme (et de l'Oulipo) sur Réjean Ducharme. **G>**
Caractéristique générale : une littérature à l'écoute de l'inconscient	• Écriture automatique sans le contrôle de la raison. **G>** • Mélange des formes : collage, effets graphiques, etc. • Provocation.
Fascination pour l'imprévisible dans les intrigues ou ailleurs	• Héros promeneur, ouvert aux imprévus. **G>** • Femmes mystérieuses. • Personnages d'éternels adolescents souvent en rébellion.
Thématique de la liberté morale	• Exploration de l'étrangeté, de l'indicible et de l'immoral. Goût du défi et du scandale. • Sexe et perversité. Angoisse, douleur, révolte. Humour noir, caricature et dérision.
Esthétique du hasard et de l'imprévisible	• Expérimentation en dehors des sentiers battus : écriture collective, cadavres exquis. • Récits déstructurés où se mêlent fiction et essai littéraire. **G>** • Magie des coïncidences ; importance des prémonitions. • Images arbitraires. Poème litanie.

12.10   Les courants de l'absurde (de l'existentialisme au nouveau roman)

Tableau des caractéristiques de l'existentialisme, de l'anti-théâtre et du nouveau roman

Époque	1940-1980 Aux lendemains de la guerre, l'Europe est en état de crise. La perception d'un monde privé de sens et la perte de la foi en Dieu se généralisent. C'est ce qu'on nomme l'**absurde**. Un esprit de contestation se répand dans toutes les couches sociales. On assiste notamment au rejet du colonialisme, remettant ainsi en question l'idée d'une supériorité de la civilisation européenne sur les autres cultures. Au Québec, cette période est marquée par l'émergence d'une littérature nationaliste anticoloniale, appelée « littérature du pays ». (Voir la description de ce courant à la page 81.)
1. Existentialisme Genres **privilégiés** : récit et drame. **G>**	**En France :** Jean-Paul Sartre, Albert Camus, Simone de Beauvoir. **Au Québec :** Gérard Bessette (*Le libraire*), André Langevin (*Poussière sur la ville*). • **Caractéristique générale :** l'absence de croyance en Dieu pousse à une réflexion à tendance philosophique sur la condition de l'homme. • **Personnages** d'intellectuels (surtout masculins) militants, engagés dans l'action. • **Intrigues** à tonalité pessimiste, mises au service des idées. • **Thématique** qui fait la promotion de l'engagement social, de la libre détermination de soi, de la conscience. Le thème de l'absurde est traité dans une optique d'étrangeté dans les rapports de l'être humain au monde. • **Écriture** souvent polémique, où la fiction est mise au service des idées.

Les Courants littéraires

2. Anti-théâtre (ou théâtre de l'absurde) Genre **privilégié** : drame. **G>**	**En France** : Samuel Beckett, Eugène Ionesco. **Au Québec** : Jacques Languirand, Claude Meunier. • **Caractéristique générale** : innovation théâtrale provocante, au service d'une vision nihiliste du monde (sentiment de faire face au néant, de mener une existence privée de sens). • Antihéros déclassés ou marginaux, réduits à l'état de marionnettes désarticulées. **G>** voir héros. • **Intrigues** qui tournent en rond, événements répétitifs donnant l'image d'un monde chaotique. • **Thème** de l'angoisse, sentiment de non-communication entre les êtres humains. Perte de sens de l'existence humaine. • **Langage** qui se désarticule au point de se réduire uniquement au son. Mais aussi grande inventivité, empruntant certains procédés au surréalisme. • Tonalité pessimiste.
3. Nouveau roman Genre **privilégié** : roman. **G>**	**En France** : Alain Robbe-Grillet, Nathalie Sarraute, Marguerite Duras, Claude Simon. **Au Québec** : Hubert Aquin. • **Caractéristique générale** : une remise en question des critères réalistes de vraisemblance (un récit doit copier la réalité) et de cohérence chronologique (un récit doit ordonner les événements selon un ordre logique simple), ce qui pousse à innover dans la façon de raconter. • **Personnages** en perte d'identité ou réduits à l'anonymat, ou qui explorent des zones secrètes, proches de l'inconscient. • **Intrigues** avec ellipses, certains événements conservant leur ambiguïté ; œuvres ouvertes, c'est-à-dire que le dénouement ne résout pas le conflit ou la problématique de l'histoire, comme si le lecteur devait lui-même trouver la solution. • **Thématique** de l'étrangeté au monde, de la trame invisible de l'existence (les petits moments fugitifs et souvent mystérieux). • **Expérimentation** sur l'écriture mise à l'avant.

12.11   La littérature féministe

Tableau des caractéristiques de la littérature féministe

Époque, principaux représentants et genre **privilégié G>**	**1960-1980** À la fin des années 1960, marquées en Occident par les revendications de la génération des « baby-boomers », les femmes affirment leur émancipation. Elles envahissent aussi le champ littéraire alors que se multiplient les manifestes féministes, notamment dans la foulée du *Deuxième sexe* (1949) de Simone de Beauvoir. L'écriture militante est privilégiée, dans le genre qui lui convient, l'essai ; toutefois, les féministes ne renoncent pas à mélanger les genres, à explorer de nouvelles avenues en écriture. **En France** : Élizabeth Badinter, Marie Cardinal, Hélène Cixous, Benoîte Groult, Luce Irigaray, Julia Kristeva et autres. **Au Québec** : Nicole Brossard, Denise Boucher, Madeleine Ouellet-Michalska, Yolande Villemaire et autres.
Caractéristique générale : une littérature militante et une exploration de l'imaginaire féminin **G>**	• Prendre conscience du fait que la socialisation confine les femmes à des fonctions subalternes et à une condition inférieure. • Exprimer un point de vue féminin sur le monde, se réapproprier sa propre image, dénoncer l'aliénation. • Donner accès à l'intériorité féminine et valoriser cet univers.

Intrigues donnant accès à l'intimité	• Personnages conçus pour remettre en question les stéréotypes féminins. • Narration souvent subjective. • Illustration de la vie féminine sous différentes formes : quotidienne, onirique, fantasmatique, etc.
Thématique de la condition féminine	• Critique du sexisme et du patriarcat. • Liberté et sexualité. Désir et corps féminin. • Quotidien des femmes.
Style exploratoire et sensible	• Illustration de la parole féminine, hors du discours rationnel, digressions, bavardage. • Écriture du jaillissement (proche du premier jet) et, quelquefois, style provocateur (sexualisation du langage). • Langage traduisant la fragilité ou l'éclatement.

12.12   La postmodernité

Tableau des caractéristiques de la littérature postmoderne

Époque et genre privilégié **G›**	De 1980 à nos jours L'écroulement du mur de Berlin signale la fin de la guerre froide, mais non celle de tous les conflits armés ; l'attaque terroriste du World Trade Center ébranle la puissance des Occidentaux ; les crises économiques secouent la confiance des citoyens dans leurs institutions. L'élection de Barack Obama comme président des États-Unis symbolise l'échec du racisme enraciné dans l'histoire américaine. En Occident, le contexte social multiethnique ouvre au questionnement identitaire. L'influence des médias et une plus grande liberté morale changent la perception que l'individu a de lui-même. La forme privilégiée est l'autofiction, à la frontière qui départage réalité (texte de nature autobiographique) et fiction (texte d'invention). Les écrivains de la francophonie se font connaître hors des frontières de leur pays. Au Québec, le terme de « littérature migrante » renvoie à une société en redéfinition (voir ce courant à la page 82).
Caractéristique générale : prédilection pour l'autofiction	• Goût pour les genres hybrides mêlant récit et essai et pour les récits à caractère autobiographique. • L'histoire individuelle prend son sens dans l'histoire collective (l'exil du héros dont le pays est en guerre, par exemple). **G›** • Les romans copient en les biaisant les recettes des polars.
Intrigues qui traduisent la vulnérabilité devant les exigences sociales	• Héros fragilisé par une société perçue comme accablante (à cause de l'esprit de compétition, des valeurs matérialistes aliénantes, etc.). • Nombreux personnages d'immigrants. • Récits d'apprentissage souvent centrés sur des enfants engagés dans des relations inattendues (un enfant et une vieille prostituée, par exemple).
Thématique de la quête identitaire et de la quête de bonheur	• Importance accordée au corps et à la beauté dans un monde qui privilégie la jeunesse. • Fatigue existentielle et poids d'un quotidien ennuyeux. • Exploration de toutes les sexualités. • Thématique identitaire.
Style qui impose sa marque	• Goût de la provocation jusqu'à l'outrance. • Mélange des niveaux de langue et pénétration de mots étrangers, surtout empruntés à l'anglais. • Pour certains écrivains, retour au plaisir simple de raconter des histoires dans le but de divertir.

Les courants plus spécifiques au Québec

12.13 Le terroir (et l'anti-terroir) québécois

Tableau des caractéristiques du terroir et de l'anti-terroir

Époque, principaux représentants et genre privilégié G>	**1845-1945** Une petite société perdue dans le vaste continent américain, qui se relève lentement de la conquête de son territoire par les Britanniques et de la perte de contact avec la métropole française. Patrice Lacombe (à l'origine du courant), Antoine Gérin-Lajoie, Louis Hémon, Claude-Henri Grignon, Albert Laberge, Ringuet, Germaine Guèvremont.
Caractéristique générale : le mode de vie agricole sert de cadre identitaire	Deux visions possibles de la vie rurale : • une vision romantique, qui idéalise le mode de vie et l'associe à une mission *agriculturiste* : les romanciers du terroir. Tonalité optimiste ; • une vision qui nuance ou dénonce cette idéalisation (dans la progression vers un anti-terroir). Tonalité plus pessimiste.
Intrigues reflétant une société agricole et traditionnelle	• Les personnages ont des activités reliées à la terre. • Les **hommes** exercent leur autorité sur leur femme et les **pères**, sur leurs enfants ; ils sont généralement respectés dans leur famille. (Anti-terroir : Ringuet, qui présente dans *Trente arpents* un père réduit à l'impuissance.) • Les **femmes** mariées ou bonnes à marier se veulent des chrétiennes exemplaires, prêtes à adopter un mode de vie frugal. (Anti-terroir : *La scouine* d'Albert Laberge, qui présente une vision déplorable de la condition féminine en milieu agricole.) • Les **jeunes adultes** se soumettent généralement aux exigences du groupe. • Le curé agit comme conseiller. • Sont associés au danger ou au mal : l'Amérindien (vie nomade et immorale), l'Américain (l'exil ou les valeurs matérialistes), l'Anglais (le conquérant), le citadin (la perdition morale) et tout étranger dont on ne connaît pas les origines. (Anti-terroir : *Le survenant,* qui illustre la difficulté d'adaptation au cadre de vie traditionnel.) Narration traditionnelle (narrateur à la troisième personne). G> Lenteur du rythme narratif qui suit celui de l'écoulement des saisons. Choix de narration dans la lignée du réalisme : narrateur omniscient, écriture d'observation, organisation logique et chronologique des événements.
Thématique homogène	• La **religion** : la littérature se soumet à une finalité morale et patriotique en présentant comme sacré le mode de vie rural. • La **terre** façonne la mentalité des personnages : l'attachement viscéral à la terre, le sens de l'épargne, la résignation devant le malheur, une forme de fatalisme assez généralisé. • Le **passé** : toute la société semble en mode de préservation, non seulement du sol hérité des ancêtres, mais aussi des traditions, des contes, etc. ; elle est donc tournée vers le passé. • La **famille** est en fait le personnage central du roman du terroir et la paroisse en est une extension ; l'appartenance à la famille décide de l'identité de l'individu : on pratique la religion des parents, on parle la langue maternelle. • La **ville** est mauvaise puisqu'elle permet le contact avec les valeurs du capitalisme, associé au protestantisme anglo-saxon.

Thématique homogène (suite)	Les romanciers comme Ringuet et Germaine Guèvremont ont tendance à présenter une vision plus nuancée de ces thèmes ; d'autres vont jusqu'à rejeter ces valeurs, comme Albert Laberge, dont l'écriture est très influencée par le naturalisme français. **G>**
Écriture en quête de style	Maladresse des premiers récits du terroir, puis raffinement progressif. Tendance au roman à thèse (pour appuyer l'idéologie *agriculturiste* ou la contester). Importance des descriptions. Langue truffée d'archaïsmes. **G>**

12.14 La littérature du pays

Tableau des caractéristiques de la littérature du pays

Époque, principaux représentants et genre **privilégié de la Révolution tranquille G>**	**De 1960 aux années 1980** Le Québec est influencé par l'anticolonialisme mondial, qui pousse les peuples à revendiquer leur identité nationale. La laïcisation de la société québécoise accompagne cette marche vers la modernité. Tous les genres littéraires sont explorés. **En poésie :** Gaston Miron, Gatien Lapointe, Jean-Guy Pilon, Jacques Brault, Paul Chamberland, Gérald Godin et autres. **En prose :** André Major, Jacques Godbout, Victor-Lévy Beaulieu et autres. **Au théâtre :** Michel Tremblay, Jean-Claude Germain, Françoise Loranger et autres. **En essai :** Pierre Vadeboncœur, Pierre Vallières et autres. **Dans la chanson :** Gilles Vigneault, Robert Charlebois et autres.
Caractéristique générale : la littérature au service d'un avenir à recréer	• Une poésie qui nomme le territoire ; un goût impérieux de changement. • Appel à la triple conquête : du pays, de la femme, de la parole. • Dérision des valeurs de soumission, autrefois prônées par le clergé et les élites soumises à l'*establishment* anglophone.
Intrigues et démarches de création illustrant la quête d'identité	• Personnages masculins qui contestent l'ordre établi ; plusieurs héros-écrivains. **G>** • Personnages féminins plus libérés et épanouis. • Passage à l'action politique et même à la violence révolutionnaire. • Expérience amoureuse associée à la libération nationale.
Thématique de la libération collective	• Dénonciation de l'infériorité sociale et de l'impuissance politique et économique des Canadiens français. • Rejet de la religion sclérosante des ancêtres. • Amour et sexualité. • Importance de la parole libératrice.
Écriture de l'action	• Œuvre qui se présente souvent comme un long monologue d'un héros-écrivain, réfléchissant sur le sens de sa vie. • Poésie militante ; théâtre engagé. • Recours au joual, tant pour revendiquer sa différence linguistique que pour dénoncer l'aliénation d'un peuple (sous-scolarisation, inculture, etc.). **G>**

Les Courants littéraires

12.15 La littérature migrante

Tableau des caractéristiques de la littérature migrante

Époque, principaux représentants et genre **privilégié** **G>**	**De 1980 à nos jours** Un faible taux de natalité et les besoins en main-d'œuvre amènent le Québec à s'ouvrir à l'immigration. La culture se transforme : ouverture aux valeurs et aux saveurs venues d'ailleurs. Désir d'élargir les frontières de l'imaginaire. Genre privilégié : récit. Dany Laferrière, Sergio Kokis, Marco Micone, Émile Ollivier, Ying Chen, Yann Martel, Sylvain Trudel et autres.
Caractéristique générale : **la mise en présence des** **cultures d'ailleurs et d'ici**	• Comparaison entre les cultures, mais aussi tentative d'établir des ponts entre elles. • Problèmes et souffrances reliés à l'adaptation. • Questionnement identitaire.
Retour au pays de l'enfance **ou difficultés d'adaptation** **au cœur des intrigues**	• Autofictions (récit où se mêlent autobiographie et fiction), avec un personnage-narrateur proche de l'auteur. **G>** • Formation de couples d'origines différentes. • Déchirement du retour au pays. • Images, saveurs, parfums de l'enfance associés à ce pays d'origine.
Thématiques	• La quête des origines ; la confrontation de cultures. • L'errance, le déracinement et l'enracinement. • L'américanité. • La distance critique par rapport à la culture d'ailleurs et d'ici, mais aussi l'évocation sensorielle.
Écriture teintée d'exotisme	• Écriture nerveuse, musicale (exotisme des mots venus d'ailleurs, intégrés au texte en français). • Écriture dense.

L'Écriture littéraire

Chapitre 13

L'énonciation

13.1 Entrée en matière

La **langue** est le matériau qu'utilise l'écrivain : c'est avec les mots qu'il crée des mondes imaginaires. La communication se rapporte à toute forme de transmission d'informations entre des individus qui sont en interaction. L'énonciation concerne le fait de communiquer, à l'oral ou à l'écrit, dans un contexte particulier ; il s'agit donc d'une actualisation de la langue.

La littérature, quant à elle, s'inscrit dans un processus de communication, qui se caractérise toutefois par des attributs spécifiques, dont sa finalité **esthétique** (c'est-à-dire une recherche de la beauté). Les notions présentées ici éclairent tout ce qui concerne l'énonciation. Elles sont susceptibles d'être utilisées en cours d'analyse. **G>**

13.2 Notions clés

Contexte d'énonciation

Tous les éléments mis en jeu au moment d'un échange oral ou écrit.

Éléments faisant partie du contexte d'énonciation
- L'énoncé (ou message), qui peut être oral ou écrit ;
- le locuteur (synonyme : émetteur) ;
- le destinataire (synonymes : récepteur, allocutaire) ;
- le temps et le lieu de l'énonciation (synonyme : aspect ou dimension spatiotemporel).

Les embrayeurs et les modalisateurs agissent comme marqueurs et sont associés aux éléments précédemment énumérés du contexte d'énonciation. (Les définitions et fonctions sont expliquées aux pages 85 et 86.)

Exemple

Marie-Hélène, vendeuse à temps partiel aux Galeries d'Anjou durant le temps des Fêtes, dit à sa cliente :
« La robe vous va bien. »

Dans cet exemple, Marie-Hélène est **locutrice**, la cliente est **destinataire**, l'**énoncé** est celui entre guillemets, et le contexte renvoie à un **lieu**, les Galeries d'Anjou, ainsi qu'à une période de l'année, le **temps** des Fêtes.

Illustration du contexte d'énonciation

Toute communication fonctionne selon le modèle suivant :

Temps de l'énonciation

Locuteur (émetteur) ──▶ ◀── énoncé oral / écrit ──▶ ◀── Destinataire (récepteur)
ou message

Lieu de l'énonciation

✍ *noter* Les flèches dans les deux directions indiquent que le destinataire, lorsqu'il répond, devient à son tour locuteur et que l'échange est bilatéral. On utilise dans ce cas le terme « interlocuteurs ».

Toute communication littéraire implique :

Un auteur ──▶ Une œuvre (écrite) ──▶ Un lecteur

Communication littéraire

Le deuxième encadré illustre la communication littéraire qui implique :
• un auteur ;
• s'adressant à un lecteur ;
• une œuvre écrite (récit, pièce de théâtre, essai ou poème) ;
• à une époque où s'impose à coup sûr un **courant littéraire** particulier ; **G›**
• dans un pays particulier.

Exemple

Baudelaire écrit *Les fleurs du mal* au tournant des années 1850 (le recueil est publié en 1857) en France, sous le régime de Napoléon III, recueil qu'il adresse à un lecteur inscrit dans l'œuvre puisque le premier poème s'intitule « Au lecteur ».

Dans cet exemple, l'**auteur** est Charles Baudelaire, l'**énoncé** tient dans un recueil que le poète dédie au **lecteur** à qui il s'adresse dans l'œuvre, le **lieu** est la France à l'**époque** de Napoléon III et le **courant** dominant est le romantisme, même si Baudelaire s'en détache et annonce le symbolisme. Il faut donc tenir compte de toutes ces informations en **contexte d'analyse**.

Caractéristiques propres à la communication littéraire

La communication est asymétrique.

• Dans un échange courant, le locuteur s'adresse à un destinataire qui, en lui répondant, devient à son tour locuteur.

• En littérature, c'est différent. L'auteur est le seul à communiquer, le lecteur ne répond pas.

• De plus, le lecteur est inconnu de l'auteur et il se peut même qu'il ne soit pas son contemporain ; s'il interagit, ce n'est pas avec l'écrivain, mais plutôt avec l'œuvre.

• De la même façon, au théâtre, la communication n'est pas réciproque puisque les comédiens occupent tout le champ de la parole, alors que le spectateur ne manifeste sa présence que lors des applaudissements.

Locuteur

Terme générique se rapportant à celui qui parle ou qui écrit dans tout contexte d'énonciation; synonyme d'« énonciateur », d'« émetteur ».

Dans un roman, les locuteurs peuvent être multiples: l'auteur en est un, le narrateur est aussi un locuteur, et, comme les personnages dialoguent entre eux, ils deviennent également, chacun à leur tour, des locuteurs (on parlera aussi dans ce cas d'interlocuteurs). **G›**

Exemple

Dans *L'étranger*, l'auteur, Albert Camus, est le premier locuteur; son personnage, Meursault, choisi comme narrateur dans le récit, est le deuxième locuteur. D'autres personnes racontent aussi leur histoire ou des anecdotes. On entend donc toutes ces voix qui se superposent les unes aux autres: c'est pour cette raison qu'on dit du roman qu'il est polyphonique (qu'il comporte plusieurs voix), aspect dont il faut tenir compte au moment de l'analyse.

Auteur

Terme plus restrictif, qui renvoie à la personne de chair et de sang qui compose un texte, notamment un texte littéraire, et y appose sa signature.

Dans un récit, il faut éviter de confondre l'auteur avec le narrateur (la voix qui raconte l'histoire). **G›**

Exemple

Albert Camus est l'auteur du roman *L'étranger*; Meursault y est le narrateur: il raconte une histoire dont il est le protagoniste.

Destinataire

Synonyme de « récepteur »; c'est à lui que s'adresse l'énoncé oral ou écrit.

Lecteur

Tout récepteur de l'œuvre écrite. Engagé dans un pacte de lecture, le lecteur accepte un certain nombre de **conventions** relatives au **genre** (par exemple, les signes graphiques associés au dialogue dans un roman). Aucunement passif, le lecteur réagit à l'œuvre et s'engage dans un processus d'élaboration de sens. **G›**

Embrayeurs

Tous les mots qui indiquent la présence du locuteur, du destinataire ou qui renvoient au moment ou au lieu de l'énonciation (donc aux conditions spatio-temporelles). À titre indicatif, le pronom « je » ne peut tirer sa signification que du contexte d'énonciation, et renvoyer au locuteur qui s'exprime dans le texte. Synonymes: déictiques, indices, indicateurs, marques.

Exemples

- **Marques du locuteur:** les pronoms personnels « je », « me », « moi » (et « nous » dans certains cas); les pronoms possessifs « le mien », « le nôtre », etc.); les déterminants possessifs « mon », « ma », « mes », « notre », etc.

- **Marques du destinataire :** le pronom personnel de la deuxième personne « tu » ; les pronoms et déterminants possessifs associés à la deuxième personne, etc.
- **Marques de temps :** les adverbes de temps comme « aujourd'hui », « maintenant », « parfois », etc.
- **Marques de lieu :** les adverbes de lieu comme « ici », « là-bas », « à droite », « plus loin », etc.

Ces embrayeurs prennent leur sens dans leurs rapports au contexte d'énonciation. Dans un texte de Molière, « ici » pourra référer au domicile d'un bourgeois parisien ; dans un texte de Michel Tremblay, « ici » pourra référer au domicile d'un ouvrier montréalais.

Modalisateurs

Tout **mot** ou signe de ponctuation qui traduit la subjectivité du locuteur ou son affectivité dans la phrase. **G›**

Exemples

- **Modalisateurs d'émotions :** la ponctuation, les interjections comme dans l'exemple suivant : « Ah ! que je trouve insupportable qu'il pleuve tous les jours. »
- **Modalisateurs de jugement :** l'usage de mots ou d'expressions comme dans l'exemple suivant : « Je vous assure qu'il va pleuvoir demain. » Certains suffixes péjoratifs ou mélioratifs comme dans *bellâtre*, le suffixe « âtre » (qui a une connotation péjorative).

Discours rapporté

(Voir le chapitre 1, p. 1.)

13.3 Mise en application

Intégration des notions en interaction avec un texte. L'extrait suivant est tiré de l'œuvre *Un simple soldat* de Marcel Dubé.

Extrait

« Édouard *fait "non" de la tête* : … À partir de demain matin, je colle des étiquettes sur la marchandise à expédier.
Joseph : Tu leur as pas cassé la gueule, le père ? Tu leur as pas cassé la gueule ?
Édouard : Tu l'aurais fait, toi ?
Joseph : Tu peux être sûr que je les aurais démolis !
Édouard : T'approches pas la soixantaine.
Joseph : Voyons, le père ! T'es solide comme une montagne ! (*Il lui applique une solide droite sur l'épaule. Le père bouge pas.*) Tu vois ? Tu vois ? Et puis ils t'ont enlevé ton camion les maudits cochons ! Ils t'ont enlevé ton camion ? Tout ce qu'ils ont réussi à faire de toi en trente ans, c'est un colleur d'étiquettes ? Rien de plus ? Une fois que tu leur as donné tes meilleures années ?
Édouard : Je m'en sacre ! Du moment qu'ils m'ont pas jeté dehors, je suis content… Prends les choses comme moi, Joseph. Essaie de te soumettre un peu. T'as pas la tête à Papineau, c'est correct, mais tu peux faire quelque chose… Enlève ton "battle-dress", ça fait des mois que tu traînes avec ça… Enlève ta vareuse, remonte tes manches de chemise, fais quelque chose ! … Toi, t'es jeune, ta vie commence… moi, je la recommencerai plus jamais. »

Marcel Dubé, *Un simple soldat*, 1957

Observation : Questions à poser ⟶

Observation : Questions à poser

▷ Qui est l'auteur ?
Marcel Dubé.

▷ De quel **genre** littéraire s'agit-il ? **G>**
Du genre dramatique : pièce de théâtre
(succession de répliques accompagnées de
didascalies).

▷ Quel est le contexte d'énonciation
de la pièce ?
– La pièce s'inscrit dans une époque précise du
Québec, la fin de la période *duplessiste*, aussi
appelée « la grande noirceur », information qui
permet de mieux comprendre la résignation
du père, Édouard, de même que la révolte
impuissante du fils, Joseph.

– Dans un courant littéraire : le réalisme urbain
de l'après-guerre en littérature québécoise. **G>**

▷ Comment identifier les embrayeurs ?
Ils marquent la présence du destinataire ou du
locuteur (exemples en orange dans le texte).

▷ Comment identifier les modalisateurs ?
Ils sont des révélateurs d'émotion ou de
jugement : la ponctuation et des expressions
comme *tu peux être sûr, rien de plus, c'est
correct*, etc. (exemples en vert dans le texte).

Comment progresser vers la rédaction ?

• Dégager la piste d'analyse : *observer le thème de l'impuissance.*

• Planifier le texte.
   1. La pièce illustre le contexte dans lequel elle a été composée, l'immédiat
      après-guerre mondiale (celle de 1939 à 1945).
   2. Joseph, dans ses répliques, en est réduit à l'émotion ; la ponctuation,
      la syntaxe, les nombreuses répétitions traduisent son état.
   3. Le père, Édouard, se réfugie dans une attitude de soumission.

• Rédiger le texte.

Exemple de paragraphe : développement de la troisième idée

*Les personnages masculins illustrant le thème de l'échec ou de l'impuissance sont effectivement nombreux
en littérature québécoise dans la période de l'après-guerre (1939-1945). Édouard en offre un exemple
parmi d'autres. Son impuissance s'exprime par son attitude physique comme l'indique la didascalie, il
« fait non de la tête ». Ailleurs dans la pièce, on le voit fréquemment s'asseoir tout en courbant les épaules.
Dans l'échange qu'il a avec Joseph, son fils, il n'a d'autre message à lui transmettre que de l'inviter à se
« soumettre » à son sort. Édouard, le père, a donc fait le choix de se « sacrer » de tout. C'est sa façon de nier
la réalité ; aussi ne peut-il vraiment servir de modèle à un fils désorienté, en quête de défi pour redonner
un sens à sa vie. Dans ce dialogue, le locuteur et le destinataire traduisent l'un et l'autre l'état d'infériorité
du peuple canadien-français dans le contexte social de l'époque, marqué par le colonialisme anglo-saxon.*

Écriture littéraire

Chapitre 14

Les ressources de la langue: grammaire et stylistique

14.1 Entrée en matière

Afin de fasciner son lecteur, l'écrivain doit faire beaucoup plus que juxtaposer des phrases. En effet, comme le conteur qui essaie de retenir l'attention de son public, l'écrivain ne peut se contenter de raconter une *bonne* histoire, il doit le faire de façon *intéressante*. La **langue** est son matériau; il en use de manière à créer une atmosphère qui donne une couleur particulière au texte. Toutefois, donner un style à un texte ne consiste pas à additionner simplement des procédés stylistiques. Le maniement de la syntaxe, le choix des mots, tous les écarts par rapport à la norme témoignent de ce désir de l'écrivain de se singulariser. Inventer de nouvelles façons de raconter, de nouvelles façons de s'exprimer, faire éclater les frontières entre les **genres**, voilà les défis auxquels il doit répondre… **G›**

Par ailleurs, les connaissances grammaticales sont absolument nécessaires pour assurer l'efficacité de la lecture d'un texte littéraire, dont l'analyse n'est pas chose facile. Quelques pistes d'observation reliées aux connaissances grammaticales permettront de s'entraîner à faire des lectures analytiques.

14.2 Classes de mots: effets stylistiques et nuances sémantiques

Plus qu'un regroupement de lettres ou de sons, le **mot** se distingue par les sens qu'il évoque, par sa sonorité, sa musicalité, son rythme… Se présentant sous différentes formes, il sera tantôt composé d'une seule lettre ou d'un seul **phonème**, tantôt simple ou composé, tantôt variable ou invariable. Comment les propriétés **sémantiques**, morphologiques et syntaxiques des mots peuvent-elles être mises au service du style? Comment l'auteur peut-il exploiter chacune des classes de mots pour créer des nuances de sens et captiver ses lecteurs? Voici quelques pistes à explorer. **G›**

Les classes de mots variables

A Adjectif

L'**adjectif** sert à exprimer une qualité ou une caractéristique objective des êtres, des objets, des concepts, des idées, etc.

Rappel grammatical	
L'adjectif :	– peut être qualifiant ou classifiant ;
	– peut être mis en degré par un adverbe modificateur (comparaison ou intensité) ;
	– peut être simple, composé ou dérivé ; **G>**
	– peut être un adjectif participe (c'est-à-dire issu d'une forme verbale) ;
	– est le noyau du groupe adjectival (GAdj) ;
	– reçoit le genre et le nombre du nom ou du pronom avec lequel il est en relation.

Effets stylistiques et sémantiques

Il est possible de mettre à profit les différentes propriétés des adjectifs pour créer des effets de style et des nuances de sens. Pour analyser l'utilisation des adjectifs dans un texte, vérifiez si des adjectifs sont particulièrement exploités pour créer une atmosphère, pour caractériser les personnages ou pour décrire les lieux ou l'époque du récit. Vérifiez également à quel endroit l'adjectif est situé par rapport au nom ou au pronom avec lequel il est en relation. Observez s'il a été déplacé et détaché de manière à produire un effet d'insistance.

L'**adjectif qualifiant** sert à révéler une qualité au nom ou au pronom avec lequel il est en relation. Les adjectifs qualifiants sont très fréquents dans les textes littéraires où ils sont employés pour caractériser un personnage ou décrire un lieu ou une époque. Ils permettent aussi de traduire des perceptions sensorielles, pour que le lecteur puisse imaginer les parfums, les sons, l'ambiance, etc.

L'adjectif qualifiant peut :

• être mis en degré pour créer, par exemple, un effet d'intensité (Ex. : *elle est très belle*) ou encore être précédé d'un adverbe exprimant la comparaison (comparatif ou superlatif) (Ex. : *elle est la plus belle*) ;

• avoir un complément (Ex. : *elle est belle à ravir*) ;

• constituer une marque de modalité révélant le point de vue de l'énonciateur (Ex. : *son odeur enivrante, sa chevelure dorée et sa démarche gracieuse m'avaient subjugué*) ;

• être déplacé pour créer des nuances de sens (Ex. : *un bon* acteur [un acteur qui joue bien] par rapport à un acteur *bon* [un acteur bienveillant, qui exprime de la bonté]).

L'**adjectif classifiant** sert à classer, selon diverses catégories, les réalités exprimées par le nom avec lequel il est en relation (Ex. : *un système informatique*). On trouve les adjectifs classifiants surtout dans les textes courants.

À noter Attention : un même adjectif peut être tantôt qualifiant, tantôt classifiant :
Ex. : *il adore la musique classique* (classifiant) ;
elle apprécie ce décor aux allures plutôt classiques (qualifiant).

Les questions à poser

▷ **Quels effets stylistiques ou nuances sémantiques peut-on observer relativement à la nature de l'adjectif ou à sa place dans la phrase ?**

▷ Des adjectifs sont-ils particulièrement exploités pour créer l'atmosphère, pour caractériser les personnages ou pour décrire les lieux ou l'époque d'un récit ?

▷ L'adjectif a-t-il été détaché et placé en tête de phrase de manière à produire un effet ?

▷ Des adjectifs qualifiants ont-ils été mis en degré ?

Exemples	Analyse
Tiré d'un roman « Dans les rafales de vent, des embruns légers, je passe entre les planches mal jointes des murs, les interstices des fenêtres vermoulus, je traverse l'air immobile des chambres comme un vent contraire et provoque des tourbillons imperceptibles dans les fenêtres fermées, les corridors glacés, les escaliers branlants, les galeries à moitié pourries, les jardins dévastés. » Anne Hébert, *Les fous de Bassan*, 1982	*Dans cet extrait, les **adjectifs à caractère dépréciatif** employés par l'auteure créent un effet de désolation, de délabrement dans un texte à caractère descriptif.*
Tiré d'un conte « Nous nous hâtâmes alors d'allumer quelques-unes des torches dont nous nous étions munis à Mattaro, et dont la flamme, nourrie par un courant impétueux, résista heureusement aux battements d'ailes des oiseaux nocturnes, qui s'enfuyaient de toutes les flammes du vieux bâtiment en poussant des cris lamentables. Cette scène, qui avait, en vérité, quelque chose d'extraordinaire et de sinistre, me rappela involontairement la descente de Don Quichotte dans la caverne […]. » Charles Nodier, *Fantaisies et légendes*, 1838	*Dans cet extrait, les **adjectifs** permettent de décrire les lieux sombres et lugubres qu'on trouve fréquemment dans les récits fantastiques. L'adjectif « extraordinaire », qui a une valeur sémantique de superlatif, renforce la tonalité fantastique de cet univers.*
Tiré d'une nouvelle « Elle avait dans les cheveux un gros bouquet de jasmin, dont les pétales exhalent le soir une odeur enivrante. […] Ses yeux étaient obliques, mais admirablement fendus ; ses lèvres un peu fortes, mais bien dessinées et laissant voir des dents plus blanches que les amandes sans leur peau. Ses cheveux, peut-être un peu gros, étaient noirs à reflets bleus comme l'aile d'un corbeau, longs et luisants. » Prosper Mérimée, *Carmen*, 1845	*Dans cette description, les **adjectifs** sont employés pour faire ressortir le caractère envoûtant de la gitane qui se trouve au cœur du récit, et qui est décrite comme une femme fatale, forcément maléfique.*
Tiré d'un poème « Les parfums ne font pas frissonner sa narine ; Il dort dans le soleil, la main sur sa poitrine Tranquille. Il a deux trous rouges au côté droit. » Arthur Rimbaud, « Le dormeur du val », *Poésies*, 1870	*Dans cette dernière strophe du poème d'Arthur Rimbaud, l'**adjectif** tranquille est placé stratégiquement en tête du dernier vers pour créer un effet inattendu. Le jeune soldat, allongé dans l'herbe, qui semble dormir tranquillement, est, en fait, mort.*

Déterminant

Le **déterminant** sert à introduire un nom et à préciser ce qu'il désigne.

Rappel grammatical	
Le déterminant :	– précède le nom qu'il accompagne et forme avec lui la base du groupe nominal (GN) ; – peut être simple ou composé ; – reçoit généralement le genre et le nombre du nom qu'il détermine ; – peut être classé selon diverses catégories.

L'emploi sélectif de certains déterminants peut contribuer aux effets stylistiques du groupe nominal, mais il n'en reste pas moins que l'observation des noms est prioritaire.

Catégories de déterminants	Exemples
Déterminants définis	Le, la, les, l', des, etc.
Déterminants indéfinis	Un, une, des, d', etc.
Déterminants démonstratifs	Ce, cet, cette, ces
Déterminants possessifs	Mon, ma, tes, notre, leurs, etc.
Déterminants numéraux	Un, deux, dix, quinze, etc.
Déterminants quantitatifs	Aucun, certaine, pas un, etc.
Déterminants partitifs	Du, de la, de l'
Déterminants interrogatifs	Quel, quelle, quels, combien de, etc.
Déterminants exclamatifs	Quel, quelle, que de, etc.

La question à poser
▷ **Une catégorie de déterminants peut-elle renforcer l'effet créé par le nom qui lui est associé ?**

Exemple	Analyse
Tiré d'un roman « Ce visage-là, nouveau, je l'ai gardé. Il a été mon visage. Il a vieilli encore bien sûr, mais relativement moins qu'il n'aurait dû. J'ai un visage lacéré de rides sèches et profondes, à la peau cassée. Il ne s'est pas affaissé comme certains visages à traits fins, il a gardé les mêmes contours mais sa matière est détruite. J'ai un visage détruit. » Marguerite Duras, *L'amant*, 1984	*Dans ce récit à caractère nettement autobiographique, Marguerite Duras fournit un exemple d'utilisation d'une **variété de déterminants**, accompagnant le nom visage. Cela crée tantôt un effet de distanciation (« ce », « un », « certains »), tantôt un effet de personnalisation du propos (« mon »). L'intention générale est donc la mise en relief d'un sens précis, soit l'observation du visage de l'écrivain.*

Nom

Le **nom** sert à désigner des êtres, des objets et des concepts.

Rappel grammatical	
Le nom :	– peut être classé selon diverses catégories ; – est le noyau du groupe nominal (GN) ; – est donneur de genre, de nombre et de personne.

Il est possible de mettre à profit les différents classements des noms pour créer des effets de style et des nuances de sens. Lors de l'analyse d'un texte, il faut porter attention aux catégories de noms utilisées et au sens exprimé par ces mots. L'écrivain peut cibler une catégorie particulière en fonction de l'effet recherché. Il peut privilégier les effets d'opposition, puis, ailleurs dans le texte, les effets de similarité. Il peut aussi chercher à nuancer sa pensée ou à préciser ses descriptions.

Écriture littéraire

Les noms peuvent être classés par paires selon leur sens	
Noms communs	Noms propres
Noms concrets	Noms abstraits
Noms animés	Noms inanimés
Noms individuels	Noms collectifs
Noms comptables	Noms non comptables

Les noms peuvent être classés par paires selon leur forme	
Noms simples	Noms composés
Noms masculins	Noms féminins
Noms singuliers	Noms pluriels

Les questions à poser

▷ **Quels effets stylistiques ou nuances sémantiques peut-on observer en lien avec le nom ?**

▷ Une catégorie de noms est-elle exploitée de manière à créer un effet particulier ?

▷ Une paire de catégories est-elle exploitée de manière à créer un effet d'opposition ?

▷ Les noms attribués aux personnages sont-ils volontairement significatifs ?

Exemples	Analyse
Tiré d'une chanson « Comme mon ostie d'nation Sans aucune ostination Je suis le pro de la crastination » Loco Locass, *Spleen et Montréal*, 2004	*Dans cette chanson, l'auteur a modifié la morphologie même des mots en revisitant les* **noms simples** *pour en faire des* **noms composés** *et vice-versa. Loco Locass met souvent à profit ce procédé qui contribue à la musicalité du texte et vise à créer des* **nuances sémantiques originales.** *« Obstination » est ici volontairement transcrit avec une faute pour reproduire la prononciation de la langue populaire du Québec ; de plus, le mot a été scindé pour générer un jeu de mots. Procrastination, mot réel, est synonyme d'« indécision ».*

Tiré d'un poème
« Nous,
    les seuls nègres aux belles certitudes
blanches
    ô caravelles et grands appareillages des
enfants-messies
nous les sauvages cravatés
nous attendons depuis trois siècles pêle-mêle
    la revanche de l'histoire
    la fée de l'Occident
    la fonte des glaciers »
Jacques Brault, *Suite fraternelle*, 1965
	Dans ce poème « nationaliste », l'auteur emploie, dans une même strophe, une série de **noms pluriels** *suivie d'une série de* **noms singuliers** *pour créer un* **effet d'opposition.** *Le « nous » renvoie au peuple québécois que Brault caractérise : les « nègres » désignent esclaves colonisés (allusion à Nègres blancs d'Amérique de Vallières) ; les « enfants-messies » font référence au concept de peuple élu dans l'idéologie agriculturiste, farcie d'esprit religieux, et « sauvages cravatés », au fait de notre prolétarisation au service du capitalisme. Quant aux mots singuliers, leur parallélisme contribue à marquer l'opposition.*

Tirés de romans

« Les regards curieux s'étaient tournés vers le haut du perron. L'un des jeunes gens fit à Maria Chapdelaine l'hommage de son admiration paysanne :
— Une belle grosse fille ! dit-il.
— Certain ! Une belle grosse fille et vaillante avec ça. »

Louis Hémon, *Maria Chapdelaine*, 1914

« À la porte d'un petit bâtiment, le directeur m'a quitté : "Je vous laisse, monsieur Meursault. Je suis à votre disposition dans mon bureau. En principe, l'enterrement est fixé à dix heures du matin." [...] »

Albert Camus, *L'étranger*, 1942

Les écrivains attribuent souvent à leurs personnages des noms propres qui sont porteurs de signification. C'est ce que fait Louis Hémon dans son célèbre roman du terroir, Maria Chapdelaine : Chapdelaine se décomposant en chape (vêtement) de laine (tissu pour se protéger du froid de l'hiver) ; un des prétendants de Maria se nomme Surprenant ; c'est lui qui fait miroiter à l'héroïne Maria la vie facile aux États-Unis.

C'est aussi ce que fait Albert Camus qui nomme « Meursault » le narrateur de L'étranger, *ce nom évoquant la mer et le soleil (mer/sol), mais aussi l'idée de la mort solitaire (meurt/seul). Ce roman se déroule en Algérie, pays de mer et de soleil ; son personnage meurt abandonné de tous à la fin du roman.* **G›**

Pronom

Le **pronom substitut** sert à remplacer un élément du texte tandis que le **pronom de communication** ou **pronom nominal** renvoie à une réalité hors texte.

Rappel grammatical

Le pronom :	– peut être simple ou composé ;
	– peut être classé selon diverses catégories ;
	– peut être un pronom de reprise ou un pronom nominal ;
	– varie, dans certains cas, selon la personne, le genre, le nombre et la fonction qu'il exerce ;
	– est, dans certains cas, donneur de genre, de nombre et de personne.

Effets stylistiques et sémantiques

En cours de lecture, il faut être attentif à bien repérer les antécédents des pronoms pour mieux comprendre la dynamique des personnages dans un récit. Vérifiez également si un ou des pronoms sont répétés ou utilisés de manière à créer un rythme ou un effet d'insistance.

Catégories de pronoms	Exemples
Pronoms personnels	Je, soi, ils, leur, etc.
Pronoms démonstratifs	Celui, celle-là, ceux, ceci, etc.
Pronoms possessifs	Le nôtre, la sienne, les leurs, les miens, etc.
Pronoms indéfinis	Nul, aucune, certains, tous, etc.
Pronoms interrogatifs	Qui, quoi, lesquels, auxquelles, etc.
Pronoms numéraux	Un, une, trente, quarante-deux, cent, etc.
Pronoms relatifs	Que, dont, laquelle, desquels, etc.

L'Écriture littéraire

La question à poser

▷ **Quels liens faut-il établir entre le pronom et le personnage auquel il renvoie dans un récit ; certains passages présentent-ils des effets d'opposition ou d'insistance, reposant sur la sélection de certains pronoms particuliers ?**

Exemples	Analyse
Tiré d'un roman « Et c'était moi. Moi entre deux eaux, attendant aussi mon heure, jouant la comédie entre-temps, coulant des jours monotones sans envie ni désir, moi assistant au spectacle de l'époque et attendant patiemment que quelque chose survienne et m'appelle. Moi à qui l'on pardonnait tous les excès, toutes les dépravations, toutes les couleurs infligées et les egos brisés […]. » Christian Mistral, *Vamp*, 2004	*Dans cet extrait, la répétition du **pronom personnel** moi rythme les phrases tout en révélant le narcissisme du narrateur. Cela crée un effet d'insistance.* **G>**
Tiré d'une pièce de théâtre « Ils m'appelont la Sagouine, ouais. Et je pense, ma grand foi, que si ma défunte mére vivait, a' pourrait pus se souvenir de mon nom de baptême, yelle non plus. Pourtant j'en ai un. Ils m'avont portée sus les fonds, moi itoi, comme je suis là. J'avais même une porteuse, t'as qu'à ouère, une marraine pis un parrain. » Antonine Maillet, *La Sagouine*, 1971	*La multiplication des pronoms est ici un indice de langue orale : il s'agit d'un texte qui est fait pour être « dit » sur scène, et pour reproduire des façons de s'exprimer propres à la classe populaire. L'effet créé en est un de familiarité.*

Verbe

Le **verbe** sert à préciser ce que l'on dit à propos du sujet et à situer l'événement dans le temps.

Rappel grammatical	
Le verbe :	– peut être conjugué à des temps simples ou composés ; – peut être classé selon les valeurs exprimées ; – peut être classé selon diverses catégories ; – est un receveur d'accord : il varie en personne, en genre et en nombre ; – est le noyau du groupe verbal.

Effets stylistiques et sémantiques

Il est possible de mettre à profit les différentes catégories de verbes pour créer des effets de style et des nuances de sens. En effet, contrairement aux verbes d'action, la catégorie des verbes attributifs, par exemple, permettra à un auteur de faire une pause dans son récit en insérant des descriptions ou en émettant des opinions sur la situation. Le choix de la forme impersonnelle d'un récit pourrait créer un effet de distanciation qui ne serait pas possible avec la forme active.

Catégories de verbes	Exemples
Les verbes **intransitifs** : s'utilisent sans complément direct ou indirect.	Le soleil luit.
Les verbes **transitifs** : s'utilisent avec un complément direct (verbes transitifs directs) ou un complément indirect (verbes transitifs indirects).	Elle **a appris** la nouvelle aujourd'hui. (verbe transitif direct) Il **ressemble** à son père. (verbe transitif indirect)
Les verbes **attributifs** : s'utilisent avec un attribut du sujet ou du complément direct.	Cette création **est** remarquable. (avec un attribut du sujet) Les visiteurs la **trouvent** splendide. (avec un attribut du complément direct)
Les verbes **pronominaux** : sont précédés d'un pronom personnel de la même personne que le sujet.	Tu **te souviens** probablement de cet événement loufoque.
Les verbes **impersonnels** : s'utilisent uniquement avec le pronom impersonnel *il*.	Il **importe** que vous soyez présent.
Les verbes **auxiliaires** : peuvent être des auxiliaires de conjugaison (les auxiliaires *être* et *avoir* servant à former des temps composés) ou des semi-auxiliaires (des auxiliaires de modalité et d'aspect).	J'**ai** apprécié ma soirée, mais je **dois** partir. (auxiliaire de conjugaison et auxiliaire de modalité)

Le classement des verbes selon la valeur qu'ils expriment peut également servir de point d'ancrage à l'analyse.

Valeurs exprimées par les verbes	Exemples
Les verbes **d'action**	Jouer, bouger, laver, etc.
Les verbes **de perception**	Écouter, toucher, voir, goûter, etc.
Les verbes **de déplacement**	Marcher, descendre, revenir, etc.
Les verbes **d'opinion**	Penser, croire, soutenir, etc.
Les verbes **de sentiments**	Détester, aimer, apprécier, etc.
Les verbes **de connaissance**	Analyser, comprendre, connaître, etc.
Les verbes **de parole**	Préciser, répliquer, dire, ordonner, etc.
Les verbes **de transformation**	Modifier, peaufiner, dépérir, etc.

Les questions à poser

▷ **Quels effets stylistiques ou nuances sémantiques peut-on observer en lien avec l'emploi d'une catégorie de verbes ?**

▷ Une catégorie de verbes est-elle exploitée de manière à créer un effet ?

▷ L'idée exprimée par le verbe est-elle porteuse de sens ?

▷ La forme du verbe est-elle exploitée pour créer un effet ? (Ex. : mode des verbes, voix active ou passive, temps des verbes, etc.)

L'Écriture littéraire

Exemples	Analyse
Tiré d'une autobiographie « Je savais où il était, comment il se plaçait au fur et à mesure que les semaines passaient et que ses mouvements devenaient vigoureux. Il cognait maintenant, il pédalait, il se tournait et se retournait. » Marie Cardinal, *Les mots pour le dire*, 1975	*Dans cet extrait, l'auteure aborde l'intimité corporelle en décrivant les sensations vécues par une femme enceinte. Elle énumère des **verbes d'action** pour illustrer la vie qui croît en elle.*
Tirés de romans « Le ciel chargé de gros nuages, promenés par un vent très chaud, semblait annoncer une tempête. Les deux amies se promenèrent fort tard. Tout ce qu'elles faisaient ce soir-là semblait singulier à Julien. Elles jouissaient de ce temps, qui, pour certaines âmes délicates, semble augmenter le plaisir d'aimer. » Stendhal, *Le rouge et le noir*, 1830	*Dans cet extrait, l'auteur exploite à deux reprises le verbe* sembler *comme **auxiliaire de modalité** précisant le point de vue de l'énonciateur par rapport à ce qui est exprimé. Le verbe* sembler *est également employé comme **verbe attributif**. Ce passage souligne donc la polyvalence d'usage de certains verbes courants.*
« Ma paroisse est dévorée par l'ennui, voilà le mot. Comme tant d'autres paroisses ! L'ennui les dévore sous nos yeux et nous n'y pouvons rien. » Georges Bernanos, *Journal d'un curé de campagne*, 1936	*En exploitant successivement les **formes passive et active** du verbe* dévore, *l'auteur crée un effet d'insistance pour bien marquer l'ennui qui règne dans la paroisse.*

Les classes de mots invariables

Adverbe

L'**adverbe** sert à modifier ou à nuancer le sens habituel d'un mot ou à compléter un verbe ou une phrase.

Rappel grammatical	
L'adverbe :	– est invariable ; – peut être simple ou complexe ; – peut exprimer différents rapports de sens selon le contexte (temps, lieu, cause, but, etc.) ; – peut être mis en degré ; – est le noyau du groupe adverbial (GAdv) ; – peut exercer les rôles de marqueur interrogatif ou exclamatif, de coordonnant, d'organisateur textuel ou de marqueur de modalité.

Effets stylistiques et sémantiques

Pour analyser l'utilisation des adverbes dans un texte, portez attention au sens exprimé par les adverbes. Vérifiez si une valeur sémantique est privilégiée dans un passage du texte. Vérifiez si des adverbes de négation ont été omis. Observez également si des adverbes sont mis en degré.

Valeurs exprimées par les adverbes	Exemples
Espace	Ici, là, ailleurs, dehors, autour, loin, près, en bas, derrière, partout, etc.
Temps	Aujourd'hui, aussitôt, autrefois, demain, bientôt, déjà, parfois, hier, etc.
Négation	Non, ne pas, ne jamais, ne rien, ne point, etc.
Opinion (marqueurs de modalité)	Apparemment, assurément, possiblement, sans doute, heureusement, vraiment, etc.
Quantité	Assez, autant, beaucoup, environ, moins, presque, trop, etc.
Manière	Ainsi, bien, ensemble, lentement, précautionneusement, etc.

Les questions à poser

▷ Quels sont les rapports de sens privilégiés dans le texte ?

▷ La mise en degré à l'aide d'adverbes permet-elle de créer des effets stylistiques ? (Ex. : d'intensité)

▷ Des adverbes de négation ont-ils été omis ?

▷ Des adverbes sont-ils employés comme marqueurs de modalité dans le but de créer certains effets ?

Exemples	Analyse
Tiré d'une chanson « Les pauvres ont pas d'argent Les pauvres sont malades tout l'temps Les pauvres savent pas s'organiser Sont toujours cassés » Plume Latraverse, « Les pauvres », *Tout Plume*, 2001	*Dans cette chanson, l'auteur opte pour l'omission de l'**adverbe** de négation « ne », façon de faire propre à la langue orale et familière. Cela crée un effet de proximité, de familiarité qui sert le message de la chanson.*
Tiré d'un roman « Jamais cour n'a eu tant de belles personnes et d'hommes admirablement bien faits ; et il semblait que la nature eût pris plaisir à placer ce qu'elle donne de plus beau, dans les plus grandes princesses et dans les plus grands princes. » Mᵐᵉ de La Fayette, *La princesse de Clèves*, 1678	*Dans cet extrait, l'auteure accumule les **adverbes** qui agissent à titre de superlatifs pour susciter l'intérêt du lecteur.*
Tiré d'une pièce de théâtre « [...] les mères pauvres soulèvent honteusement le voile de leurs filles quand je m'arrête au seuil de leurs portes ; elles me laissent voir leur beauté avec un sourire plus vil que le baiser de Judas, tandis que moi, pinçant le menton de la petite, je serre les poings de rage en remuant dans ma poche quatre ou cinq méchantes pièces d'or. » Alfred de Musset, *Lorenzaccio*, 1834	*Dans cet exemple, l'**adverbe** honteusement est employé comme marqueur de modalité. Il révèle le point de vue de l'énonciateur et apporte une nuance sémantique essentielle à la compréhension de la psychologie de Lorenzaccio, l'**antihéros** au cœur de la pièce de théâtre de Musset.* **G>** *(voir héros)*

Écriture littéraire

Conjonction

La **conjonction** sert à joindre des mots, des groupes de mots ou des phrases.

Rappel grammatical	
La conjonction :	– est invariable ; – peut être simple ou complexe ; – peut exprimer différents rapports de sens selon le contexte (temps, lieu, cause, but, etc.) ; – peut exercer le rôle de coordonnant ou de subordonnant.

Effets stylistiques et sémantiques

Pour analyser l'utilisation des conjonctions dans un texte, portez attention au sens exprimé par les conjonctions exerçant le rôle de coordonnant ou de subordonnant. Les conjonctions peuvent aussi être classées selon les valeurs qu'elles expriment. Vérifiez les relations qui s'établissent entre les mots et les idées. Observez les répétitions. Rappelez-vous qu'une même conjonction peut exprimer différentes valeurs.

Valeurs exprimées par les conjonctions	Exemples
Addition	Et
Alternative	Ou, ou bien, soit… soit, etc.
But	Pour que, afin que, de façon à, de manière à, etc.
Cause	Car, puisque, étant donné que, parce que, comme, etc.
Conséquence	Donc, de sorte que, si bien que, de telle façon que, etc.
Opposition	Mais, alors que, quand, tandis que, si, pendant que, etc.
Temps	Au moment où, tandis que, avant que, après que, une fois que, dès que, etc.

Les questions à poser

▷ **Quels effets stylistiques ou nuances sémantiques peut-on observer en lien avec la conjonction ?**

▷ Un type de rapport de sens est-il privilégié dans un passage du texte ?

▷ Une même conjonction est-elle répétée ou supprimée pour créer un effet particulier ?

Exemples	Analyse
Tiré d'un essai « Dans leur soif de départ, les voyageurs ignorent souvent qu'ils ne feront qu'emprunter de vieilles traces. Mus par une pulsion, quand ils ont mal ici, ils veulent aller ailleurs. Ils oublient que le mieux-être est inaccessible puisqu'ils portent en eux leur étrangeté. » Émile Ollivier, *Passages*, 1991	*Dans cet extrait, l'auteur accumule les **conjonctions de subordination** pour illustrer son point de vue. Leur abondance crée un effet d'insistance. Chacune d'elles sert à marquer la logique du texte, à indiquer le lien entre les idées.*

Tirés de romans	Dans cet extrait, la **conjonction de coordination** et, qui marque l'addition, est d'abord utilisée pour créer un effet d'insistance. Ensuite elle sert à établir un effet de contraste en coordonnant les antonymes Bien et Mal.
« Nous pouvons tous nous transformer en assassins, avait toujours soutenu Valcourt, même l'être le plus pacifique **et** le plus généreux. [...] Chacun possède dans ses gènes tout le Bien **et** tout le Mal de l'humanité. » Gil Courtemanche, *Un dimanche à la piscine à Kigali*, 2000	
« Il ne faut pas souffrir. **Mais** il faut prendre le risque de souffrir beaucoup. **Mais** j'aime trop les victoires pour ne pas courir après toutes les batailles, pour ne pas risquer de tout perdre. [...] » Réjean Ducharme, *L'avalée des avalés*, 1966	Dans cet extrait, la **conjonction de coordination** Mais sert à souligner l'opposition entre l'idée de souffrance et celle de défi.

Préposition

La **préposition** sert à introduire une expansion qui peut être un mot, un groupe de mots ou une phrase.

Rappel grammatical

La préposition :	– est invariable ; – peut être simple ou complexe ; – peut exprimer différents sens selon le contexte (temps, lieu, cause, but, etc.) ; – est le noyau du groupe prépositionnel (GPrép) et a toujours une expansion à sa droite ; – peut jouer le rôle d'organisateur textuel ou de marqueur de modalité.

Effets stylistiques et sémantiques

Bien que quelques prépositions soient vides de sens, la plupart d'entre elles établissent un rapport de sens. Il est donc possible de classer les prépositions selon les valeurs qu'elles expriment soit d'opposition ou d'exclusion, d'origine ou de destination, etc. Leur utilisation peut créer des effets multiples, soit de contraste, d'insistance, de martèlement, etc. Rappelez-vous qu'une même préposition peut exprimer différentes valeurs.

Valeurs exprimées par les prépositions	Exemples
Temps	À, de, depuis, avant, après, pendant, dès, etc.
Lieu	À, chez, dans, en, vers, en dessous, loin de, sous, entre, etc.
But	À, pour, afin de, de manière à, de façon à, en vue de, etc.
Cause	Grâce à, à cause de, en raison de, etc.
Manière	À, de, avec, sans, selon, suivant, par, etc.
Matière	En, de
Opposition	Contre, malgré, en dépit de, à l'encontre de, etc.
Privation	Sans

Écriture littéraire

Les questions à poser

▷ La préposition sert-elle à mettre en relief un rapport particulier entre les idées ?

▷ Plusieurs prépositions marquant l'opposition sont-elles employées pour créer un effet de contraste ?

▷ Une même préposition est-elle répétée pour créer un effet d'insistance et pour créer un rythme ?

▷ Des prépositions sont-elles employées à titre de marqueurs de modalité pour révéler le point de vue de l'énonciateur ?

Exemples	Analyse
Tiré d'un poème « Demain dès l'aube, à l'heure où blanchit la campagne Je partirai. Vois-tu, je sais que tu m'attends J'irai par la forêt, j'irai par la montagne Je ne puis demeurer loin de toi plus longtemps » Victor Hugo, *Demain dès l'aube*, 1847	*Dans ces vers, les **prépositions** exprimant le temps, le moyen et le lieu sont importantes pour mettre en place la quête de l'énonciateur et pour créer un effet musical associé à l'attente de la bien-aimée.*
Tiré d'un roman « Ellénore, lui écrivais-je un jour, vous ne savez pas tout ce que je souffre. Près de vous, loin de vous, je suis également malheureux. » Benjamin Constant, *Adolphe*, 1816	*Dans cet extrait, les **prépositions** exprimant le lieu servent à créer un effet de contraste qui illustre bien l'état de déchirement dans lequel se trouve le personnage principal, Adolphe.*
Tiré d'un essai « Nous ne possédons pas les moyens du pays ; c'est l'étranger qui, en quelque sorte, les possède ; [...] nous nous comportons d'une manière instinctivement souveraine, mais sans posséder les attributs de la souveraineté, ou comme une nation, mais sans gouvernement qui nous soit propre, sans protection du droit des gens, sans ambassadeurs, sans armée, sans affaires, sans constitution à nous, sans alliances, sans projets, bref sans les mille instruments, les perspectives et les rôles multiples qui font qu'un peuple non seulement existe mais agit et s'affirme. » Pierre Vadeboncœur, *Gouverner ou disparaître*, 1993	*Dans cet exemple, la répétition de la **préposition** sans crée un effet d'insistance et contribue à souligner l'idée de privation chez un peuple sans moyens et sans institutions pour se créer un pays.*

14.3   La phrase : effets stylistiques et nuances sémantiques

Phrase de base

La phrase de base est une phrase simple qui sert de modèle pour analyser les phrases en français.

Rappel grammatical	
La phrase de base :	– est de type déclaratif ;
	– est de formes positive, active, neutre et personnelle ;
	– est composée de deux constituants obligatoires qui se présentent dans cet ordre : un groupe nominal (GN) exerçant la fonction de sujet, suivi d'un groupe verbal (GV) exerçant la fonction de prédicat de la phrase ;
	– peut aussi avoir des constituants facultatifs qui exercent la fonction de complément de phrase.

Effets stylistiques et sémantiques

Il est possible de modifier la phrase de base pour créer des effets stylistiques. Dans la phrase de base, les constituants obligatoires sont présentés dans l'ordre suivant : P de base = GN + GV. Pour produire un certain effet, l'ordre de la phrase peut être modifié. Ainsi, le groupe de mots exerçant la fonction de sujet peut apparaître à la suite de celui exerçant la fonction de prédicat.

Le constituant facultatif qui exerce la fonction de complément de phrase (CP) se place habituellement à la suite du GV. Puisque le groupe de mots exerçant la fonction de CP est mobile, celui-ci peut également être déplacé en tête de phrase ou être inséré au milieu de la phrase.

> Les questions à poser
> ▷ **Quels effets stylistiques peut-on observer relativement à la phrase de base ?**
> ▷ Les constituants obligatoires de la phrase ont-ils été inversés de manière à créer un effet ?
> ▷ Les constituants facultatifs de la phrase ont-ils été déplacés pour créer un effet ?
> ▷ Les constituants facultatifs de la phrase ont-ils été accumulés pour créer un effet ?

Exemples	Analyse
Tiré d'une autobiographie « Ainsi s'est forgé mon destin, au numéro un de la rue Le Goff, dans un appartement du cinquième étage […]. […] » Jean-Paul Sartre, *Les mots*, 1974	*Dans cet extrait, on décèle une* **inversion du sujet,** *qui permet de créer un effet d'insistance sur le destin de l'auteur, ce dont il est question dans cet essai où il tente de voir l'influence de son grand-père dans le choix qu'il a fait de devenir écrivain.*
Tiré d'un essai « […] elle [la femme] est enfermée dans une tour, un palais, un jardin, une caverne, enchaînée à un rocher, captive, endormie : elle attend. *Un jour mon prince viendra…* […] » Simone de Beauvoir, *Le deuxième sexe*, 1949	*Dans cet extrait, l'auteure reprend une formule bien connue des contes pour illustrer son propos, c'est-à-dire décrier l'aliénation dont sont victimes les femmes. Placé en tête de phrase, le* **complément de phrase** *Un jour est mis en évidence, ce qui permet d'accentuer la quête d'idéal et le moment indéterminé qui s'y rattache.*

Écriture littéraire

Types de phrases

Une phrase peut appartenir à l'un des quatre types suivants : déclaratif, interrogatif, exclamatif et impératif. La phrase de base est déclarative alors que les phrases transformées peuvent être interrogatives, exclamatives ou impératives.

Rappel grammatical	
Les types de phrases	– La phrase déclarative sert à donner une information ou à exprimer une idée. – La phrase interrogative sert à poser une question. – La phrase exclamative sert à exprimer une opinion, à émettre un jugement ou à communiquer un sentiment. – La phrase impérative sert à donner un ordre ou à édicter une marche à suivre.

Effets stylistiques et sémantiques

Il est possible d'exploiter les types de phrases pour produire des effets stylistiques. Lors de l'analyse d'un texte, vérifiez si un type de phrase est particulièrement présent dans le texte et s'il est exploité de manière à créer un effet particulier. Pour les repérer, cherchez des marqueurs exclamatifs ou interrogatifs et observez attentivement les marques de ponctuation. Observez également si un type de phrase est exploité de façon inhabituelle dans le but de produire un effet.

> La question à poser
> ▷ **Quels effets stylistiques peut-on observer relativement aux types de phrases ?**

Exemples	Analyse
Tiré d'une chanson « T'es tell'ment tell'ment tell'ment belle J'vas bénir la rue J'vas brûler l'hôtel Coudon... Tu m'aimes-tu ? Tu m'aimes-tu ? » Richard Desjardins, *Tu m'aimes-tu ?*, 1990	*Dans la dernière strophe de la chanson, la répétition de la **phrase interrogative**, qui donne également son titre à cette chanson, permet de créer un effet de contraste. En effet, la chanson se termine par une touche de tendresse alors qu'elle évoquait précédemment un contexte plutôt impersonnel, celui d'une chambre d'hôtel où un couple vivait des plaisirs charnels.*
Tiré d'une nouvelle « À peine entré, il roule de droite à gauche et de gauche à droite ses yeux d'un vert morne, enfonce ses mains dans ses poches et braille : — Numéro 1, montre ta jambe, ta sale jambe. [...] — Numéro 2, montre ta gorge... ta sale gorge. Elle va de plus en plus mal cette gorge ; on lui coupera demain les amygdales. [...] — Mais enfin... — Vous foutrez cet homme à la diète. Écrivez : diète, gargarisme, bonne tisane de réglisse. » Joris-Karl Huysmans, *Sac au dos*, 1880	*Dans cette scène, un médecin de l'armée visite des soldats blessés à la guerre. Les **phrases impératives** servent à traduire l'atmosphère qui règne habituellement dans l'armée. L'autorité s'exerce sans nuance ; nulle place ici pour l'émotion. Le verbe « braille » est synonyme, dans ce contexte, de crie et non pas de pleure. Les ordres sont donc donnés d'une voix qui annule toute possibilité de riposte.*

Tiré d'une pièce de théâtre	Dans cet extrait émouvant où l'auteure fait le récit de la mort de sa mère, l'accumulation de **phrases exclamatives** et le nombre de points d'exclamation utilisés créent un effet de gradation ascendante, un crescendo dramatique.
« Oh que c'est dur ! Oh qu'elle est haute la montagne ! Elle grimpe. Elle grimpe. C'est insupportable ! Je ferme les yeux. J'ouvre les yeux ! C'est l'acte le plus courageux que j'ai vu de ma vie !!! Mourir c'est un acte ! C'est un grand acte ! C'est un faste ! Regarde !! Regarde-la !!! » <div align="right">Pol Pelletier, *Océan*, 1995</div>	

Formes de phrases

Les formes de phrases révèlent des états déterminés par rapport à la phrase de base.

Rappel grammatical

Les formes de phrases	– Une phrase possède toujours quatre formes. – La phrase de base est de formes positive, active, neutre et personnelle. – La phrase de base peut subir des transformations de formes. – Les transformations de formes peuvent être combinées entre elles.

Effets stylistiques et sémantiques

Il est possible d'exploiter les formes de phrases pour produire des effets stylistiques et des nuances de sens.

Ainsi, il existe huit formes de phrases se couplant par paires opposées.

Les formes de phrases présentées par paires

Phrases de base	Phrases transformées
Forme positive	Forme négative
Forme active	Forme passive
Forme neutre	Forme emphatique
Forme personnelle	Forme impersonnelle

Lors de l'analyse d'un texte, vérifiez si une forme de phrase est particulièrement présente dans le texte et si elle est employée de manière à créer un effet particulier. Observez également si différentes formes de phrases ont été agencées de façon à produire un effet spécial.

La question à poser
▷ **Quels effets stylistiques ou nuances sémantiques peut-on observer relativement aux formes de phrases ?**

Écriture littéraire

Exemples	Analyse
Tirés de pièces de théâtre « Mme SMITH : Ah ! Je n'y avais pas pensé... C'est peut-être juste... et alors, quelle conclusion en tires-tu ? M. SMITH : C'est que tous les docteurs ne sont que des charlatans. Et tous les malades aussi. Seule la marine est honnête en Angleterre. » Eugène Ionesco, *La cantatrice chauve*, 1950	*Dans la réplique de M. Smith, la **phrase emphatique** est employée de manière à mettre en évidence l'opinion du personnage. L'effet d'insistance est créé à l'aide du marqueur emphatique C'est que.*
« Roxane — J'ai fait votre malheur ! Moi ! Moi ! Cyrano — Vous ?... au contraire ! J'ignorais la douceur féminine. Ma mère ne m'a pas trouvé beau. Je n'ai pas eu de sœur. Plus tard, j'ai redouté l'amante à l'œil moqueur. Je vous dois d'avoir eu, tout au moins, une amie. Grâce à vous une robe a passé dans ma vie. » Edmond Rostand, *Cyrano de Bergerac*, 1897	*Pour caractériser le héros Cyrano – qui est dévisagé par un long nez – et révéler la perception négative qu'il a de lui-même, l'auteur a recours aux phrases de **forme négative**, qui servent dans ce cas de marqueurs de modalité. Cela contribue donc à amplifier la vision péjorative que le personnage a de lui-même.* **G>**

Phrases à construction particulière

Les phrases à construction particulière ne respectent pas la structure de la phrase de base, même si elles n'ont subi aucune transformation. On retrouve quatre sortes de phrases à construction particulière : la phrase infinitive, la phrase non verbale, la phrase impersonnelle et la phrase à présentatif.

Rappel grammatical	
Les phrases à construction particulière	– La **phrase infinitive** est construite à partir d'un verbe à l'infinitif et ne possède pas de sujet. – La **phrase non verbale** peut prendre la forme d'un groupe nominal, d'un groupe prépositionnel, d'un groupe adjectival ou d'un groupe adverbial. – La **phrase impersonnelle** qui présente une construction particulière n'est pas transformée à partir d'une phrase de base. Elle est formée d'un verbe qui est toujours impersonnel et elle a pour sujet le pronom impersonnel *il*. – La **phrase à présentatif** est construite à partir des présentatifs *voici, voilà, c'est, il y a* et de toutes leurs variantes (*ce sera, il y avait*, etc.).

Effets stylistiques et sémantiques

Il est possible d'exploiter les phrases à construction particulière pour produire divers effets. Lors de l'analyse d'un texte, vérifiez si une sorte de phrase à construction particulière est présente dans le texte et si elle est employée de manière à créer un effet spécial.

Faites attention de ne pas confondre la phrase personnelle qui a subi une transformation à la forme impersonnelle, et la phrase impersonnelle qui présente une construction particulière. Dans le premier cas, le verbe employé est occasionnellement impersonnel tandis que dans le second, le verbe est essentiellement impersonnel.

Exemples

Un malheur terrible s'est produit. (phrase à la forme personnelle)
Il s'est produit un malheur terrible. (phrase transformée à la forme impersonnelle,
verbe occasionnellement impersonnel)
Il faut une nouvelle loi. Il neige. (phrases à construction particulière, verbes essentiellement
impersonnels)

La question à poser

▷ **Quels effets stylistiques peut-on observer en ce qui concerne une ou des phrases
à construction particulière ?**

Exemples	Analyse
Tiré d'une chanson « Il y a, il y a la guerre On repeint Guernica partout sur la terre Il y a, il y a la misère À tous les pôles et latitudes Jusque dans mon quartier Je ne sais plus trop où j'en suis planqué devant le téléviseur J'observe les scènes à partir de mon salon sans histoire » Steve Dumas, *Guernica*, 2001	*Dans cette chanson, chacune des strophes débute par une phrase à présentatif, qui introduit un problème auquel notre société est confrontée.* ***Ces phrases à présentatif*** *contribuent à mettre en relief l'impuissance de l'énonciateur face aux maux énumérés ici et qu'il veut dénoncer.*
Tiré d'un roman « Le sénéchal fouilla dans sa poche de poitrine et lut le papier : *Recouvrement d'impôts chez le sieur Chick, avec saisie préalable. Passage à tabac de contrebande et blâme sévère. Saisie totale ou même partielle compliquée de violation de domicile.* » Boris Vian, *L'écume des jours*, 1947	*Dans ce roman où la fantaisie bascule dans le drame, Boris Vian accumule les* ***phrases non verbales*** *pour caricaturer le style des documents légaux, en l'occurrence un ordre de saisie. Les phrases adoptent d'ailleurs successivement la même structure, ce qui accentue l'effet de parallélisme.*

Jonction et insertion de phrases

Les phrases simples peuvent être jointes pour former des phrases complexes.

La coordination, la juxtaposition et la subordination sont des procédés de jonction
de phrases.

L'insertion de phrases peut prendre deux formes : l'incidente et l'incise.

Rappel grammatical	
La jonction et l'insertion de phrases	– La **coordination** permet de joindre par un coordonnant des phrases de même niveau syntaxique. – La **juxtaposition** permet de joindre par un signe de ponctuation des phrases de même niveau syntaxique. – La **subordination** permet de joindre des phrases qui ne sont pas de même niveau syntaxique à l'aide d'un subordonnant. – La **phrase incidente** est une phrase insérée dans une autre afin de modaliser le propos. – La **phrase incise** est une phrase insérée dans une autre afin de donner des précisions sur l'énonciateur et, parfois, sur le contexte d'énonciation.

L'écriture littéraire

Effets stylistiques et sémantiques

Il est possible d'exploiter la jonction et l'insertion de phrases pour produire divers effets stylistiques et pour créer des nuances sémantiques.

Lors de l'analyse d'un texte, vérifiez si des phrases ont été jointes ou insérées de manière à créer un effet particulier. Observez, par exemple, si les phrases jointes ont été accumulées pour produire un effet d'insistance ou d'accumulation, ou si elles ont été mises en opposition pour créer un effet de contraste ou d'opposition.

La question à poser

▷ **Quels effets stylistiques et nuances sémantiques peut-on observer relativement à la jonction ou à l'insertion de phrases ?**

Exemples	Analyse
Tiré d'un roman « [...] je meuble, je dis n'importe quoi, je déroule la bobine, j'enchaîne et je tisse mon suaire avec du fil à retordre. » <div align="right">Hubert Aquin, *Prochain épisode*, 1965</div>	*Dans cet extrait, l'auteur, pour créer un effet d'accumulation, **juxtapose** plusieurs phrases, ce qui lui permet de révéler la situation difficile dans laquelle se trouve son protagoniste.*
Tiré d'un poème en prose « Mais le poète au cours de sa promenade professionnelle, en prend de la graine à raison : "Ainsi, donc, se dit-il, réussissent en grand nombre les efforts patients d'une fleur très fragile quoique par un rébarbatif enchevêtrement de ronces défendue. Sans beaucoup d'autres qualités, – mûres, parfaitement elles sont mûres – comme aussi ce poème est fait." » <div align="right">Francis Ponge, *Le parti pris des choses*, 1942</div>	*Dans cet extrait, la phrase **incise** rappelle la présence de l'énonciateur, alors que la phrase **incidente** crée un effet humoristique en révélant le point de vue de cet énonciateur à propos du fruit qui, selon lui, possède l'unique qualité d'être mûr.*

14.4 Mise en application

Intégration des notions en interaction dans un extrait de *Femmes,* de Philippe Sollers. Cet extrait se situe au début du récit, là où le **narrateur** se pose des questions relatives au projet d'écriture qu'il s'est donné et où il réfléchit sur l'histoire de la littérature. **G>**

Extrait, tiré d'un récit

« Lecteur, accroche-toi, ce livre est abrupt. Tu ne devrais pas t'ennuyer en chemin, remarque. Il y aura des détails, des couleurs, des scènes rapprochées, du méli-mélo, de l'hypnose, de la psychologie, des orgies. J'écris les Mémoires d'un navigateur sans précédent, le révélateur des époques... L'origine dévoilée ! Le secret sondé ! Le destin radiographié ! La prétendue nature démasquée ! Le temple des erreurs, des illusions, des tensions, le meurtre enfoui, le fin fond des choses... Je me suis assez amusé et follement ennuyé dans ce cirque, depuis que j'y ai été fabriqué...

Le monde appartient aux femmes, il n'y a que des femmes, et depuis toujours elles le savent et elles ne le savent pas, elles ne peuvent pas le savoir vraiment, elles le sentent, elles le pressentent, ça s'organise comme ça. Les hommes ? Écume, faux dirigeants, faux prêtres, penseurs approximatifs, insectes... Gestionnaires abusés... Muscles trompeurs, énergie substituée, déléguée... Je vais tenter de raconter comment et pourquoi. Si ma main me suit, si mon bras ne tombe pas de lui-même, si je ne meurs pas d'accablement en cours de route, si j'arrive surtout à me persuader que cette révélation s'adresse à quelqu'un alors que je suis presque sûr qu'elle ne peut atteindre personne...

Règlements de comptes ? Mais oui ! Schizophrénie ? Comment donc ! Paranoïa ? Encore mieux ! La machine m'a rendu furieux ? D'accord ! Misogynie ? Le mot est faible. Misanthropie ? Vous plaisantez... On va aller plus loin, ici, dans ces pages, que toutes les célébrités de l'Antiquité, d'avant-hier, d'hier, d'aujourd'hui, de demain et d'après-demain... Beaucoup plus loin en hauteur, en largeur, en profondeur, en horreur, – mais aussi en mélodie, en harmonie, en replis...

Qui je suis vraiment ? Peu importe. Mieux vaut rester dans l'ombre. Philosophe dans la chambre noire... J'ai demandé simplement à l'écrivain qui signera ce livre de discuter avec moi certains points... Pourquoi je l'ai choisi, lui ? Parce qu'il était haï. Je me suis renseigné, j'ai fait mon enquête, je voulais quelqu'un d'assez connu mais de franchement détesté... Un technicien du ressentiment éprouvé, de la source empoisonnée... J'ai mon idée là-dessus... Une théorie métaphysique... Vous verrez, vous verrez... »

Philippe Sollers, Femmes, 1983

Observation : Questions à poser

▷ Comment le pronom personnel *je* est-il exploité pour créer un effet de confusion ?

Dans cet extrait, l'auteur se pose d'abord en tant que narrateur d'un texte à caractère autobiographique, comme en témoigne la référence à l'écriture dans « J'écris » avec la marque du locuteur « J' », qu'on retrouve à maintes reprises. Il crée ensuite une certaine confusion quant au caractère autobiographique, comme s'il introduisait un double de lui-même : « J'ai demandé simplement à l'écrivain qui signera ce livre de discuter avec moi certains points... » (Voir exemples en bleu.)

▷ Comment les phrases à construction particulière ont-elles été employées pour créer un effet ?

L'accumulation de plusieurs phrases à construction particulière (surtout des phrases non verbales) contribue à créer une impression de bouillonnement des idées. (Voir exemples en mauve.)

▷ Comment les phrases interrogatives ont-elles été employées pour créer un effet ?

Les courtes phrases interrogatives sont suivies de brèves réponses à ces questions. Cet enchaînement de questions-réponses contribue également à produire cet effet d'idées jaillissantes. (Voir exemples en orange.)

▷ Comment la jonction de phrases est-elle exploitée pour créer un effet ?

L'accumulation de phrases juxtaposées, coordonnées ou subordonnées concourt également à la création de cette impression d'idées en éruption. (Voir exemples en rouge.)

Comment progresser vers la rédaction ?

- Dégager la piste d'analyse : *analyser les procédés grammaticaux exploités dans l'extrait afin de montrer comment ceux-ci contribuent à créer l'impression d'une pensée en surgissement, en ébullition.*

- Planifier le texte.
   1. Utilisation de phrases à construction particulière.
   2. Types de phrases.
   3. Jonction de phrases.

- Rédiger le texte.

Exemple de paragraphe : développement de la première idée

Philippe Sollers utilise des phrases qui s'éloignent de la construction grammaticale courante pour simuler le surgissement d'une pensée qui se cherche. Certaines phrases sont privées de verbes : seuls semblent compter les concepts comme c'est le cas pour « L'origine dévoilée ! Le secret sondé ! Le destin radiographié ! La prétendue nature démasquée ! » On observe en outre un effet d'accumulation, confirmée par la présence de plusieurs phrases énumératives, elles aussi souvent privées de verbes. La ponctuation paraît quelquefois le seul indice permettant de suivre le cheminement chaotique de la pensée, comme c'est le cas de l'exemple suivant : « Règlements de comptes ? Mais oui ! Schizophrénie ? Comment donc ! Paranoïa ? Encore mieux ! La machine m'a rendu furieux ? D'accord ! Misogynie ? Le mot est faible. Misanthropie ? Vous plaisantez... » Cette écriture sollicite en fait perpétuellement l'attention du lecteur, appelé en quelque sorte à compléter les phrases, à ajouter des mots, à participer ainsi à l'élaboration du sens. D'une certaine façon, Sollers nous force à dialoguer avec lui ; il bouscule notre tranquille attitude de lecteur passif.

Chapitre 15

Les procédés stylistiques

15.1 Entrée en matière

Le matériau de l'écrivain, la **langue**, incite à consacrer ce chapitre aux choix des mots que l'auteur effectue et aux relations qu'il établit entre eux. L'écrivain vise des effets stylistiques différents selon qu'il emploie, par exemple, une catégorie de mots comme des archaïsmes plutôt que des néologismes.

Par ailleurs, les procédés stylistiques participent eux aussi à la signification générale du texte et contribuent à son originalité. Toute forme d'association ne résulte pas toujours en une figure de style. Pour qu'il y ait **style**, il faut qu'il y ait **invention**. « Tu es belle comme un cœur » fait partie du langage commun, c'est un **cliché**, une image qui n'étonne pas, qui n'ouvre pas la voie à l'imaginaire : on parlera dans ce cas d'une **catachrèse**.

Enfin, dans tout répertoire, il importe de fixer des limites : seuls les procédés stylistiques les plus importants ont été décrits ici. On pourra toujours consulter les traités de **rhétorique** ou de stylistique pour retrouver des procédés plus sophistiqués comme l'*hypallage*, la *symploque* ou l'*homéotéleute*. **G›**

Le présent chapitre est organisé de la manière suivante :

– Catégories de mots et notions lexicales

– Figures de style :
   1. Figures d'analogie
   2. Figures d'opposition
   3. Figures de substitution
   4. Figures d'amplification ou d'insistance
   5. Figures syntaxiques
   6. Procédés sonores et catégories de mots connexes

15.2 Catégories de mots et notions lexicales par ordre alphabétique

Choix lexicaux variés, effectués par l'écrivain, en fonction de l'effet stylistique recherché.

Antonyme

Mot opposé à un autre par sa signification, comme « sombre » par rapport à « clair ».

Définition en **linguistique** : **signifiants** différents/**signifiés** (voir **signe**) opposés. **G›**

▷ **Comment repérer l'antonyme ?**

Cherchez dans le dictionnaire la définition des mots qui sont juxtaposés dans la phrase, mais qui semblent exprimer des sens opposés.

Le dictionnaire *Robert* fournit souvent une liste d'antonymes en fin de définition d'un mot, comme dans l'exemple suivant :

Lustré, ée : *adj.* 1. Qui a le brillant, les reflets d'une surface polie. 2. (*Étoffe*). Apprêté avec un lustre spécial. 3. Rendu brillant, poli par le frottement, l'usure. Ant. (Abréviation pour antonyme) : *Mat, terne.*

EFFET Faire en sorte que le lexique reflète une argumentation antithétique. Mettre en relief des contrastes variés.

À noter Les antonymes servent à construire deux figures de style, soit l'antithèse et l'oxymore (figures de sens opposés), comme dans l'exemple suivant où on trouve une antithèse (*voleur* étant l'antonyme d'*honnête*) : « Claude Gueux, *honnête* ouvrier naguère, *voleur* désormais, était une figure digne et grave. » (Victor Hugo, *Claude Gueux*)

Exemples	Analyse
Tiré d'une nouvelle « Cet homme qui avait mis sa foi dans la force, qui soutenait que la volonté est le seul levier capable de soulever le monde, tombait anéanti, faible comme un enfant, désarmé devant une femme. [...] Il avait tout, et il ne voulait que Flavie. Si Flavie se refusait, il n'avait rien. » Émile Zola, *Nantas*, 1878	*Ce court paragraphe s'appuie sur des antonymes pour révéler le drame d'un homme qui se découvre vulnérable alors qu'il a toujours valorisé le pouvoir. Ici, le nom « force » s'oppose à l'adjectif « faible », le verbe « soulever » à « tombait ». La dernière phrase sert de conclusion à ce portrait : malgré sa puissance qui lui permet de « tout » posséder, Nantas fait face au néant, il n'a plus « rien » à cause d'une femme qui ne l'aime pas et qui se refuse à lui.*
Tiré d'une pièce de théâtre « Don Diègue, *seul*. Jamais nous ne goûtons de parfaite allégresse : Nos plus heureux succès sont mêlés de tristesse ; Toujours quelques soucis en ces événements Troublent la pureté de nos contentements. Au milieu du bonheur mon âme en sent l'atteinte : Je nage dans la joie, et je tremble de crainte. » Corneille, *Le Cid*, 1636	*Chez Corneille, le tragique se nourrit d'effets de contraste. L'être humain éprouve des difficultés à concilier son aspiration au bonheur et son sens des responsabilités. Dans ces quelques vers tirés d'un long monologue, Don Diègue, qu'on surnommera bientôt le Cid à cause de ses vaillants exploits, médite sur la condition humaine. L'« allégresse » côtoie la « tristesse », les « soucis » troublent les « contentements », et la « crainte » accompagne la « joie ». Par ces mouvements affectifs qui fluctuent d'un pôle à l'autre, le héros cornélien illustre en fait l'influence durable du courant baroque en France, qui privilégie le mouvement plutôt que la stabilité.*

Archaïsme

Expression ou mot disparu de l'usage courant.

> ▷ Comment repérer l'archaïsme ?
>
> Relevez les mots qui ne font pas partie du langage contemporain et vérifiez dans le dictionnaire si le mot est disparu du lexique.

EFFET Utiliser des mots rares, disparus de l'usage commun, pour leur qualité d'évocation. Cet usage d'archaïsmes est fréquent en littérature québécoise, car les écrivains veulent garder vivants des mots perpétuellement menacés de disparition.

Témoigner de la langue parlée par les gens ordinaires, la langue du peuple, ce qui contribue à la **vraisemblance** des récits. **G>**

Exemples	Analyse
Tiré d'un récit « Vous parlez encore du bucéphale, oui, le plongeux à grosse tête, là, que le père Didace a tué il y a autour de deux ans. Quoi c'est que ça serait si vous voyiez s'avancer vers vous, par troupeaux de milliers, les oies sauvages, blanches et frivolantes comme une neige de bourrasque ? » Germaine Guèvremont, *Le survenant*, 1945	*Dans* Le survenant, *roman qui clôt le cycle du terroir, l'auteure cherche à demeurer fidèle à la façon de parler des habitants du Chenal du Moine. Les phrases obéissent à une syntaxe qui est celle de la langue orale, comme l'illustre cette formulation de question : « Quoi c'est que ça serait si... ». Le lexique fait entendre aussi des mots aujourd'hui disparus du vocabulaire courant, notamment ce « plongeux », qui est la traduction locale du mot savant « bucéphale », connu du locuteur qui s'exprime ici, le survenant lui-même, qui a beaucoup voyagé. L'épithète « frivolantes » montre par ailleurs que ces archaïsmes traduisent aussi une poésie de la nature.*
Tiré d'un poème « ta dernière carte sera la reine de pique que tu me donneras comme un baiser dans le cou et c'est tiré par mille spanes de sacres que je partirai retrouver mes pères et mères à l'éternelle chasse aux snelles » Gérald Godin, *Cantouques & Cie*, 1991	*La poésie de Gérald Godin rend hommage à la créativité lexicale d'un peuple qui s'invente une langue pour nommer sa réalité, forcément différente de celle des cousins français. Les sacres sont des jurons typiques chez les Québécois et, ici, Godin les évoque par un jeu de mots à caractère homophonique dans l'expression « spanes de sacres » (répétition de la voyelle « a » et de la consonne « s » en symétrie). L'archaïsme « snelles » nomme des fruits, que les jeunes hommes cueillent tout en faisant la cour aux jeunes filles, comme le faisaient avant eux les aïeuls. L'évocation des ancêtres donne de la profondeur au poème, tissant ainsi un lien entre le présent et le passé.*

L'Écriture littéraire

Champ lexical

Réseau de mots de catégories grammaticales variées, unis par un lien de signification sans être nécessairement des synonymes.

> ▷ Comment dresser le champ lexical ?
>
> Repérez des mots qui semblent reprendre ou exprimer un même sens, à savoir des mots synonymes ou de même famille, ou des expressions de sens similaires.

EFFET Mettre en relief la thématique du texte.

À noter Le champ lexical est un instrument qui permet d'inférer la thématique d'un texte au moment de l'analyse, et de la démontrer.

Exemples	Analyse
Tiré d'un récit « Hoffmann haletant la sentait venir, la sentait se rapprocher, il comprenait qu'au dernier cercle elle allait le toucher, et qu'alors force lui serait de se lever à son tour, et de prendre part à cette valse brûlante. C'était à la fois chez lui du désir et de l'effroi. Enfin Arsène, en passant, étendit la main, et du bout des doigts l'effleura. Hoffmann poussa un cri, bondit comme si l'étincelle électrique l'eût touché, s'élança sur la trace de la danseuse, la joignit, l'enlaça dans ses bras, continuant dans sa pensée l'air interrompu en réalité, pressant contre son cœur ce corps qui avait repris son élasticité, aspirant les regards de ses yeux, le souffle de sa bouche, dévorant de ses aspirations à lui ce cou, ces épaules, ces bras ; tournant non plus dans un air respirable, mais dans une atmosphère de flamme qui, pénétrant jusqu'au fond de la poitrine des deux valseurs, finit par les jeter, haletants et dans l'évanouissement du délire, sur le lit qui les attendait. » Alexandre Dumas, *La femme au collier de velours*, 1850	*Deux champs lexicaux s'entrelacent dans cet extrait narratif à tonalité fantastique : ceux de l'effroi et du désir, thèmes qui sont d'ailleurs expressément formulés dans le texte. Des images de feu suggèrent certes le désir, mais aussi le feu de l'enfer, ce qui est notamment le cas pour « valse brûlante », « étincelle électrique », « atmosphère de flamme ». D'autres mots servent surtout l'expression du désir, particulièrement les verbes qui traduisent la sensorialité : « toucher », « effleurer », « enlacer », « presser ce corps », « dévorer », etc. Enfin, la dernière métaphore fait la jonction entre les deux thèmes puisque « l'évanouissement » fait penser à la mort et le « délire » au désir (mais en y greffant ici aussi une nuance inquiétante, celle de la folie).*
Tiré d'un essai « Cette absence de langue qu'est le joual est un cas de notre inexistence à nous, les Canadiens français. On n'étudiera jamais assez le langage. Le langage est le lieu de toutes les significations. Notre inaptitude à nous affirmer, notre refus de l'avenir, notre obsession du passé, tout cela se reflète dans le joual, qui est vraiment notre langue. Je signale, en passant, l'abondance, dans notre parler, des locutions négatives. » Jean-Paul Desbiens, *Les insolences du Frère Untel*, 1960	*Dans cet essai qui dénonce l'appauvrissement linguistique des Québécois, l'auteur s'en prend à un état de langue, le joual. Tous les mots surlignés dans l'extrait présentent une connotation péjorative, comme c'est le cas pour « absence », « inexistence », « inaptitude » et « refus ». Tous ces vocables font donc partie d'un champ lexical dont le thème serait celui de l'impuissance. En fait, le seul terme positif est mis au service d'une antithèse pour exprimer le fait que notre langue présente une « abondance » (vocable positif) de « locutions négatives », illustrant la difficulté à s'affirmer.* ◆▷

Tiré d'une pièce de théâtre	
« Édouard, *qui attend désespérément une réponse* : Joseph !... (*Presque suppliant.*) J'attends ta réponse, Joseph ! Faut que tu choisisses ! [...] *À demi vaincu, Édouard piétine pitoyablement sur place, puis s'assoit lentement dans un fauteuil comme un homme qui vient de vieillir de cinq ans.* » Marcel Dubé, *Un simple soldat*, 1957	*Tous les termes, dans la répartie comme dans les didascalies, sont orientés vers l'attente désespérée et soulignent l'impuissance du personnage d'Édouard, le père de Joseph, dans la pièce de Marcel Dubé. Cette incapacité se traduit par une attitude physique de soumission : le personnage piétine, fait du surplace et finit par s'asseoir. Les adverbes « désespérément » et « pitoyablement » traduisent en outre son pessimisme. Toutes ces observations s'additionnent pour dépeindre un type d'homme résigné, qui recule devant l'action, comme on en trouve fréquemment dans la littérature québécoise de l'après-guerre (celle de 1939-1945).*

Connotation

Variation dans la signification que prend un mot compte tenu du contexte où il est utilisé. Le mot « eau » (H_2O) dans un texte scientifique n'aura pas le même sens que le mot « eau » utilisé dans un lieu de restauration (eau plate, eau gazéifiée) ou dans une description de paysage (eaux de ruissellement).

Le mot « eau » peut acquérir des sens figurés comme dans les locutions suivantes :

– *Être comme l'eau et le feu* (en opposition perpétuelle) ;

– *Il en est passé de l'eau sous les ponts* (beaucoup de temps s'est écoulé).

Les écrivains utilisent souvent les mots dans un sens figuré.

▷ **Comment observer la connotation ?**

Observez si les mots sont utilisés hors de leur usage courant ou de leur sens premier.

EFFET Ouvrir la voie à l'imaginaire, à de nouvelles significations, et exprimer la subjectivité.

Exemples	Analyse
Tiré d'une pièce de théâtre « La Statue — Don Juan, l'endurcissement au péché traîne une mort funeste, et les grâces du Ciel que l'on renvoie ouvrent un chemin à sa foudre. Don Juan — Ô Ciel ! que sens-je ? Un feu invisible me brûle, je n'en puis plus, et tout mon corps devient un brasier ardent ! Ah ! (*Le tonnerre tombe avec un grand bruit et de grands éclairs sur Don Juan ; la terre s'ouvre et l'abîme ; et il sort de grands feux de l'endroit où il est tombé.*) » Molière, *Dom Juan*, 1665	*Le mot « feu » comporte plusieurs sens au dictionnaire. L'usage qu'en fait Don Juan suggère qu'il s'agit des feux de l'enfer, connotation plutôt convenue dans la tradition chrétienne. Le champ lexical, c'est-à-dire les mots « foudre », « brûle », « brasier » et « ardent », permet au spectateur de mieux décoder la symbolique, ce qui est très important au théâtre. L'enfer est réputé être un lieu où vont brûler les pécheurs et Don Juan a péché par excès de libertinage (conduite immorale et doute religieux). La statue, quant à elle, personnifie le jugement de Dieu : Don Juan, pour avoir cédé à l'orgueil, connaîtra la punition suprême, la damnation pour l'éternité. Dans un siècle aussi croyant que celui du roi Louis XIV, cet anathème risque d'ébranler les esprits les plus sceptiques.* **G▷**

Écriture littéraire

Tiré d'un récit	
« [...] tournant non plus dans un air respirable, mais dans une atmosphère de flamme qui, pénétrant jusqu'au fond de la poitrine des deux valseurs, finit par les jeter, haletants et dans l'évanouissement du délire, sur le lit qui les attendait. » Alexandre Dumas, *La femme au collier de velours*, 1850	*L'emploi que fait Dumas du mot « flamme » dans le contexte renvoie à une longue tradition culturelle remontant à la courtoisie médiévale. L'attirance pour une personne de l'autre sexe est présentée comme étant aussi incontrôlable qu'un feu ravageur. Dans cette perspective, l'amour relève de l'irrationnel, ce que confirme l'expression « l'évanouissement du délire ». Il échappe à la volonté de l'individu, comme c'était le cas dans le célèbre roman Tristan et Iseut. On pourrait affirmer que cette métaphore est proche du cliché ; cependant, en la transposant dans un texte à tonalité fantastique, Alexandre Dumas lui donne un nouveau souffle.* **G>**

Dénotation

Usage d'un mot dans son sens premier, sans dérivation de sa signification, sans marque de subjectivité.

> ▷ Comment observer la dénotation ?
>
> Observez si les mots sont utilisés pour faire voir la réalité – ce qui se produit souvent dans les descriptions – ou pour informer – ce qui se produit dans les essais à caractère informatif.

EFFET Décrire de façon neutre la réalité et, en général, augmenter l'effet de vérité.

Ⓐ noter L'ensemble des sens dénotatifs et connotatifs relatifs à un mot forme son **champ** sémantique. **G>**

Exemples	Analyse
Tiré d'un récit « Il emporta sa collection de gilets les plus ingénieux ; il y en avait de gris, de blancs, de noirs, de couleur scarabée, à reflets d'or, de pailletés, de chinés, de doubles, à châle ou droits de col, à col renversé, de boutonnés jusqu'en haut, à boutons d'or. Il emporta toutes les variétés de cols et de cravates en faveur à cette époque. [...] Il emporta ses colifichets de dandy [...]. » Balzac, *Eugénie Grandet*, 1833	*Cette description sert à dresser le portrait du jeune snob d'origine parisienne, Charles Grandet, tout en permettant au lecteur d'imaginer l'individu dans toute sa préciosité. La longue énumération s'inscrit dans un texte où s'accumulent les détails à caractère dénotatif. Ce portrait illustre la conception que se fait du personnage un auteur réaliste : représentant bien son milieu d'origine, Charles Grandet, qui a l'allure du « dandy », en aura aussi les valeurs et le comportement. En effet, chez les écrivains réalistes, tous les aspects du personnage concordent, le physique étant l'enveloppe du caractère, ce dernier étant façonné par le milieu social. Tout cela engendre un « type » dont la trajectoire est prévisible.*

Tiré d'un essai	Dans un essai, la dénotation sert à informer, comme dans ce passage où Émile Zola explique sa conception naturaliste du roman. Il utilise les mots dans leur sens premier, comme c'est le cas pour « rôle », « analyse », « synthèse » et « expérience », afin que le lecteur en ait une compréhension claire. Zola, en effet, énonce ici un argument qui sert de fondement à sa théorie. S'inspirant de la démarche scientifique, le récit doit, selon lui, être le fruit d'une observation et d'une description objectives de la réalité. On sait que, dans la pratique, Zola s'écartera de cette vision toute théorique de l'écriture et laissera libre cours à son imaginaire, à la grande satisfaction du lecteur puisqu'on sait que les œuvres de Zola ont obtenu un grand succès de librairie.
« Le rôle strict d'un savant est d'exposer les faits, d'aller jusqu'au bout de l'analyse, sans se risquer dans la synthèse ; les faits sont ceux-ci ; l'expérience tentée dans de telles conditions donne de tels résultats ; et il s'en tient là [...]. Eh bien ! le romancier doit également s'en tenir aux faits observés, à l'étude scrupuleuse de la nature, s'il ne veut pas s'égarer dans des conclusions menteuses. » Émile Zola, *Le naturalisme au théâtre*, 1881	
Tiré d'une pièce de théâtre	Le fait de définir un mot ou de l'utiliser dans son sens premier a souvent pour but de ramener un personnage à la réalité, de lui ouvrir les yeux sur une vérité qu'il ne veut pas reconnaître. Dans cette pièce de Dubé, Joseph aimerait être un héros, il voudrait échapper à l'impuissance qui semble avoir été le lot de la génération de son père. Son ami le ramène à l'évidence : il n'est qu'un « mercenaire », c'est-à-dire un soldat payé par une grande puissance pour combattre. Ce choix de carrière n'est pas sans contradictions : tandis que Joseph invite son père à réclamer ses droits à ses employeurs anglophones, il est lui-même au service d'une armée impérialiste.
« Émile — Un gars comme toi, Joseph, un gars qui gagne sa vie comme soldat, un gars qui tue du monde par métier, on appelle ça un mercenaire. » Marcel Dubé, *Un simple soldat*, 1957	

Emprunt

Introduction, dans le lexique d'une langue, d'un mot ou d'une expression provenant d'une autre langue.

> ▷ Comment repérer l'emprunt ?
>
> Relevez les mots qui renvoient à une façon de prononcer étrangère. Les langues occidentales font la majorité de leurs emprunts actuels à l'anglais, ce qui témoigne de la force d'attraction de la culture américaine.

EFFET Demeurer fidèle à une réalité sociale jusque dans la façon de s'exprimer des gens.

À noter Les anglicismes utilisés en langue québécoise diffèrent des anglicismes qu'utilisent les Français, qui diront, par exemple, un « pull », alors que les Québécois disent un « chandail ». Les Québécois disent « c'est le fun », expression que n'utilisent pas les Français.

Exemple	Analyse
Tiré d'une pièce de théâtre « Hé ! Trinque donc, toi. Ah oui ! C'est vrai, t'as pas de verre... (*Il appelle.*) Waiter ! Où est-ce qu'il est fourré, lui ? » <div align="right">Gratien Gélinas, *Tit-Coq*, 1948</div>	*En littérature québécoise, les emprunts à l'anglais (anglicismes) sont en général la marque de l'emploi d'un niveau de langue populaire, ce qui est le cas dans cet extrait. « Trinquer » est un emprunt à l'allemand qui date de 1546, maintenant normalisé (ce qui signifie que son usage est accepté) ; il agit ici comme indicateur de langue populaire. « Waiter » est par contre un emprunt direct à l'anglais, non normalisé (ce qui signifie que son emploi est incorrect puisqu'on trouve un mot correspondant en français correct). Un waiter est un « garçon de table » en français.*

Jeux de mots

Plusieurs procédés stylistiques sont apparentés par l'intention, qui est de jouer avec la forme des mots ou encore d'alimenter l'équivoque ou l'humour.

À noter Tous ces procédés, tels qu'ils sont illustrés, peuvent contribuer à la tonalité ludique d'un texte ou jouer un rôle similaire à celui des rimes dans une chanson. Les rappeurs en font grand usage car les jeux sonores favorisent la mémorisation. Les jeux de mots concourent aussi au comique de langage dans les comédies et Molière en est le maître inégalé. Les dramaturges de l'**absurde** utilisent aussi ces procédés, en particulier Ionesco, moins pour faire rire que pour donner à réfléchir sur la condition humaine. **G›**

Allusion

Formuler une phrase dans le but de suggérer un sens caché. L'allusion est fréquente quand il s'agit d'interdits sexuels. On pourra aussi parler dans ce cas de double sens.

Exemple

« [...] mon mari n'est pas homme à faire un pas pour une femme ; et comme, de mon côté, je n'en ferais pas davantage pour un homme, je ne pouvais m'imaginer qu'il existât des femmes comme elle, prêtes à marcher pour deux. » (Jeu sur le verbe « marcher » : une femme qui marche [prête à coucher], qui « couraille ».) (Jacques Ferron, *La voisine*, 1968)

Calembour

Jeu de mots qui repose sur une confusion de sens produite par l'utilisation de mots homophones ou phonétiquement très proches (dans ce dernier cas, on parlera aussi de paronomase).

Exemples

• Victor Hugo composa ces deux alexandrins qui sont phonétiquement identiques mais de significations différentes :

« Gall, amant de la Reine, alla, tour magnanime,
Galamment de l'arène à la tour Magne à Nîmes »

- Dans les calembours suivants, on verra Paul Valéry jouer sur l'homonymie *mots/maux* (qui est ici sous-entendu), alors qu'au contraire les deux homonymes sont présents dans le jeu de mots de Sardou (*enlace/en lasse*):

« Entre deux mots, il faut choisir le moindre » (Paul Valéry)

« On s'enlace – Puis un jour – On s'en lasse – C'est l'amour » (Victorien Sardou)

Lapalissade

Formulation ridicule d'une évidence incontestable.

Exemple
Pourquoi faire simple quand on peut faire compliqué ?

Mots-valises

Invention verbale par fusion de mots comme on en trouve dans les monologues de Sol (Marc Favreau): « croquevillent », « ratartinent », « attendressent ».

(Croquevillent: fusion de « recroqueviller » et de « croquer ». Ratartinent: glissement de « retartiner » vers « ratartiner » (comprendre *ratatiner*), et fusion de « tartiner » et de « rater ». Attendressent: fusion de « attendrir » et de « tendresse ».)

Polyptote

Jeu consistant à rapprocher des mots de même famille.

Exemples
« afin que la créature ne s'arroge pas les droits du Créateur ». (Diderot)

« Sans aspiration, j'peux pus respirer, aspiré
Par la spirale d'une houle à rappel, j'me rappelle » (Loco Locass, *Spleen et Montréal*)

Néologisme

Mot de création récente ou sens nouveau ajouté à un mot déjà existant.

EFFET Au contraire des archaïsmes, les néologismes donnent une impression de modernité au texte.

Exemple
Le mot « courriel » et le nouveau sens ajouté à « souris » sont deux néologismes reliés à l'informatique.

Écriture littéraire

Exemple	Analyse
Tiré d'un roman « Ce que j'écris, c'est presque poétique. Paragraphes profilés, calligraphie à la Ferrari, mot comme moteur, je n'écris pas, je mécanique. Je ne fais pas de fautes, je fais des Fiat. » Mario Girard, *Le ventre en tête*, 1996	*Les écrivains utilisent des mots d'invention récente pour bien marquer l'actualité de leur propos. Ils inventent aussi des mots susceptibles, dans certains cas, de passer à l'usage courant. Ici, Mario Girard se sert de marques d'automobiles d'une nouvelle façon pour imager son discours et il change la fonction habituelle du mot « mécanique » qui, de nom, devient verbe. Il ajoute donc un sens inusité à tous ces mots, ce qui perturbe le lecteur qui ne peut que se questionner sur les véritables intentions de l'auteur : chercherait-il à transformer la langue, à perturber la communication ou à modifier le système linguistique ?*

Niveau de langue

Variation dans l'utilisation de la langue en tenant compte du contexte d'énonciation. « Registre » ou « variété de langue » sont des expressions synonymes. On distingue habituellement quatre niveaux de langue : populaire, familier, correct (standard) et soutenu (« recherché » et « littéraire » sont des synonymes).

> ▷ Comment interpréter l'usage d'un niveau de langue particulier ?
>
> En général, tout écart par rapport à la norme constitue un choix stylistique significatif.

Exemple

sur un même énoncé :

Populaire

Au Québec :

L'gars a tchêqué si on pouvait truster c'qu'a l'candidat a dit.

En France :

Le zigue se disait que l'mec se foutait de sa gueule avec sa politique à la con.

Familier

Le bonhomme se demandait si on pouvait se fier à ce que le candidat disait.

Correct

L'individu évaluait s'il était possible de faire confiance aux paroles du candidat.

Soutenu

Le jeune homme vérifiait la crédibilité des propos tenus par le candidat.

Exemples	Analyse
Tiré d'une pièce de théâtre québécoise « Albertine — Ha... C'est vrai que j'parle pas de la nature ben ben souvent... Mais si t'avais vu ça, c'était tellement beau ! Quand le soleil a eu disparu, les oiseaux, pis les criquettes, pis les grenouilles ont recommencé leur vacarme, tout d'un coup, comme si quelqu'un avait rallumé le radio ! » Michel Tremblay, *Albertine en cinq temps*, 1984	*Michel Tremblay fait parler ses personnages d'origine ouvrière dans une forme de la langue populaire, le joual. Il veut donner la parole aux gens d'humble origine en respectant leur façon de s'exprimer, de dire « ben » au lieu de « bien » et « criquettes » au lieu de « criquets ». Ce qui est sa façon de s'insurger contre un théâtre qui ne plaçait auparavant sur scène que des représentants de l'élite, sous prétexte qu'ils étaient les seuls à bien parler, donc à être dignes de figurer en littérature. Cependant, Michel Tremblay est aussi un stylisticien, qui veut restituer sur scène la musique des mots. Les énumérations impriment à la phrase un rythme saccadé : « les oiseaux, pis les criquettes, pis les grenouilles ont recommencé leur vacarme » ; ainsi que les répétitions à caractère sonore : « ben ben » ; et la brièveté des phrases de nature surtout exclamative qui traduisent l'émotion d'Albertine devant la beauté de la nature.* **G›**
Tiré d'une pièce du théâtre français classique « Pierrot — Non, tu ne m'aimes pas ; et si, je fais tout ce que je pis pour ça : je t'achète, sans reproche, des rubans à tous les marciers qui passont ; je me romps le cou à t'aller dénicher ces marles ; je fais jouer pour toi le vielleux quand ce vient ta fête ; et tout ça comme si je me frappois la tête contre un mur. » Molière, *Dom Juan*, 1665	*Des trois grands dramaturges classiques, Molière est le seul qui fait entendre les dialectes que parlaient les paysans ou les domestiques en France au XVIIe siècle. Il le fait moins par souci de vraisemblance que pour en tirer des effets comiques. Il faut savoir, en effet, que le français n'est pas parlé de façon identique selon que l'on appartient à l'élite ou au peuple ou selon que l'on habite Paris ou la Normandie. Ces dialogues, qui se retrouvent dans plusieurs comédies de Molière, sont aujourd'hui une source d'information irremplaçable pour qui veut connaître l'état de la langue orale telle qu'elle était parlée par le peuple sous le règne de Louis XIV, au moment même où la Nouvelle-France fut fondée. Nul doute que ces scènes truculentes expliquent, du moins en partie, le succès incomparable de Molière au Québec : le spectateur d'ici croit quelquefois entendre parler ses aïeux, qui s'exprimaient souvent dans une langue semblable à celle de ces humbles figurants.* **G›**

Tiré d'une chanson	*Les Colocs, comme beaucoup de chansonniers*
« Bonyeu donne-moé une job Faut que je fasse mes paiements Amener ma blonde au restaurant Pis tchéquer les numéros gagnants. » <div align="right">Les Colocs, « Bonyeu », *Atrocetomique*, 1995</div>	*québécois, prennent plaisir à faire chanter cette langue populaire, qui, dit-on, se prête mieux au rythme de la musique « pop » que le français de niveau soutenu. L'usage d'un niveau de langue populaire augmente ainsi la vraisemblance du texte, surtout quand le propos véhicule une revendication propre à la classe ouvrière. Il faut un emploi pour payer ses comptes, mais aussi pour se payer une portion de rêve accessible, et cela, en achetant un billet de loterie. On pourra bientôt « vérifier » si, par hasard, on a gagné, comme le traduit l'anglicisme « tchéquer », d'usage fréquent dans la langue populaire du Québec.* **G›**

Polysémie

Multiples significations possibles d'un mot selon le contexte où il se trouve (l'addition de ces définitions constitue l'aire sémantique).

Définition en **linguistique** : **signifiés** multiples d'un seul **signifiant** (voir **signe**). **G›**

Exemple

Le mot « souris » peut changer de signification selon qu'on parle d'informatique ou de vermine.

Le mot peut aussi servir à construire une figure de style ; la comparaison suivante l'atteste : ce problème, il aurait voulu l'avaler comme le chat mange la souris.

La consultation du dictionnaire *Robert* permet aussi de constater que « souris » peut se définir en langage familier comme le féminin de « rat d'hôtel » et que, dans un registre populaire, il peut être synonyme d'une « nana », ce terme étant plus ou moins l'équivalent de « femme » en québécois.

À noter On dira d'un texte littéraire qu'il est polysémique, c'est-à-dire susceptible d'interprétations multiples de la part du lecteur. En fait, tout énoncé est doté d'un degré variable de polysémie.

Exemple	Analyse
Tiré d'un roman « — Et... le sujet de ce roman ? — Il n'en a pas, repartit Édouard brusquement ; et c'est là ce qu'il a de plus étonnant peut-être. Mon roman n'a pas de sujet. Oui, je sais bien ; ça a l'air stupide ce que je dis là. Mettons si vous préférez qu'il n'y aura pas un sujet... "Une tranche de vie", disait l'école naturaliste. Le grand défaut de cette école, c'est de couper sa tranche toujours dans le même sens ; dans le sens du temps, en longueur. Pourquoi pas en largeur ? ou en profondeur ? Pour moi, je voudrais ne pas couper du tout. » André Gide, *Les faux-monnayeurs*, 1925	*Dans cet extrait, André Gide joue effectivement sur le caractère polysémique de la plupart des mots. C'est notamment le cas du nom commun « tranche » qui, selon le contexte, peut se définir comme un « morceau coupé assez mince, sur toute la largeur d'une chose comestible » (le Petit Robert) ou comme une période de temps. Gide choisit par la suite de prolonger l'effet polysémique en introduisant la métaphore « couper sa tranche toujours dans le même sens ». Mais ce que Gide veut surtout faire comprendre, c'est l'originalité de son projet d'écriture : lui, ce qu'il veut, ce n'est pas tant de couper une tranche dans un sens particulier, en largeur ou en longueur, que de placer le pain en entier dans son récit. En effet, Les faux-monnayeurs, le roman dont Gide parle ici, ne se limitera pas à dépeindre un personnage en situation de crise ou à présenter la chronique d'une époque, il révélera en outre le processus même de la création romanesque. Cela correspond d'ailleurs à une nouvelle façon de rendre compte de la réalité, qui ne peut être que pluridimensionnelle (un peu comme tente de la restituer le cinéma en 3D – 3 dimensions).*

Régionalisme

Mot ou expression non répertorié au dictionnaire, dont l'emploi se limite à une région de la francophonie. (Certains régionalismes sont répertoriés avec une abréviation les indiquant.)

Exemples

de régionalismes québécois :
• mitaines (pour moufles),
• placoter (pour jaser),
• magasiner (pour faire des courses),
• efface (pour gomme à effacer),
• payer la traite (pour offrir la tournée),
• courriel,
• le sigle c.é.g.e.p. maintenant devenu substantif qui donne cégep, cégépien, etc.

À noter Plusieurs régions de France ont non seulement leur vocabulaire régional mais aussi un accent identifiable, ce qui est le cas, naturellement, pour les autres pays francophones, en Europe et ailleurs dans le monde.

L'écriture littéraire

Exemple	Analyse
Tiré d'une chanson « Le propriétaire qui m'a loué, il est bien mal emmanché Ma boîte à charbon est brûlée et puis j'ai cin' vit' de cassées. Ma lumière dis-connectée puis mon eau est pas payée Y ont pas besoin v'nir m'achaler, m'a les saprer en bas d'l'escalier. » La Bolduc (Mary Travers), *Ça va venir,* *découragez-vous pas,* 1930	*La chanson étant par définition un art populaire, c'est dans ce contexte de culture orale qu'on risque de trouver un plus grand usage de régionalismes. La Bolduc est d'ailleurs une des premières chansonnières du Québec qui a su rejoindre ses auditeurs en s'adressant à eux dans leurs mots pour parler de leurs préoccupations quotidiennes. Les termes « mal amanché » (qui se dirait « mal pris » en français standard), « achaler » (incommoder) et « saprer » (pousser) sont des régionalismes, hérités du lexique des premiers colons qui, dans certains cas, ont été conservés vivants dans la langue de leurs descendants. Ces mots ne sont plus actuellement d'usage courant en France. Ce vocabulaire contribue au charme de cette chanson, qui exprime une dure réalité dans une langue authentique. La musique qui l'accompagne, enlevante si ce n'est joyeuse, met en relief le côté bon enfant de ce peuple, non dénué d'esprit combatif.*

Synonyme

Se dit de mots aux significations très proches et qui peuvent notamment appartenir à des niveaux de langue différents.

Exemples

- Les mots *image*, *illustration*, *gravure* et *reproduction* sont des synonymes qui se différencient par de faibles nuances sémantiques.
- *Individu*, *type*, *bonhomme*, *gars*, *homme*, *mec*, *zigue* et *gonze* sont des synonymes de niveaux de langue différents.

En termes **linguistiques** : **signifiants** différents / plus ou moins mêmes **signifiés** (voir **signe**). **G›**

EFFET Préciser l'information.

Exemple	Analyse
Tiré d'un roman « Quand je touche au seuil de votre porte, quand je l'entr'ouvre, une nouvelle terreur me saisit : je m'avance comme un coupable, demandant grâce à tous les objets qui frappent ma vue, comme si tous étaient ennemis, comme si tous m'enviaient l'heure de félicité dont je vais encore jouir. Le moindre son m'effraie, le moindre mouvement autour de moi m'épouvante, le bruit même de mes pas me fait reculer. Tout près de vous, je crains encore quelque obstacle qui se place soudain entre vous et moi. Enfin je vous vois, je vous vois et je respire, et je vous contemple et je m'arrête, comme le fugitif qui touche au sol protecteur qui doit le garantir de la mort. » Benjamin Constant, *Adolphe*, 1816	*Benjamin Constant représente bien le romantisme en décrivant les différents états d'âme qui l'habitent, et ce, dans une thématique de prédilection, celle du « mal du siècle ». L'usage de l'énumération le force à employer plusieurs synonymes, notamment pour traduire la vulnérabilité qui le gagne quand il va voir sa bien-aimée. L'idée de peur est traduite ici par les verbes synonymes « effrayer », « épouvanter », « faire reculer » et « craindre ». Le verbe « voir », répété deux fois, est juxtaposé au verbe « contempler », visant toujours une intention d'insistance afin de bien préciser la nature de l'émotion qui tenaille l'écrivain.*

15.3 Figures de style par catégorie et par ordre alphabétique

Les figures de style font partie des procédés littéraires qui modifient la signification d'un mot ou d'une phrase par association, substitution ou addition. Elles sont nommées *tropes*, *images* et *figures de **rhétorique***, et elles sont répertoriées différemment selon les **rhétoriciens**, ces derniers étant les spécialistes de ce sujet. **G>**

Les figures sont classées ici par catégorie, à savoir :
1. Figures d'analogie
2. Figures d'opposition
3. Figures de substitution
4. Figures d'amplification ou d'insistance
5. Figures syntaxiques
6. Procédés sonores et catégories de mots connexes

1. Figures d'analogie

Elles sont fondées sur un rapprochement de mots impliquant un lien comparatif explicite ou sous-entendu.

Allégorie

Accumulation de mots à valeur de **symboles**, tous reliés par un même sens ; ces mots permettent au lecteur de visualiser un concept particulier. **G>**

Le symbole se présente comme un objet et une image que l'on a coutume d'associer à un concept. En Occident, il est convenu d'associer la colombe à la paix. La croix est associée au Christ et à la résurrection dans la tradition chrétienne. La colombe et la croix sont des symboles.

▷ **Comment repérer l'allégorie ?**

Dégagez le thème (le concept au centre de l'allégorie) et relevez les moyens qui servent à le concrétiser, comme dans l'exemple suivant :
L'Occident représente la mort (le concept au centre de l'allégorie) comme un [1]squelette de femme [2]brandissant une faux, [3]portant des vêtements en lambeaux [4]dans un paysage dévasté (les moyens visuels sont numérotés). L'allégorie implique fréquemment au point de départ une personnalisation du thème.

Exemple	Analyse
L'orgueil, dans sa robe de pourpre, se pavanait au devant de la fanfare. Régulièrement, il portait vers le ciel sa trompette qui rutilait au soleil. Il voulait se faire entendre, il voulait se faire voir. De temps à autre, il jetait un coup d'œil à la foule. Les regards admiratifs le soulevaient de terre. Il le savait. Il était fait pour la gloire, né pour porter la couronne et le sceptre.	*Dans cet exemple conçu spécifiquement pour illustrer la figure de l'allégorie, plusieurs symboles se rapportent à l'idée de gloire, au fait de se distinguer du commun des mortels. C'est le cas pour la robe pourpre, couleur associée au prestige, et pour la couronne et le sceptre qui sont des symboles du pouvoir monarchique. La trompette est aussi l'instrument de musique qui annonce la victoire lors de conflits armés. Dans cette allégorie, l'orgueil est également personnifié, ce qui est un autre moyen pour rendre moins abstrait ce concept : l'orgueil « se pavane » et jette des coups d'œil à la foule.*

Écriture littéraire Figures d'analogie

Comparaison

Figure qui rapproche à l'aide d'un mot de comparaison (*comme, semblable à, tel que*, etc.) deux réalités différentes ayant un point commun.

> ▷ Comment repérer la comparaison ?
>
> Observez quand deux mots sont réunis par un comparant qui peut être la conjonction *comme* (ou des synonymes, *tel, ainsi que*) ou un adjectif (*semblable, pareil* ou des synonymes) ou un verbe (*ressembler* ou autres synonymes).

Exemples

La liberté[1], **comme** un oiseau[2], vole dans le ciel.

La liberté[1], **semblable** à un oiseau[2], vole dans le ciel.

La liberté[1] paraît voler **comme** un oiseau[2] dans le ciel.

❹ noter Depuis le surréalisme, il est fréquent d'associer arbitrairement des concepts ou réalités sans liens communs entre eux.

Exemples	Analyse
Tiré d'un récit « Les pieds de Grand-Mère Antoinette dominaient la chambre. Ils étaient là, tranquilles et sournois comme deux bêtes couchées, frémissant à peine dans leurs bottines noires, toujours prêts à se lever : c'étaient des pieds meurtris par de longues années de travail aux champs [...]. Né sans bruit par un matin d'hiver, Emmanuel écoutait la voix de sa grand-mère. Immense, souveraine, elle semblait diriger le monde de son fauteuil. [...] Grand-Mère Antoinette était si immense qu'il ne la voyait pas en entier. Il avait peur. Il diminuait, il (pronom qui remplace l'enfant Emmanuel) se refermait comme un coquillage. » Marie-Claire Blais, *Une saison dans la vie d'Emmanuel*, 1965	*Les nombreuses comparaisons qui traversent ce texte ont toutes pour but de rendre palpable le caractère menaçant de la grand-mère aux yeux de son petit-enfant. Les pieds, comparés à des « bêtes », évoquent les félins aux aguets. La voix est à la mesure de la grand-mère, « immense, souveraine » ; elle révèle non pas la tendresse mais l'autorité puisqu'elle est faite pour « diriger le monde ». Et le résultat se concrétise dans une comparaison finale : Emmanuel, le nouveau-né, se referme sur lui, cherchant protection dans une carapace, celle figurée par le coquillage. Toute cette scène prend donc en quelque sorte, par le pouvoir des figures de style, un caractère onirique puisqu'il paraît plutôt invraisemblable qu'un nouveau-né soit capable de telles observations.*
Tiré d'un poème L'exemple suivant illustre comment la comparaison tend à rayonner dans un poème, *La perdrix* (1928) de Nérée Beauchemin : « La femelle écoute, tressaille, Et, comme une plume, l'amour L'emporte vers le troubadour Qui roucoule dans la broussaille. »	*Les comparaisons concrétisent les concepts abstraits, les émotions, les états d'âme. La comparaison qui se trouve dans le poème de Beauchemin est complexe, puisque c'est l'amour qui transporte la femelle, devenue légère comme une plume, vers le troubadour, son amant. L'amour rend parfois léger et donne le goût de voler. Cette analogie participe à la tonalité nostalgique du texte, puisque Beauchemin se rapporte à la tradition de l'amour courtois, en transportant le troubadour en terre d'Amérique avec une perdrix plutôt qu'une colombe comme source d'inspiration.* **G>**

Métaphore

Figure qui rapproche des concepts ou des réalités sans le support d'un mot de comparaison ou sans rendre explicite le lien de ressemblance. Une comparaison sous-entendue, sans le terme comparant.

> ▷ Comment repérer la métaphore ?
>
> Relevez les passages qui contribuent à transformer la nature des faits évoqués, en passant du concret à l'abstrait (ou l'inverse), du conceptuel au sensoriel (ou l'inverse), du terrestre au cosmique (etc.), alors que le comparant est absent.

Les constructions métaphoriques possibles sont les suivantes :

– par **soustraction** du comparant : *La liberté* ~~comme l'oiseau~~ *vole dans le ciel.*

– par **apposition** : *La liberté, colombe altière dans le ciel.*

– par l'**adjonction d'un complément** : *La liberté, de ses ailes frêles, sillonne le ciel.*

EFFET Transfigurer le sens des mots.

Exemple

« Ma femme aux poignets d'allumettes
Ma femme aux doigts de hasard et d'as de cœur
Aux doigts de foin coupé » (André Breton, *Clair de terre*, 1923)

À noter Certains **rhétoriciens** considèrent que la métaphore peut se former par attribution, ce qui la rapproche alors beaucoup de la comparaison comme dans l'exemple suivant : *la liberté est un oiseau, on ne peut la mettre en cage.* **G>**

Depuis le surréalisme, il est fréquent, comme pour la comparaison, d'associer arbitrairement des concepts ou des réalités sans liens communs.

Exemples	Analyse
Tirés de récits « Quasimodo était donc carillonneur de Notre-Dame. Avec le temps, il s'était formé je ne sais quel lien intime qui unissait le sonneur à l'église. Séparé à jamais du monde par la double fatalité de sa naissance inconnue et de sa nature difforme, emprisonné dès l'enfance dans ce double cercle infranchissable, le pauvre malheureux s'était accoutumé à ne rien voir dans ce monde au-delà des religieuses murailles qui l'avaient recueilli à leur ombre. Notre-Dame avait été successivement pour lui, selon qu'il grandissait et se développait, l'œuf, le nid, la maison, la patrie, l'univers. » Victor Hugo, *Notre-Dame de Paris*, 1831	*Quasimodo, personnage monstrueux médiatisé par Walt Disney mais créé à l'origine par Victor Hugo, est prisonnier de sa difformité, idée que traduisent les métaphores où dominent la rondeur (les mots « cercle » et « œuf »), mais aussi l'idée d'emprisonnement. Par l'énumération finale à caractère métaphorique, l'œuf se trouve uni au monde, comme Quasimodo est uni à sa cathédrale, immense carapace de pierre, qui est devenue son seul univers.*

Écriture littéraire Figures d'analogie

« Cependant la nuit s'épaississait peu à peu, et les aspects, les sons et le sentiment des lieux se confondaient dans mon esprit somnolent ; je crus tomber dans un abîme qui traversait le globe. Je me sentais emporté sans souffrance par un courant de métal fondu, et mille fleuves pareils, dont les teintes indiquaient les différences chimiques, sillonnaient le sein de la terre comme les vaisseaux et les veines qui serpentent parmi les lobes du cerveau. »

Gérard de Nerval, Aurélia, 1855

Dans ce texte hallucinatoire, plusieurs métaphores reposent sur des analogies sous-entendues : la nuit s'épaissit comme un liquide ; les fleuves semblent labourer la terre et les veines du crâne sont des serpents. On peut observer aussi que les figures de style créent une cosmogonie presque biblique : les quatre éléments, l'eau (les « fleuves »), le feu (le « métal fondu »), la terre (nommée dans le texte) et l'air (« les différences chimiques »), semblent annoncer une fin du monde. Cette fin du monde traduite par « je crus tomber dans un abîme » est celle du narrateur, guetté par le déséquilibre mental comme l'était Nerval lui-même, atteint de troubles nerveux au moment de la composition d'Aurélia. G>

Tirés de poèmes

« Et je rêve d'aller comme allaient les ancêtres ;
J'entends pleurer en moi les grands espaces blancs,
Qu'ils parcouraient, nimbés de souffles d'ouragans,
Et j'abhorre comme eux la contrainte des maîtres.
[...]
Par nos ans sans vigueur, je suis comme le hêtre
Dont la sève a tari sans qu'il soit dépouillé,
Et c'est de désirs morts que je suis enfeuillé,
Quand je rêve d'aller comme allait mon ancêtre »

Alfred Desrochers, « Je suis un fils déchu »,
À l'ombre de l'Orford, 1979

Alfred Desrochers exprime sa nostalgie d'une époque révolue, lorsque ses ancêtres, coureurs des bois, chasseurs et trappeurs, parcouraient librement le pays. La première strophe magnifie les ancêtres présentés comme des saints auréolés de « souffles d'ouragans ». Ce sont des héros à caractère mythique qui refusent de se plier à la « contrainte des maîtres ». Par contraste, le poète se présente sous les apparences d'un « fils déchu », qui n'est plus à la hauteur de ses géniteurs. Plusieurs mots ou syntagmes expriment la dégradation : « la sève a tari », « dépouillé », « désirs morts ». Le néologisme « enfeuillé » suggère le vocable « endeuillé », puisque ce hêtre auquel il se compare lui-même semble s'incliner devant l'adversité. Ces strophes à tonalité lyrique portent le souffle d'une aspiration épique, puisque le poète chante la gloire passée comme un appel à revitaliser l'avenir. G>

« Rien n'est plus doux aussi que de s'en revenir
Comme après de longs ans d'absence,
Que de s'en revenir
Par le chemin du souvenir
Fleuri de lys d'innocence
Au jardin de l'Enfance. »

Émile Nelligan, Le jardin d'antan, 1904

Dans ce texte à tonalité lyrique, Nelligan associe l'innocence à la blancheur du « lys » tandis que l'enfance est figurée comme un « jardin », dans des vers qui expriment la nostalgie du temps passé. Dans ce poème comme ailleurs dans la poésie de Nelligan, la couleur dominante est le blanc, symbole de pureté. G>

Métaphore filée

Un filon d'images à caractère métaphorique reliées par un motif commun.

Exemples	Analyse
Tiré d'un poème « L'empereur était là, debout, qui regardait. Il était comme un arbre en proie à la cognée. (*comparaison de départ*) Sur ce géant, grandeur jusqu'alors épargnée, Le malheur, bûcheron sinistre, était monté ; Et lui, chêne vivant, par la hache insulté, Tressaillant sous le spectre aux lugubres revanches, Il regardait tomber autour de lui ses branches. » <div align="right">Victor Hugo, *L'expiation*, 1853</div>	*Napoléon Bonaparte va devenir empereur des Français en tirant profit de ses victoires contre les pays frontaliers qui voulaient envahir une France affaiblie par la Révolution. Victor Hugo le décrit au moment où l'une de ses erreurs de jugement va entraîner sa perte. Avec sa grande armée, il a pu pénétrer en vainqueur à Moscou, mais les Russes ont tout brûlé et sont repartis sans laisser de vivres. Napoléon rebrousse chemin, mais l'hiver décime sa grande armée. À partir de la comparaison de départ dans laquelle l'empereur est comparé à un arbre, Victor Hugo enchaîne les syntagmes appartenant au même champ* sémantique : « bûcheron », « chêne » *et « branches ». L'arbre autrefois solide s'apprête à être fauché, il sera sans soldats, comme un squelette dénudé dans la plaine. La métaphore se prolonge pendant quelques vers pour traduire la débâcle d'un héros autrefois considéré comme invincible.* **G›**
Tiré d'un récit « Enfin, la [locomotive] rétive, la fantasque, pouvait céder à la fougue de sa jeunesse, ainsi qu'une cavale indomptée encore, échappée des mains du gardien, galopant par la campagne rase. [...] C'était le galop tout droit, la bête qui fonçait tête basse et muette parmi les obstacles. Elle roulait, roulait sans fin, comme affolée de plus en plus par le bruit strident de son haleine. [...] Déjà, au loin, le roulement du monstre échappé s'entendait. Il s'était rué dans les deux tunnels qui avoisinent Rouen, il arrivait de son galop furieux, comme une force prodigieuse et irrésistible que rien ne pouvait plus arrêter. Et la gare de Sotteville fut brûlée, il fila au milieu des obstacles sans rien accrocher, il se replongea dans les ténèbres, où son grondement peu à peu s'éteignit. » <div align="right">Émile Zola, *La bête humaine*, 1890</div>	*Émile Zola développe dans tout le roman intitulé* La bête humaine *une longue métaphore filée sur la locomotive, machine puissante qui rend possible le déplacement des marchandises et des passagers dans une France désormais soumise à une économie de marché. Dans un premier temps, cette machine fascine parce qu'elle représente le progrès dans une économie où la vitesse devient synonyme de profit. Plus les passagers se déplacent rapidement, plus la marchandise est livrée sans délais, plus roule l'argent. Rapidement, le train inquiète, puis devient effrayant : la locomotive ressemble, comme le dit la comparaison de départ, à une « cavale indomptée », c'est-à-dire à une jument lancée dans une course folle. Elle régresse à l'état de « bête ». Elle se « rue », elle « galope » sont des termes qui prolongent l'image dans le texte, tout comme « haleine » puisque sa respiration haletante va bientôt se transformer en grondement, que le Petit Robert définit comme un « son menaçant, sourd et prolongé que font entendre certains animaux ». En procédant ainsi, Zola traduit des craintes ataviques face aux changements qui risquent de broyer l'être humain. Les cheminots seront d'ailleurs plus loin les premières victimes de ce monstre.*

Personnification

Figure qui consiste à attribuer un trait ou un caractère humain à ce qui ne l'est pas : la faune, la flore, les objets, les idées, etc.

> ▷ Comment repérer la personnification ?
>
> Observez les verbes (actions humaines) et les adjectifs (caractéristiques humaines) que l'on prête à des objets, à des idées, etc.

Exemple

Monsieur le Chat imposait ses quatre volontés à la maisonnée.

Exemples	Analyse
Tiré d'un récit « Je parlai de notre promenade de l'après-midi, de ces prairies, de ces blés, de ces vignes, que nous avions trouvés si pleins de promesses. Tout cela mentait donc ? Le bonheur mentait. Le soleil mentait, quand il se couchait si doux et si calme, au milieu de la grande sérénité du soir. L'eau montait toujours. […] L'eau qui avait gravi l'escalier marche à marche, avec un clapotement obstiné, entrait déjà par la porte. » Émile Zola, *L'inondation*, 1882	*Cet extrait est tiré d'une nouvelle de Zola qui, dans une première partie, présente une vision idyllique du monde agraire : la terre est féconde, la famille est unie autour d'un aïeul confiant en l'avenir. Une inondation dévastatrice vient détruire ce paradis et balayer les espoirs. Pour traduire la menace de l'eau envahissante, Zola choisit la personnification comme figure de style : il personnifie non seulement l'eau mais cherche à montrer l'indifférence du monde au malheur de l'humanité. En effet, le soleil qui, hier encore, se couchait en donnant l'illusion de la sérénité « mentait ». L'eau, généralement si bénéfique aux semences, menace l'homme directement : elle inonde les terres et va jusqu'à envahir les maisons, « elle gravit l'escalier marche à marche » un peu comme une voleuse. Zola illustre ainsi la trahison de la nature qui brise le bonheur des êtres humains, ce que traduisent d'ailleurs les deux courtes phrases du début qui prennent l'allure de maximes dans ce contexte : « Tout cela mentait donc ? Le bonheur mentait. » **G>***
Tiré d'un poème « Ô lac ! l'année à peine a fini sa carrière, Et près des flots chéris qu'elle devait revoir, Regarde ! je viens seul m'asseoir sur cette pierre Où tu la vis s'asseoir ! » (« *tu* » remplaçant « *lac* ») Dans le même poème, plus loin : « le flot fut attentif », « le temps m'échappe et fuit », « temps jaloux », « que le vent qui gémit, le roseau qui soupire ». Lamartine, « Le lac », *Les méditations poétiques*, 1820	*Lamartine est considéré comme un prédécesseur du romantisme puisqu'il épanche sa sensibilité dans la nature, contribuant, comme Jean-Jacques Rousseau, au renouvellement de l'expression lyrique. La personnification joue un grand rôle dans la poésie romantique, puisque cette figure de style permet d'attribuer aux choses les sentiments du poète lui-même. Le monde se met donc au diapason des humeurs de l'écrivain : le temps est « jaloux », le vent « gémit » comme le poète le fait lui-même dans cette complainte amoureuse où « le roseau soupire ». Le poète fait du lac son interlocuteur privilégié : il s'adresse à lui comme à une personne réelle pour confesser sa peine, à la suite de la disparition de sa bien-aimée.*

Tiré d'une chanson	
« Les faisceaux des phares tracent Des fantômes qui s'effacent À mesure que l'ombre les reprend Et je roule dans la nuit » Sylvain Lelièvre, « Je descends à la mer », *Qu'est-ce qu'on a fait de nos rêves ?*, 1994	*Dans cette chanson, on imagine un automobiliste qui roule dans un brouillard nocturne. La lumière des phares fait l'objet d'une personnification puisqu'elle transforme la nuée en fantômes, figures fantasmatiques qui donnent à la nuit son caractère inquiétant. L'ombre est aussi personnifiée, elle qui les « reprend » comme pour peupler le vide. Ces personnifications qui s'enchaînent les unes les autres contribuent à créer l'illusion de formes fugitives s'évanouissant dans l'obscurité. Elles disparaissent à peine esquissées.*

Prosopopée

Sous-catégorie de la personnification, cette figure consiste à prêter des paroles à un être, à une chose ou même à un concept qui n'est pas susceptible, par sa nature même, de parler.

EFFET Dans les **fables**, les animaux sont des personnages à part entière et la prosopopée contribue à les rendre plus humains. **G›**

Exemple

La souris dit au chat : « Essaie de m'attraper pour voir. »

Exemple	Analyse
Tiré d'une fable « Le Lion tint conseil, et dit : " Mes chers amis, Je crois que le Ciel a permis Pour nos péchés cette infortune." » La Fontaine, *Fables*, livre VII, « Les animaux malades de la peste », 1694	*La Fontaine prête aux animaux de ses fables des comportements qui traduisent des traits de caractère qu'il a su bien observer chez ses congénères. Le fait d'attribuer des paroles aux animaux renforce l'illusion de leur humanité. C'est probablement une des raisons qui explique le succès de ces courts récits versifiés, non seulement auprès des enfants mais aussi de leurs parents. Le fait que ces histoires, qui servent des buts moralisateurs, soient en vers permet aussi de mieux les conserver en mémoire et de les léguer ainsi d'une génération à l'autre par les voies de l'oralité.*

Synesthésie

Figure qui établit des correspondances entre une idée et des sensations ou d'une sensation à l'autre, souvent considérée comme une forme de métaphore.

▷ **Comment repérer la synesthésie ?**

Relevez les noms, les adjectifs et les verbes reliés aux sens de la vue, de l'ouïe, de l'odorat, du toucher, du goût.

Exemple

Le bleu de l'amour, le parfum rose de la tendresse et le sucré des cajoleries.

Exemples	Analyse
Tirés de poèmes « Il est des parfums frais comme des chairs d'enfants, Doux comme les hautbois, verts comme les prairies, – Et d'autres corrompus, riches et triomphants » Baudelaire, « Correspondances », *Les fleurs du mal*, 1857 « Les soleils mouillés De ces ciels brouillés Pour mon esprit ont les charmes Si mystérieux De tes traîtres yeux, Brillant à travers leurs larmes. » Baudelaire, « L'invitation au voyage », *Les fleurs du mal*, 1857	*Dans le poème « Correspondances », qu'il faut considérer à juste titre comme un manifeste du symbolisme, Baudelaire explique sa conception de la figure de style (qu'il nomme « symbole »). Celle-ci n'est plus, comme auparavant, perçue uniquement comme un ornement du langage mais bien comme un élément essentiel ayant pour fonction de traduire une quête d'unité entre les sensations et les idées et entre l'imaginaire et la réalité. Le poète traduit cette idée d'unification en faisant se rencontrer les sensations : le toucher (les « chairs d'enfants ») se transpose dans la sensation olfactive – les « parfums frais » –, puis dans la sensation auditive – la musique du hautbois –, puis visuelle – la verdeur des pairies. Il fait ensuite le lien entre le monde sensoriel qu'il projette et le monde des idées, celles qu'il rejette, c'est-à-dire tout ce qui est associé à la corruption, au pouvoir, à la richesse.* **G>** *L'exemple des vers suivants, toujours tiré du recueil* Les fleurs du mal, *traduit également cette vision d'un monde unifié où le soleil devient liquide par le pouvoir des mots, comme les yeux de la femme aimée sont deux astres « mouillés » par les larmes. Ainsi, le portrait de l'amante se fond dans une description cosmique qui témoigne de ce désir d'unification de la réalité en un tout signifiant.*

2. Figures d'opposition

Elles sont fondées sur le rapprochement de termes aux significations contraires.

Antithèse

Figure mettant en contact des mots qui s'opposent par leur sens dans une construction syntaxique qui les place plus ou moins en symétrie.

> ▷ Comment repérer l'antithèse ?
> En étant sensible à la présence d'antonymes.

EFFET En accentuant les oppositions, les antithèses contribuent généralement à la tonalité dramatique des textes ou à la tonalité polémique dans le cas des essais.

À noter Des textes entiers peuvent être traversés par des réseaux antithétiques significatifs comme c'est souvent le cas chez Victor Hugo, notamment quand il oppose le **grotesque** au **sublime**, l'ombre à la clarté. **G>**

Exemples	Analyse
Tiré d'un poème « Il neigeait. On était vaincu par sa conquête. Pour la première fois l'aigle baissait la tête » <div align="right">Victor Hugo, *L'expiation*, 1853</div>	*De tous les courants littéraires, c'est le romantisme qui présente la plus grande utilisation de l'antithèse et de sa proche parente, l'oxymore. Les antithèses risquent de se multiplier dans un texte qui présente une vision manichéenne du monde où le bien est l'antagoniste du mal, sans véritable transition de l'un à l'autre. Dans une telle conception, héritage du christianisme, deux voies se présentent aux êtres humains : celle de la bonté qui rendra leur rédemption possible ou celle de la méchanceté qui mène à la damnation. Il n'est donc pas étonnant de retrouver ce trope chez Victor Hugo, considéré à juste titre comme le poète de l'antithèse. Dans ce poème à caractère épique, le contexte s'y prête bien. L'aigle dont il s'agit est Napoléon Ier, grand général admiré par Hugo, mais souvent honni ailleurs en Europe. L'empereur des Français, qui vient de conquérir Moscou, sera vaincu par un ennemi imprévisible, l'hiver russe : la grande armée impériale sera ensevelie sous la neige, d'où ce paradoxe exprimé par l'antithèse d'une armée « vaincue par sa conquête ». Plus loin dans le poème, Hugo confirme le sombre constat : « Chefs, soldats, tous mouraient. Chacun avait son tour. »*
Tiré d'une pièce de théâtre « Ci-gît Hercule-Savinien De Cyrano de Bergerac Qui fut tout, et qui ne fut rien. ... Mais je m'en vais, pardon, je ne peux plus attendre : Vous voyez, le rayon de lune vient me prendre ! » <div align="right">Edmond Rostand, *Cyrano de Bergerac*, 1897</div>	*Dans une tonalité plus lyrique, on retrouve ce goût de l'antithèse chez un adepte tardif du romantisme, Edmond Rostand. L'effet de l'antithèse est amplifié par la construction syntaxique en symétrie. La constatation « qui fut tout, et qui ne fut rien » pourrait concerner tout être humain : dans la vie on peut représenter « tout » pour les gens qu'on aime, alors qu'on est si peu de chose face à la mort. C'est un peu la situation dans laquelle se trouve Cyrano, qui découvre trop tard, à la veille de mourir, que la bien-aimée pour laquelle il a tant soupiré l'aime aussi.*

Écriture littéraire Figures d'opposition

Oxymore

L'oxymore est une variété d'antithèse qui repose sur le voisinage immédiat de mots aux sens opposés.

Exemples	Analyse
Tiré d'un récit « Il y avait dans cette femme quelque chose comme de la candeur. On voyait qu'elle en était encore à la virginité du vice. [...] Bref, on reconnaissait dans cette fille la vierge qu'un rien avait fait courtisane, et la courtisane dont un rien eût fait la vierge la plus amoureuse et la plus pure. » Alexandre Dumas fils, *La dame aux camélias*, 1848	*Ce roman présente une héroïne qui marque une étape dans la complexification du personnage féminin. Marguerite, aussi nommée la dame aux camélias, fait la synthèse des stéréotypes de la femme pure et de la femme fatale. Elle est décrite avec des traits de la femme virginale mais aussi de son opposée, la courtisane, mot synonyme à l'époque de femme entretenue, de prostituée de luxe. L'oxymore « la virginité du vice » résume donc de façon saisissante ce paradoxe. L'extrait suggère aussi subtilement que ce n'est peut-être pas uniquement par inclinaison que l'on devient prostituée, mais pour d'autres raisons, notamment sociales.*
Tiré d'un poème « Sombres jours » Victor Hugo, *La retraite de Russie*	*Dans leur simplicité, ces deux mots « sombres jours », choisis par Hugo pour résumer l'épisode de la conquête de la Russie par Napoléon Ier, permettent de bien saisir la nature de l'oxymore. Cette figure se différencie de l'antithèse par un choc des idées énorme, pourtant résumé dans le contact de deux antonymes placés côte à côte. La clarté, celle du « jour », contraste avec l'idée générée par le mot « sombre », mot polysémique, dont le sens contextuel est « funeste ». C'est le sort qui attend la grande armée impériale, bientôt ensevelie dans un linceul de neige.*

3. Figures de substitution

Elles se rapportent aux remplacements de mots ou de phrases par d'autres, équivalentes.

Antiphrase

Phrase qui exprime l'inverse de ce que pense ou ressent le locuteur. Généralement mise au service de l'ironie.

> ▷ Comment repérer l'antiphrase ?
>
> En se rapportant à la connaissance que l'on a des personnages qui ne disent pas les paroles attendues de leur part ou qui ne semblent pas tenir compte du contexte.

Exemples	Analyse
Tiré d'un récit « Allez, venez les garçons, on va dégager d'ici, faire ce qu'on aurait dû faire depuis longtemps : débarrasser le plancher tous les trois, [...] regarde, Jerry, c'est la liberté ultime [...]. » Frédéric Beigbeder, *Windows on the World*, 2003	*Dans ce roman composé immédiatement après l'attaque terroriste des deux tours du World Trade Center, Frédéric Beigbeder imagine une intrigue, plausible dans les circonstances, celle d'un père retenu prisonnier au dernier étage de l'une des tours avec ses deux fils. Après avoir épuisé tous les espoirs d'être secouru, le père se résigne au suicide avec ses enfants. Dans les derniers moments, le narrateur use d'une antiphrase avant de se jeter dans le vide : il fait croire que tous trois s'envolent vers la liberté, un peu comme pourraient le faire les super héros des bandes dessinées dont sont friands ses enfants. Dans ce cas particulier, l'antiphrase contribue au cynisme de la situation puisque les personnages sont des victimes innocentes de la folie meurtrière des hommes.* **G›**
Tiré d'une pièce de théâtre « Don Juan, *faisant de grandes civilités* — Ah ! monsieur Dimanche, approchez. Que je suis ravi de vous voir, et que je veux de mal à mes gens de ne vous pas faire entrer d'abord ! J'avais donné ordre qu'on ne me fît parler personne, mais cet ordre n'est pas pour vous, et vous êtes en droit de ne trouver jamais de porte fermée chez moi. Monsieur Dimanche — Monsieur, je vous suis fort obligé. [...] Don Juan — Comment ! vous dire que je n'y suis pas, à monsieur Dimanche, au meilleur de mes amis ! » Molière, *Dom Juan*, 1665	*Dans cette comédie composée en prose, Molière met en scène un personnage de libertin non dépourvu d'ambiguïté, à la fois grand seigneur et vil profiteur. Dans ce passage, il reçoit avec civilité Monsieur Dimanche, un bourgeois venu lui réclamer le remboursement de sa dette. Don Juan lui fait croire perfidement à son amitié, comme en témoignent les antiphrases surlignées, alors que la tactique vise en réalité à se débarrasser de l'importun sans lui donner un sou.* **G›**

Euphémisme

Procédé qui consiste à formuler une vérité de façon à atténuer son aspect désagréable.

> ▷ Comment repérer l'euphémisme ?
>
> Pensez aux expressions qui correspondent à une façon polie d'exprimer des réalités déplaisantes pour l'être humain.

Exemple

Ce qu'on nommait autrefois du terme générique de « fou » se nommera ensuite un retardé, puis un handicapé mental, puis un déficient intellectuel.

L'Écriture littéraire Figures de substitution

Exemple	Analyse
Tiré d'un essai « Votre raisonnement ne servirait qu'à faire des athées, si la voix de toute la nature ne nous criait qu'il y a un Dieu, avec autant de force que ces subtilités ont de faiblesse. » Voltaire, *Lettres philosophiques*, 1734	*Voltaire représente bien l'esprit des Lumières en se montrant enclin à discuter de sujets à caractère philosophique. Dans cette lettre qu'il adresse rétroactivement à Pascal, déjà décédé, il souhaite réfuter l'argument de ce célèbre savant, mathématicien et janséniste, concernant l'existence de Dieu. Selon Voltaire, il est indigne d'un croyant de parier sur l'existence de Dieu, car cela traduit la mesquinerie mercantile de quelqu'un qui veut gagner. Selon lui, l'évidence de l'existence de Dieu tient dans l'existence du monde créé par lui. Donc l'expression « avec autant de force que ces subtilités ont de faiblesse » est une façon élégante de signifier, par cet euphémisme, que l'argument de Pascal n'est pas convaincant.*

Ironie

Expression d'un propos contraire à ce que l'on pense en tant que locuteur dans le but de se moquer. L'ironie s'exerce souvent en utilisant des antiphrases, mais aussi des hyperboles ou des litotes.

Ⓐ noter Plusieurs **rhétoriciens** ne considèrent pas l'ironie comme une figure de style, puisqu'elle résulte souvent de l'usage de plusieurs autres figures. Pour cette raison, on peut ranger l'ironie parmi les tonalités du texte. **G›**

Exemple	Analyse
Tiré d'une fable « Sire, dit le Renard, vous êtes trop bon roi ; Vos scrupules font voir trop de délicatesse. Eh bien ! manger moutons, canaille, sotte espèce, Est-ce un péché ? Non, non. Vous leur fîtes, Seigneur, En les croquant, beaucoup d'honneur […]. » La Fontaine, *Fables*, livre VII, « Les animaux malades de la peste », 1694	*Dans la* fable *intitulée « Les animaux malades de la peste », La Fontaine place dans la bouche du renard une réplique ironique adressée au lion (personnifiant le roi) qui vient de confesser avoir « dévoré force moutons ». Le renard considère que c'est en quelque sorte un honneur que le roi leur a rendu en les mangeant. Cet exemple montre que l'ironie résulte de l'usage de plusieurs figures : une litote (« vos scrupules font voir trop de délicatesse ») et une antiphrase (« Vous leur fîtes, Seigneur, / En les croquant, beaucoup d'honneur »). Comme l'ironie implique souvent l'emploi de plusieurs procédés comiques, c'est ce qui la fait considérer par certains rhétoriciens comme une tonalité, au contraire d'autres qui la classent plutôt dans les figures de la pensée, catégorie difficile à délimiter.* **G›**

Litote

Procédé d'atténuation qui consiste à dire moins pour suggérer plus.

> ▷ Comment différencier la litote de l'euphémisme ?
>
> La litote est souvent formulée en phrase négative. Les Québécois sont réputés faire grand usage de cette figure de style, à tel point que l'on considère qu'elle traduit un trait de leur mentalité.

Exemples

« Celui-là, je ne lui ferais pas mal. »
Au lieu de : Celui-là, je le trouve de mon goût.

« Cela ne lui ferait pas de tort de faire du sport. »
Au lieu de : Ce serait fortement recommandable qu'il fasse des activités physiques.

« Ce ne serait pas une méchante idée d'un peu moins manger. »
Au lieu de : Il faudrait suivre un régime.

« Il ne fait pas chaud. »
Au lieu de : Il fait froid.

Exemples	Analyse
Tirés de trois pièces de théâtre d'époques variées « Ne mêle point de soupirs à ma joie ; Laisse-moi prendre haleine afin de te louer. » <div align="right">Corneille, *Le Cid*, 1636</div> « Je ne méprise point les hommes ; le tort des livres et des historiens est de nous les montrer différents de ce qu'ils sont. » <div align="right">Alfred de Musset, *Lorenzaccio*, 1834</div> « J'ignorais la douceur féminine. Ma mère ne m'a pas trouvé beau. Je n'ai pas eu de sœur. » <div align="right">Edmond Rostand, *Cyrano de Bergerac*, 1897</div>	*Les litotes ci-contre traduisent souvent, prises dans leur contexte respectif, un état de tension du personnage soit avec lui-même, soit avec son milieu. Dans les trois exemples, le personnage n'ose pas exprimer totalement son désaccord. Dans le premier cas, le locuteur atténue l'idée qui pourrait être formulée de la façon suivante : ne me rappelle pas des souvenirs douloureux qui nuiraient à ma joie. Dans le deuxième cas, « je ne méprise point les hommes » suggère en fait que le locuteur éprouve à leur égard un certain respect ou une certaine estime. Dans le dernier cas, le locuteur atténue le fait que sa mère a été rebutée par sa laideur.*
Tiré d'un récit « Je ne m'étais jamais préoccupée de mon apparence, mais maintenant je comprends qu'il a toujours été important pour moi de ne pas être trop moche. […] T'es malade ! dit Marie-Lyre. Regarde ta mère, elle est encore belle ! — Je ne veux pas être ENCORE belle ! » <div align="right">Francine Noël, *Myriam première*, 1987</div>	*Les héroïnes font état dans ce roman de considérations proprement féminines. Les personnages masculins sont rarement pris en flagrant délit d'évaluer leur apparence dans le miroir, alors que les femmes échappent difficilement à cet exercice quotidien. La beauté est à coup sûr un thème qui risque d'être fréquemment exploité par des romancières et c'est effectivement un thème très présent dans la littérature postmoderne, représentée par un nombre plus important que jamais d'écrivains féminins. Dans cet extrait particulier, la litote « il a toujours été important pour moi de ne pas être trop moche » sert à atténuer l'idée d'être laide, idée repoussée par toute femme. « Je ne veux pas être ENCORE belle » est une façon de formuler le refus de vieillir. Cette atténuation de l'idée pourrait être formulée de la façon suivante : cela ne me tente pas qu'on dise de moi « c'est une belle vieille » ou encore « c'est une beauté défraîchie ».*

L'Écriture littéraire Figures de substitution

Métonymie

Remplacement d'un terme par un autre ; par exemple le contenant par le contenu, la cause par l'effet, la partie par le tout.

Exemple

Boire un verre (verre pris pour le liquide). Faire de la voile (voile pris pour l'embarcation).

À noter La métonymie se combine souvent à d'autres figures et contribue au sens figuré d'un texte.

Exemples	Analyse
Tiré d'un poème manifeste **G>** « Il est certains esprits dont les sombres pensées Sont d'un nuage épais toujours embarrassées » Nicolas Boileau, *L'art poétique*, 1674 **Tiré d'une chanson** « S'il fallait qu'à cause d'elle Ton nom s'efface de ma mémoire Que si facilement ma cervelle Se répète du matin au soir » Daniel Bélanger, *La folie en quatre*, 1999	*Le premier exemple est tiré d'un poème français du XVIIe siècle ; le second, d'une chanson québécoise actuelle. Dans les deux cas, les auteurs se servent de métonymies pour nommer l'entité que représente l'être humain. Boileau s'attaque aux hommes « d'esprit » pessimiste puisque les sombres pensées logent surtout dans le cerveau, non dans le corps. Dans la chanson, lorsqu'on dit que « ton nom s'efface », c'est pour signifier que le souvenir de toute la personne disparaît. La cervelle, ici aussi, est prise comme une partie remplaçant tout l'être.*

Périphrase

Le fait de remplacer un mot par une expression plus longue dont le sens est équivalent.

> ▷ Comment repérer la périphrase ?
> Relevez les expressions synonymes du même mot.

Exemple

Le métier des armes pour « militaire » ou « soldat ».

Exemple	Analyse
Tiré d'une pièce de théâtre « Armande — Et de vous marier vous osez faire fête ? Ce vulgaire dessein vous peut monter en tête ? [...] Henriette — Et qu'est-ce qu'à mon âge on a de mieux à faire, Que d'attacher à soi, par le titre d'époux, Un homme qui vous aime et soit aimé de vous, Et de cette union, de tendresse suivie, Se faire les douceurs d'une innocente vie ? Ce nœud, bien assorti, n'a-t-il pas des appas ? » Molière, *Les femmes savantes*, 1672	*Dans le premier acte de cette grande comédie de Molière, le mariage est le sujet de discorde entre deux sœurs. L'une est séduite par la perspective de l'union conjugale, l'autre inquiète par l'asservissement dans lequel est tenue l'épouse. La périphrase est une façon pour Molière d'éviter la répétition du même mot, ce qui permet d'enrichir le style. Dans cet échange, Henriette exprime son opinion favorable du mariage par une série d'expressions synonymes (surlignées dans le texte) dont la connotation est positive, ce qui donne assurément du poids à son argumentation. Cette scène traduit en fait une thématique récurrente dans l'œuvre du dramaturge, qui touche la vie privée de la bourgeoisie, classe sociale à laquelle il appartient lui-même.*

4. Figures d'amplification ou d'insistance

Le fait de souligner l'importance d'une réalité par des moyens variés.

À noter Certaines figures classées dans cette section, notamment l'énumération et la répétition, sont considérées comme des figures de syntaxe par de nombreux **rhétoriciens**. Comme tout classement, celui-ci repose sur une part d'arbitraire. **G›**

Anaphore

Répétition d'un seul ou de plusieurs mots en début de vers ou de phrase, dans le but de persuader (en s'appuyant sur un effet de **refrain**). **G›**

Exemples	Analyse
Tiré d'un poème « Sur mes cahiers d'écolier Sur mon pupitre et les arbres Sur le sable de neige J'écris ton nom » Paul Éluard, *Liberté*, 1942	*Au moment de la guerre, la poésie d'Éluard se détourne du surréalisme pour exprimer les grands thèmes de la résistance à l'envahisseur nazi. C'est dans ce contexte qu'Éluard compose son célèbre poème* Liberté*, poème qu'on laisse pleuvoir sur Paris, à partir d'un avion, afin de soutenir l'espoir des Français qui attendent la libération de leur territoire. L'anaphore, répétée au début de cinquante vers, est mise au service d'une autre figure de style, le parallélisme. L'effet de mise en parallèle des structures syntaxiques est renforcé par cette répétition qui est aussi d'ordre sonore, ce qui entraîne un effet d'envoûtement. Et ce mot que Paul Éluard veut écrire partout, comme un graffiti provocateur, ce n'est pas n'importe lequel, c'est celui de « liberté », qui possède alors une charge émotionnelle d'une intense gravité.*
Tiré d'un conte « Ma mère-grand, que vous avez de grands bras ! — C'est pour mieux t'embrasser, ma fille. — Ma mère-grand, que vous avez de grandes jambes ! — C'est pour mieux courir, mon enfant. — Ma mère-grand, que vous avez de grandes oreilles ! — C'est pour mieux écouter, mon enfant. » Charles Perrault, « Le petit chaperon rouge », *Contes*, 1697	*Dans un conte, il est fréquent de répéter des formules ayant pour fonction de soutenir la mémorisation, puisque nous sommes dans un contexte de culture orale. Il y a ici double anaphore qui se trouve dans les réparties du petit chaperon rouge et celles du méchant loup. La répétition contribue à la tonalité fantaisiste du conte, puisque la dernière phrase sera : « c'est pour mieux te manger, mon enfant ! » Et le méchant loup s'exécutera immédiatement après avoir formulé cette phrase exclamative. Toutefois, ce conte peut acquérir un caractère de gravité dans un contexte d'énonciation particulier, celui d'un parent le racontant à une petite fille. Il témoigne, comme l'ont souligné certains spécialistes, de peurs fréquentes chez les enfants, notamment celle d'être abusés par des adultes.*

Énumération (ou accumulation)

Mots ou groupes grammaticaux qui se multiplient en se suivant dans une phrase.

> ▷ Comment repérer l'énumération ?
>
> Observez la multiplication des virgules.

EFFET Préciser la pensée et contribuer au rythme du texte (effet de précipitation ou de saccade).

Exemple	Analyse
Tiré d'un récit « Toute cette blancheur froide, la petitesse de l'église de bois, la petitesse des quelques maisons de bois espacées le long du chemin, la lisière sombre de la forêt, si proche qu'elle semblait une menace – tout parlait d'une vie dure dans un pays austère. » <div align="right">Louis Hémon, *Maria Chapdelaine*, 1914</div>	*Ce roman, très connu de la littérature québécoise, a en fait été composé par un Français de passage à Péribonka, municipalité située au nord du lac Saint-Jean. Les premières pages, où se trouve cet extrait, décrivent une région encore prisonnière du froid hivernal. Ainsi, toute l'énumération des expressions placées en fonction « sujet » contribue à faire sentir l'accablement causé par ce rigoureux climat. La tonalité est pessimiste, soutenue par un champ lexical de mots négatifs tels que « sombre », « menace », « dure » et « austère ». Bref, en quelques mots, tout un pays se révèle au lecteur, qui ne pourra que sympathiser au drame de Maria Chapdelaine, cette jeune fille qui tombera amoureuse d'un prétendant, qui bientôt périra, victime de cet hiver, tel que décrit au début du roman.*

Gradation

Succession de termes par ordre d'intensité croissante (c'est une sous-catégorie d'énumération).

> ▷ Comment différencier la gradation de l'énumération ?
>
> Observez s'il y a un écart d'intensité entre les termes de l'énumération (plus particulièrement du premier au dernier).

Exemples	Analyse
Tiré d'un récit autobiographique « Ma vie baignait à l'extérieur dans le gris, le terne, le correct, le conforme, le muet, et à l'intérieur, dans le lourd, le secret, le honteux, et, de plus en plus souvent, dans l'effrayant. » <div align="right">Marie Cardinal, *Les mots pour le dire*, 1975</div>	*Ce passage est tiré d'un roman où l'auteure fait l'analyse de sa vie et des difficultés qu'elle éprouvait à s'assumer avant d'avoir suivi une psychanalyse. La gradation sert donc dans cet exemple à souligner l'émotion, d'autant plus qu'il y a double gradation et que, dans la seconde, on constate un fort écart d'intensité entre le premier terme, « lourd », et le dernier, « effrayant ».*

Tiré d'un texte polémique	La gradation peut aussi être mise au service d'un
« Quant aux gens que j'accuse, je ne les connais pas, je ne les ai jamais vus, je n'ai contre eux ni rancune, ni haine. Ils ne sont pour moi que des entités, des esprits de malfaisance sociale. » Émile Zola, « J'accuse », *L'aurore*, 1898	*texte à tonalité polémique, pour mieux convaincre l'interlocuteur, comme dans l'exemple tiré de J'accuse d'Émile Zola. La gradation sert à bien marquer que la dénonciation que fait Zola de l'injustice concerne des institutions, notamment l'armée, et non des individus. Elle sert à marquer aussi le fait que cette dénonciation ne relève pas de l'émotion (« ni rancune, ni haine »), mais qu'elle est bien de l'ordre de la raison.*

Hyperbole

Figure qui met en relief une réalité au moyen de l'exagération. Synonymes : emphase, amplification.

Exemple

Il était grand au point de ne pouvoir passer par les portes.

Exemples	Analyse
Tiré d'un poème « Et pourtant vous serez semblable à cette ordure, À cette horrible infection, Étoile de mes yeux, soleil de ma nature, Vous, mon ange et ma passion ! Oui, telle vous serez, ô la reine des grâces [...]. » Baudelaire, *Les fleurs du mal*, 1857	*Ces vers sont tirés d'un poème très connu de Baudelaire,* Une charogne, *qui exacerbe l'effet de contraste entre la laideur et la beauté. Le poète marche dans un sentier, accompagné de son amante, lorsqu'il voit un animal en état de putréfaction. L'hyperbole « horrible infection » est donc reliée au squelette qui pourrit sous ses yeux. Cette laideur contribue à mettre en relief la beauté de la femme, décrite elle aussi en termes hyperboliques, puisqu'elle est à la fois « étoile », « reine » et « soleil ».*
Tiré d'une pièce de théâtre « Hector — Et nous sommes prêts pour la guerre grecque ? Ulysse — À un point incroyable. » Jean Giraudoux, *La guerre de Troie n'aura pas lieu*, 1935	*Dans cette version du drame antique que compose Giraudoux en 1935, Hector incarne un partisan de la paix, alors qu'Ulysse s'incline devant la nécessité de la guerre. Écrite dans les années précédant la Seconde Guerre mondiale, la pièce prenait une résonance toute particulière aux oreilles des spectateurs troublés par la montée des mouvements fascistes en Europe. Les hyperboles avaient naturellement pour but de souligner fortement les émotions ressenties ou d'appuyer tout aussi fortement les arguments mis de l'avant par chacun des protagonistes.*

Pléonasme

Formulation puis reformulation de la même idée en d'autres mots.

> ▷ Comment repérer le pléonasme ?
>
> Observez l'usage de synonymes exerçant la même fonction grammaticale dans la phrase.

Ⓐ *noter* Le pléonasme résulte souvent, en langue orale, d'une maladresse linguistique, comme dans l'exemple suivant : « il est descendu en bas ». Donc à éviter.

Exemple	Analyse
Tiré d'une pièce de théâtre « Père Ubu — Je viens donc te dire, t'ordonner et te signifier que tu aies à produire et exhiber promptement ta finance, sinon tu seras massacré. » Alfred Jarry, *Ubu roi*, 1896	*Dans cette pièce connue comme la mieux réussie des parodies littéraires, Jarry se moque du ton solennel des tragédies antiques et classiques. Il utilise un style pompeux, ridiculement solennel. Les personnages parlent à vide, se répètent, s'insultent, etc. Dans cette réplique, les trois verbes « dire », « ordonner » et « signifier » ne font pas avancer le discours, ils le surchargent inutilement tout comme « exhiber » par rapport au verbe « produire ». Ce genre de pléonasme contribue à la tonalité comique de cette pièce qui annonce le théâtre de l'absurde.* **G›**

Répétition

Reprise d'un mot, d'un groupe de mots ou d'une phrase dans un but d'insistance, mais aussi à des fins rythmiques, comme dans un **refrain**.

Ⓐ *noter* La répétition est étroitement associée au genre poétique, puisque le fait de reprendre des sons (ou **phonèmes**) crée en soi une musicalité ; la rime repose d'ailleurs sur la reprise de phonèmes. Les vers, comportant un même nombre de syllabes dans un poème, illustrent aussi la répétition. **G›**

Exemples	Analyse
Tiré d'une chanson « Les gens de mon pays Ce sont gens de paroles Et gens de causerie Qui parlent pour s'entendre Et parlent pour parler. » Gilles Vigneault, *Les gens de mon pays*, 1965	*Tous les procédés qui favorisent la rétention des mots par la mémoire sont pertinents dans une chanson, puisqu'ils créent simultanément du rythme par la répétition instantanée de sons. Gilles Vigneault joue aussi avec les mots, puisque l'expression « gens de parole » comporte deux sens, celui de gens fidèles à leur engagement et celui de gens qui ont le goût des mots. Ses compatriotes sont aussi gens de causerie, qui bavardent pour le plaisir de bavarder. Le chansonnier de Natashquan joue également avec les expressions « parler pour parler » et « parler pour s'entendre » qui, dans les deux cas, renvoient au plaisir des échanges, faits pour occuper le temps et non pour exprimer des idées importantes. C'est en fait tout un art de vivre qu'il suggère ainsi dans ce refrain.*

Tiré d'un poème	
« Ah ! comme la neige a neigé ! Ma vitre est un jardin de givre. Ah ! comme la neige a neigé ! Qu'est-ce que le spasme de vivre À la douleur que j'ai, que j'ai ! » Émile Nelligan, *Soir d'hiver*, 1904	*La poésie est née de la chanson qui servait, au Moyen Âge, de moyen de transmission des informations. Elle en a hérité plusieurs caractéristiques, dont l'importance accordée aux sons du langage, non seulement disposés en répétition à la rime, mais souvent utilisés à l'intérieur du vers. Nelligan joue donc de ce procédé de répétition en le combinant à des effets homophoniques. « la neige a neigé » trouve un écho sonore dans le vers « à la douleur que j'ai, que j'ai », avec, entre les deux et servant de relais, le mot givre, qui fait entendre le même son consonantique. La répétition contribue ainsi au lyrisme nostalgique de cette description qui s'intériorise progressivement, associant la neige à la souffrance.*

5. Figures syntaxiques

Elles se rapportent à l'organisation des mots à l'intérieur de la phrase et d'une phrase à l'autre.

À noter La transformation syntaxique peut s'effectuer par l'addition de mots ou par leur suppression ou encore par permutation, toujours dans l'intention de créer un effet stylistique.

Encore une fois, il est à noter que cette division, pratique certes, est partiellement arbitraire puisque la plupart des figures influencent la structure de la phrase.

Chiasme

Figure de symétrie qui implique un croisement ou une permutation dans la disposition des termes de la phrase.

EFFET Souligne souvent des paradoxes logiques par un processus d'inversion symétrique.

Exemples	Analyse
Tiré d'un récit « On passe les trois quarts de sa vie à [1]faire sans [2]vouloir et à [2]vouloir sans faire[1]. » André Malraux	*Le chiasme fonctionne comme un jeu de mots, qui souligne souvent des paradoxes logiques par un processus d'inversion symétrique. André Malraux s'en sert pour exprimer une vision de la vie se rattachant à la thématique de l'absurde. « Faire sans vouloir » renvoie à l'idée que l'être humain ne choisit pas toujours la direction que prend sa vie, qu'il peut même être entraîné à agir contre sa volonté, contre ses valeurs. L'être humain passe aussi une partie de sa vie à souhaiter des choses qu'il ne réalisera jamais.* **G›**

Écriture littéraire Figures syntaxiques

Tiré d'une pièce de théâtre « Le Comte Ce que je méritais, vous l'avez emporté. Don Diègue Qui l'a gagné sur vous l'avait mieux mérité. Le Comte Qui peut mieux l'exercer en est bien le plus digne. Don Diègue En être refusé n'en est pas un bon signe. » Corneille, *Le Cid*, 1636	*Dans cette succession de vers, les personnages du père et du fils font des jeux de mots à partir de l'idée du mérite, qui occupe une grande place dans le code de l'honneur des nobles au XVIIe siècle. La structure de l'alexandrin met en relief l'effet du chiasme puisque le mot « méritais » apparaît au premier hémistiche dans la réplique du Comte, et qu'il se déplace au second dans celle de Don Diègue. Les deux autres réparties, sans être à proprement parler des chiasmes, font écho aux deux premières en poursuivant l'effet de paradoxe.*

Ellipse

Omission volontaire de mots dans une phrase.

À noter Par extension, on pourra aussi parler d'une écriture elliptique, qui a tendance à favoriser le minimal, à ne pas être explicite, à laisser des trous dans la trame narrative. C'est le cas notamment d'auteurs tels Samuel Beckett et Marguerite Duras, dans leurs pièces de théâtre comme dans leurs romans.

Exemples	Analyse
Tiré d'un récit « Les hommes ? Écume, faux dirigeants, faux prêtres, penseurs approximatifs, insectes... Gestionnaires abusés... [...] » Philippe Sollers, *Femmes*, 1983	*Les phrases incomplètes et les points de suspension donnent l'impression qu'avec des vides à combler, une pensée est en train de surgir. Le lecteur doit en quelque sorte compléter les phrases. Il pourrait ajouter les mots mis ici en caractères gras : **Au fait, que sont « les hommes » ? Ne peut-on penser qu'ils ne sont qu'**« écume » **ou qu'**« insectes » **et qu'ils ont tout faux ou font tout mal** : « faux dirigeants, faux prêtres, penseurs approximatifs ». **Même comme** « gestionnaires », **ils se font** « abuser ». Et pourtant le lecteur sent bien que les phrases, dans l'état où Philippe Sollers les a d'abord écrites, doivent conserver leur structure elliptique et chaotique, puisque celle-ci participe au sens du texte, notamment par le rythme saccadé qui en résulte.*
Tiré d'une chanson « Travail au noir Un peu d'espoir Les hauts, les bas D'l'anonymat Vingt-quatre heures de combat » Richard Séguin, *Journée d'Amérique*, 1988	*On trouve ce même procédé de phrases non grammaticales, donc elliptiques, dans la chanson Journée d'Amérique de Richard Séguin, qui donne l'impression, par le rythme qui en résulte, d'une vie morcelée et aliénée. Ces petites phrases rendent bien l'idée d'un quotidien coincé dans l'anonymat. Elles agissent un peu à la manière d'instantanés, qui captent des moments de vie, impossibles à placer dans une continuité qui leur donnerait un sens.*

Parallélisme

Phrases de sens différents construites sur des structures semblables. Superposées, elles adoptent la même structure.

Exemples

- En superposition :
  Venge-toi mais épargne-moi.
  Sacrifie-le mais échappe-toi.

- En symétrie :
  Tu respires ; je soupire.

Exemples	Analyse
Tiré d'un poème « Qu'il soit dans ton repos, qu'il soit dans tes orages, Beau lac, et dans l'aspect de tes riants coteaux, Et dans ces noirs sapins, et dans ces rocs sauvages Qui pendent sur tes eaux ! » Lamartine, « Le lac », *Les méditations poétiques*, 1820	*En poésie, les parallélismes sont souvent combinés aux répétitions pour contribuer à la musicalité du poème. Dans le cas du Lac de Lamartine, il s'agit de propositions syntaxiques placées en symétrie dans les deux alexandrins qui sont surlignés. Ces parallélismes suggèrent aussi un effet de bercement : l'œil est invité à embrasser tout le paysage, source d'émerveillement et lieu d'épanchement de la souffrance, à la suite de la mort de la bien-aimée.*
Tirées d'une pièce de théâtre, les réparties suivantes prises au hasard « Don Diègue — C'est d'eux que tu descends, c'est de moi que tu viens » « Don Rodrigue — Ce que je vous devais, je vous l'ai bien rendu. » « Je t'ai donné la vie, et tu me rends ma gloire […] Nous n'avons qu'un honneur, il est tant de maîtresses ! L'amour n'est qu'un plaisir, l'honneur est un devoir. » Corneille, *Le Cid*, 1636	*L'alexandrin, du fait qu'il est relativement long et de nombre pair avec ses douze syllabes, est un vers qui se prête naturellement à la division en deux hémistiches égaux. Il convient particulièrement bien à des structures en symétrie. Ici, les phrases, qui concordent parfaitement aux vers, sont frappées comme des* maximes **G>**, *en particulier celles contenues dans les répliques du père :* « *Nous n'avons qu'un honneur, il est tant de maîtresses !* *L'amour n'est qu'un plaisir, l'honneur est un devoir.* » *Elles sont caractéristiques du style de Corneille. Elles traduisent le conflit entre un père et son fils. Le père, Don Diègue, prêche un code de l'honneur chevaleresque, celui de la caste à laquelle il appartient, la noblesse. Son fils Rodrigue a quant à lui l'impression d'avoir fait son devoir. Il réclame aussi le droit au bonheur avec la femme qu'il aime, qui est malheureusement la fille du rival de son père.*

6. Procédés sonores et catégories de mots connexes

Ils permettent des jeux avec les sons de la langue, aussi appelés « **phonèmes** ». **G›**

Allitération

Répétition de consonnes dans une phrase ou un vers. Il arrive aussi que l'allitération accumule des consonnes qui suggèrent fortement la réalité nommée ; on parlera alors d'**harmonie imitative** (qui se rapproche de l'**onomatopée**). **G›**

Exemple

d'harmonie imitative :

« Pour qui sont ces serpents qui sifflent sur vos têtes ? » (Racine)

Dans cet exemple, on croit entendre le sifflement du serpent grâce à la répétition du phonème « s ».

> ▷ En quoi diffèrent l'allitération et l'harmonie imitative ?
>
> Dans l'allitération, il y a répétition de phonèmes, mais les sons ne renvoient pas directement à une réalité.

À *noter* Les lettres non prononcées ne contribuent pas à l'allitération.

Exemple	Analyse
Tiré d'un poème « Ah ! comme la neige a neigé ! Ma vitre est un jardin de givre. Ah ! comme la neige a neigé ! Qu'est-ce que le spasme de vivre À la douleur que j'ai, que j'ai ! Tous les étangs gisent gelés, Mon âme est noire : où vis-je ? où vais-je ? Tous les espoirs gisent gelés : Je suis la nouvelle Norvège D'où les blonds ciels s'en sont allés. » Émile Nelligan, *Soir d'hiver*, 1904	*La répétition du phonème « j » entraîne un rythme lancinant qui sied bien à l'expression d'un thème récurrent dans la poésie de Nelligan, celui de l'ennui de vivre. Le paysage extérieur, dépeint dans sa froide blancheur, correspond au paysage intérieur par un effet de correspondance tout à fait dans l'esprit du symbolisme, le courant dans lequel s'inscrit Nelligan. Cette blancheur est associée à tout ce qui se fige, sans courant de vie, comme ces « étangs qui gisent gelés », le verbe étant synonyme d'agoniser. Par ce vers bientôt répété, la blancheur bascule dans son opposé, la noirceur. La métaphore finale associe un paysage encore une fois nordique au malaise existentiel : « Je suis la nouvelle Norvège / D'où les blonds ciels s'en sont allés. » L'absence de blondeur, c'est aussi l'absence de lumière, qui suggère l'absence d'espoir.* **G›**

Assonance

Reprise de voyelles dans un vers ou une phrase.

À *noter* Le « e » muet n'est pas considéré comme pouvant participer à des assonances.

Exemples	Analyse
Tiré d'un poème « Je fais souvent ce rêve étrange et pénétrant D'une femme inconnue, et que j'aime, et qui m'aime, Et qui n'est, chaque fois, ni tout à fait la même Ni tout à fait une autre, et m'aime et me comprend. » <div align="right">Verlaine, « Mon rêve familier », *Poèmes saturniens*, 1866</div>	*Dans ce poème, Verlaine exprime son désir de trouver une femme avec qui partager l'amour. Cette femme est décrite en termes aussi flous que son vague désir. Ainsi, Verlaine cherche-t-il à traduire, par de nombreux procédés, cette quête imprécise car, faut-il le souligner, dans son* Art poétique*, il s'est élu chantre de l'imprécision. La répétition du « an », considéré en phonétique comme une seule voyelle nasale, donne l'impression d'un air joué au violon. Ce* phonème *alterne avec les sons « é » et « è » (exactement neuf et huit occurrences chacune), créant une sorte d'harmonie vocalique. Verlaine souligne l'impression de démarche hésitante par des répétitions de mots essentiels au sens du texte, dont celle du verbe « aimer » (trois fois) mais aussi celle de la conjonction « ni » en contrepoint, semble-t-il, du « et » qui apparaît six fois. On décèle dans ce poème une incertitude : en effet, les deux derniers vers nient en quelque sorte le désir qui s'exprime dans les deux premiers.* **G›**
Tiré d'un recueil de textes plutôt inclassable « Un jour de canicule sur un véhicule où je circule, gesticule un funambule au bulbe minuscule, à la mandibule en virgule et au capitule ridicule. [...] » <div align="right">Raymond Queneau, *Exercices de style*, 1947</div>	*La poésie, par sa nature, implique le jeu avec les sonorités du langage. La* prose*, au contraire, qui vise la logique, a tendance à rejeter tout ce qui entraîne la confusion, notamment une trop grande ressemblance phonétique entre les mots. Ce passage confirme cette observation : la multiplication de la voyelle « u » finit par créer un effet de brouillage sonore. Le lecteur en perd le sens de la phrase. C'est probablement ce que cherche à prouver Queneau dans ses* Exercices de style*. Il explore les possibilités de formulation d'un unique récit dans le but de révéler comment fonctionne le système linguistique. On en déduit que certains procédés ne conviennent pas à la prose alors qu'ils peuvent servir le rythme dans un contexte poétique.* **G›**

Homophone

Mot semblable à un autre par ses sonorités (**phonèmes**), mais dont les significations sont différentes. **G›**

Ou encore :
- mots qui se prononcent de façon identique,
- qui s'écrivent différemment (*vers* et *verre*),
- qui se définissent différemment (*vers* : unité rythmique / *verre* : contenant pour boire).

▷ Comment repérer l'homophone ?

Relevez les mots qui se prononcent de façon identique.

Écriture littéraire Procédés sonores et catégories de mots connexes

Homographes

Une sous-catégorie d'homophones, soit des mots qui s'écrivent de la même façon.

Exemple

Je « vis » (verbe *voir* au passé simple) et le vocable « vis », qui renvoie à une sorte de petite tige métallique, sont des homographes qui ne se prononcent pas de façon identique (deux phonèmes dans le cas du verbe ; trois, dans le cas du nom commun puisque le « s » final est prononcé). **G>**

EFFET Se servir des similitudes de sons pour provoquer des jeux de mots.

À noter Homophones et homonymes sont équivalents au point de vue du sens.

Définition en **linguistique** : les homophones ont des **signifiants** semblables mais des **signifiés** (voir **signe**) différents. **G>**

Exemples	Analyse
Le fils éprouvait de la difficulté à démêler les fils de l'histoire que son père lui racontait. Le père, qui se prenait pour un maître en fiction, voulait mettre dans la tête de son rejeton de la fantaisie et quelques songes. Tout en buvant son petit verre de bière, il lui arrivait même d'introduire quelques vers dans le récit tout en les adaptant à la circonstance, « mon enfant, mon fils, songe à la douceur d'aller là-bas vivre ensemble ». Le père aimait par-dessus tout Baudelaire.	*Dans cet exemple composé pour illustrer les jeux d'homophonie, on constate la présence d'homographes comme « fils » et « fils », qui s'écrivent de la même façon mais dont la prononciation est différente, et d'homophones comme « verre » et « vers » qui illustrent le cas contraire. Le mot « songe » est utilisé en premier lieu en tant que nom, en second lieu en tant que verbe. Enfin, « maître » et « mettre » illustrent un autre cas de proximité sonore entre les mots.*
Tiré d'un poème « Murs, ville, Et port, Asile De mort, Mer grise Où brise La brise Tout dort. [...] Dieu ! la voix sépulcrale Des Djinns !... Quel bruit ils font ! Fuyons sous la spirale De l'escalier profond. Déjà s'éteint ma lampe, Et l'ombre de la rampe, Qui le long du mur rampe, Monte jusqu'au plafond. » Victor Hugo, « Les djinns », *Les orientales*, 1829	*Dans ce poème, Victor Hugo donne la mesure de sa virtuosité (son talent, la maîtrise de son art). Il joue d'un seul et même procédé en utilisant des homophones à la rime : le verbe « briser » à l'indicatif présent, qui rime avec le nom « brise » et, plus loin, le verbe « ramper », à l'indicatif présent, qui rime avec le nom « rampe ». Observez aussi la première strophe, construite sur deux syllabes, ce qui constitue un tour de force inusité en poésie. Tout cela contribue à la tonalité ludique de ce poème, qui marque en outre un goût pour l'exotisme des écrivains romantiques, puisque les djinns dont on parle sont des petits lutins issus de la mythologie arabe.*

Onomatopée

Mot qui imite le son produit par un objet ou un être animé.

> ▷ Comment repérer l'onomatopée ?
>
> Tout emploi de sons à des fins imitatives.

Exemple

« Miaou », faisait le petit chat.

Exemple	Analyse
Tiré d'une pièce de théâtre « M. Smith — Le pape dérape ! Le pape n'a pas de soupape ! La soupape a un pape. Mme Martin — Bazar, Balzac, Bazaine ! M. Martin — Bizarre, beaux-arts, baisers ! [...] M. Martin — De l'ail à l'eau, du lait à l'ail ! Mme Smith, *imitant le train* — Teuff, teuff, teuff, teuff, teuff, teuff, teuff, teuff, teuff, teuff, teuff ! » Ionesco, *La cantatrice chauve*, 1950	*Dans cette pièce du théâtre de l'absurde, Ionesco illustre, par un langage qui se désarticule, le chaos dans lequel le monde sombre. Les êtres humains n'arrivent plus à assurer la communication entre eux. En effet, dans la pièce, les phrases ne servent qu'à dire des insignifiances, puis elles se désorganisent progressivement. À la fin du processus, il ne restera plus que des mots isolés, hors de toute cohérence logique. Les comédiens en sont réduits à proférer des sons, des onomatopées, représentant en quelque sorte un état de langue primitif. Cet anéantissement progressif résulte donc, comme l'illustre l'extrait, en l'usage d'une onomatopée, « Teuff », répétée inlassablement. Cette comédie, qui peut faire rire, fait aussi grincer des dents, car l'absence de dialogue est souvent un prélude à la violence.* **G›**

Paronyme

Mot de prononciation presque semblable à un autre mot, souvent à l'origine de jeux de mots.

Exemple

Les paronymes « pêcher » et « pécher » peuvent donner le jeu de mots suivant : « Pêcher, c'est bien, mais pécher, c'est mieux. » (Pêcher du poisson, c'est bien, mais commettre des péchés, c'est mieux.)

Définition en **linguistique** : **signifiants** presque semblables/**signifiés** (voir **signe**) différents. **G›**

Écriture littéraire — Procédés sonores et catégories de mots connexes

Exemple	Analyse
Tiré d'un recueil de textes plutôt inclassable « Dans un autobus (qu'il ne faut pas prendre pour un autre obus), je vis (et pas avec une vis) un personnage (qui ne perd son âge) coiffé d'un chapeau (pas d'une peau de chat) cerné d'un fil tressé (et non de tril fessé). [...] » Raymond Queneau, *Exercices de style*, 1947	*Raymond Queneau s'appuie sur des jeux avec les sons de la langue, c'est-à-dire les phonèmes, dans ses exercices de style qui consistent en quatre-vingt-dix-neuf variations sur un récit très court. Les jeux sonores résultent notamment de l'emploi d'homographes, comme dans l'exemple « je vis (et pas avec une vis) », où le vocable « vis » s'écrit comme le verbe sans toutefois se prononcer de la même façon. Les homophones se succèdent dans l'exemple « un personnage (qui ne perd son âge) », le deuxième ayant été créé au prix d'une certaine entorse au sens puisqu'il est concrètement impossible de perdre son âge. Les paronymes de la fin ajoutent une dernière note fantaisiste à cet exercice tout à fait dans l'esprit de l'Oulipo, mouvement créé sous l'instigation de Queneau. L'Oulipo (Ouvroir de littérature potentielle) propose d'écrire, mais en se donnant comme point de départ des contraintes formelles, comme s'en imposaient à l'origine les poètes qui respectaient les lois de la versification classique. Dans le cas de ce texte, la contrainte consistait en quelque sorte à démontrer que la langue se construit sur des distinctions sonores, et sémantiques, comme le donne à entrevoir le titre de l'exercice, « Distinguo ».* **G›**

15.4 Mise en application

Intégration des notions dans un extrait narratif de Guillaume Vigneault.

Extrait d'un récit

« Je la prends en sauvage, sans douceur, d'un coup, lui fais mal. [...]
J'enfouis mon nez dans le creux de son cou, son souffle comme un océan dans mon oreille. Je suis bien, la douceur est atroce.
Une artère palpite contre ma tempe ; l'intérieur de sa cuisse tendre, fragile, contre ma hanche ; la moiteur de nos peaux épousées et les effluves tièdes qui montent de ce gouffre sulfureux entre nous, et ces doigts qui gravent des sillons brûlants dans ma chair, tout cela m'aspire, me submerge, ma volonté est désarticulée, Katarina me broie, me noie, rugissant comme vague en falaise. »

Guillaume Vigneault, *Carnets de naufrage*, 2001

Observation : Questions à poser ––►

Observation : Questions à poser

▷ Quelles sont les figures de style utilisées par Vigneault ?

- Une antithèse :
  - « la douceur est atroce »
- Une comparaison :
  - « son souffle comme un océan dans mon oreille »
- Des métaphores :
  - « une artère palpite contre ma tempe »
  - « les effluves tièdes qui montent de ce gouffre sulfureux »
  - « ma volonté est désarticulée »
  - « Katarina me broie, me noie » (+ énumération)
  - « rugissant comme vague en falaise »

- Une personnification :
  - « ces doigts qui gravent des sillons »
- Des énumérations :
  - « en sauvage, sans douceur, d'un coup »
  - « cuisse tendre, fragile »
  - « tout cela m'aspire, me submerge »
- Une gradation :
  moiteur, tiédeur et brûlure

Comment progresser vers l'analyse ?

- Dégager la piste d'analyse : *analyser la représentation du couple dans le texte.*

- Planifier le texte.
  1. La représentation du personnage masculin et du personnage féminin.
  2. La focalisation (tout est vu par un regard masculin) et le lyrisme.
  3. Les figures de style qui traduisent la relation sexuelle.

- Rédiger le texte.

Exemple de paragraphe : développement de la troisième idée

Le thème de cet extrait est celui de la relation sexuelle que Guillaume Vigneault cherche à traduire par un enchaînement d'expressions à caractère synesthésique, où dominent les sensations tactiles présentées en gradation, celles de la moiteur, de la tiédeur puis de la brûlure. La relation semble suggérer l'échange de fluides – les « effluves » –, qui submergent et noient ; on entend comme une montée que traduit la métaphore finale : ce rugissement est comme « vague en falaise ». En fait, tout un paysage de bord de mer, fait de gouffre, de falaise et de vague, surgit grâce à un réseau métaphorique qui traduit successivement les intenses sensations que ressent en cascade le narrateur. L'usage d'énumérations contribue par ailleurs à suggérer ce rythme « en cascade » puisque l'amour est violent et sauvage, mais non sans douceur comme l'insinue l'antithèse « la douceur est atroce ». D'autres mots font écho à cette idée, dont « tendre », « fragile » et « épousées ».

La *Méthodologie*

Chapitre 16

La lecture du texte littéraire

16.1 Comment lire un texte littéraire ?

Planifier la lecture du texte	
Tenir compte des objectifs de lecture.	• Décider de l'annotation à effectuer en tenant compte de l'intention de lecture ou des consignes de l'enseignant ou de l'enseignante. • Orienter la lecture en tenant compte de la tâche à réaliser (réponses à des questions de développement, analyse, dissertation, exposé, etc.).

Tenir compte :
– de la nature du texte ;
– du contexte
   d'énonciation ;
– des intentions
   de l'auteur.
	• Classer le texte dans un genre (narratif, dramatique, etc.) et une forme littéraire (roman, chanson, poème, conte fantastique, tragédie, comédie, essai, etc.) et consulter la théorie s'y rapportant.
	• Situer l'auteur du texte dans le temps et l'espace à l'aide de sources documentaires diversifiées.
	• Se référer au courant littéraire dans lequel s'inscrit le texte (classicisme, romantisme, etc.).
	• Tenir compte du contexte sociohistorique ou socioculturel (Moyen Âge, Renaissance, Après-guerre, revendication identitaire, ou le terroir au Québec, etc.).
	• Consulter la biographie de l'auteur, les jugements et critiques de l'œuvre pouvant aider à dégager les intentions de l'écrivain. **G›**

Tenir compte de la structure du texte.	• S'interroger sur le sens du titre et tenir compte des informations qui accompagnent le texte proprement dit pour anticiper son contenu. • Observer l'organisation du texte en chapitres, paragraphes, strophes, actes, scènes, etc., et son incidence sur le sens.

Comprendre le texte	
Lire efficacement le texte.	• Dans le cas d'un récit ou d'une pièce de théâtre, résumer l'intrigue en complétant, au fil de la lecture, le schéma narratif ou le schéma actantiel. • Dresser la chronologie des événements et observer les conséquences sur l'action. • Dans le cas d'un essai, dégager le point de vue adopté et les étapes de la réflexion ou les arguments importants. • Définir les mots qui font obstacle à la compréhension.
Cerner l'organisation du récit.	• Situer l'intrigue dans son contexte spatiotemporel. • Dégager la tonalité (lyrique, fantastique, merveilleuse, etc.) qui domine dans les descriptions, et l'effet visé (effet de vraisemblance, de rêve, etc.). **G›** • Suivre l'évolution des personnages et étudier la dynamique de leurs relations.

Cerner l'organisation du récit. (suite)	• Cerner l'ordre de présentation des événements (enchaînement chronologique, alternance ou enchâssement d'histoires, ellipses, analepses ou prolepses) et ses conséquences sur l'intrigue principale.
Porter attention à la narration et au style.	• Identifier le ou les types de narration utilisés dans le texte, les changements de narrateur et de focalisation, s'il y a lieu. **G>** • Suivre le fil des dialogues et des monologues et dégager les idées et les émotions qui émergent en cours d'échange. • Étudier le style en portant attention aux procédés d'écriture : le choix du niveau de langue, l'emploi des procédés stylistiques, les jeux de mots, les variations syntaxiques (Ex. : la ponctuation), etc. • Tenir compte des effets que provoquent ces choix sur le lecteur.

Interpréter le texte

Dégager les thèmes et les valeurs du texte.	• Cerner les thèmes : la condition humaine, l'amour, la solitude, la guerre, le racisme, l'enfance, la liberté, etc. • Dresser les champs lexicaux qui permettent de reconstituer les réseaux thématiques. • Se reporter aux connaissances relatives à l'auteur, au courant et à l'époque pour confirmer et compléter l'exploration thématique. • Relever les valeurs (croyances, jugements) véhiculées par les personnages et par le narrateur relativement aux thèmes abordés. **G>**
Exploiter divers moyens pour approfondir le texte.	• Effectuer une relecture stratégique du texte (incipit et dénouement, nœud de l'intrigue, descriptions ou extraits marquants) en tenant compte de l'intention de lecture ou des consignes de travail. **G>** • Compléter la démarche de recherche, notamment par la consultation d'ouvrages de référence ou de sites Web. • Passer aux étapes de la planification et de la rédaction s'il y a lieu ; vérifier ou, sinon, corriger les observations accumulées en cours de lecture.

16.2 Comment analyser un récit et une pièce de théâtre ?

Les personnages Qui ? ❹ noter L'étude des personnages est une étape essentielle qui permet de dégager la thématique et d'orienter le plan de la dissertation. S'il y a deux personnages en relation, ils peuvent présenter des visions du monde comparables (plan comparatif) ou opposées.	▷ **Quelle place le personnage occupe-t-il ?** • Héros (quelquefois antihéros). **G>** • Personnage secondaire. • Figurant. • Groupe-personnage (ensemble, les personnages sont traités en bloc comme un seul personnage, comme le sont les provinciaux dans *Eugénie Grandet*, par exemple). ▷ **Quelles relations ces personnages entretiennent-ils ?** (*Voir le schéma actantiel en page suivante.*) • **Sujet** au centre du récit, en quête d'un objet (le but à atteindre). • **Adjuvant** ou **opposant** dans l'aventure (le héros reçoit-il de l'aide et se heurte-t-il à des obstacles ?). • **Destinateur** ou **destinataire** (ce qui pousse le héros dans sa quête et l'être ou la chose qui en tire profit). **G>**

Les personnages (suite)	**Schéma actantiel** Destinateur → Héros → Destinataire Adjuvant → Héros → Opposant Héros → Objet de la quête ▷ **Comment le personnage est-il décrit ?** • Que pense-t-il ? Que ressent-il ? • Que dit-il ? • Comment agit-il ? Comment réagit-il ? • Comment évolue-t-il ? ▷ **Quelle information peut-on déduire pour décrire le personnage ?** • Aspect physique. • Aspect psychologique. • Aspects social et culturel (milieu, classe sociale, profession, etc.).
L'intrigue **Quoi ?**	▷ **Comment les événements s'articulent-ils ?** **(Schéma narratif)** • Situation initiale. • Événement déclencheur. • Déroulement (quête d'équilibre). • Dénouement. • Situation finale. ▷ **De quelle nature sont-ils ?** • Vraisemblables ? • Invraisemblables ? • Mystérieux ? • etc. ▷ **Comment ces événements sont-ils présentés ?** • Par anticipation (projection dans l'avenir) ? • Par inversion (ouverture du récit par le dénouement ou la situation finale de l'histoire) ? • Par rétrospective (retour dans le passé) ? • Par enchaînement (succession d'événements en ordre logique) ? • Par alternance (entrelacement de deux intrigues reliées à une quête) ? **G›** • Par enchâssement (insertion d'une seconde intrigue dans la principale) ?
Où ? Quand ?	▷ **Comment les lieux et l'époque sont-ils décrits ?** **Quel est le cadre spatiotemporel ?** • La nature semble-t-elle favorable ? Les paysages sont-ils décrits de façon pittoresque ? Ou le contraire ? • Les lieux sont-ils ouverts ou fermés ? • Y a-t-il une valeur symbolique rattachée à ces lieux ? **G›** • Quelle est l'influence du lieu sur l'action ? (Par exemple, un huis clos n'aura pas le même effet qu'un espace ouvert.) • Quels objets occupent ces lieux et dans quel but ? ▷ **Comment les personnages se déplacent-ils dans ces lieux ?** • Dans l'espace social, sont-ils dans un rapport de progression, de déchéance ou de marginalisation ? • Comment la mentalité, la morale et les valeurs idéologiques sont-elles décrites, et en quoi influent-elles sur l'intrigue ?

La Méthodologie

L'organisation du texte Comment ?	▷ **Comment le récit est-il raconté ? Quels sont les éléments organisateurs du récit ?** • Quel choix de narrateur a été fait ? **G›** • Le narrateur est-il représenté ou non représenté ? Est-il narrateur-héros ? Narrateur témoin ? Narrateur à la troisième personne ? • Quelle est la nature de la focalisation dans le récit : interne, externe ou focalisation zéro ? • Y a-t-il des ellipses, des scènes, des sommaires ou des pauses qui modifient le rythme du récit ? • Comment le récit est-il divisé ? En chapitres, en actes, en tableaux ? • Y a-t-il des monologues, des tirades, des dialogues ? • Y a-t-il d'autres éléments qui contribuent à l'organisation du récit ? *À noter* Certaines notions comme celles relatives à la narration ou à l'organisation chronologique des événements ne s'appliquent pas au théâtre où le texte est constitué de répliques et de didascalies.
La thématique et la vision du monde **G›** Pourquoi ?	▷ **Quelles grandes idées se dégagent de l'étude du texte ?** • Orientation **psychologique, affective** : enfance, famille, sexualité, amour, amitié, culpabilité, etc. ? • Orientation **sociale** : pouvoir et savoir, solidarité, compétition, argent, justice, liberté, violence, etc. ? • Orientation **philosophique** : Dieu, la religion, l'idéal, la condition humaine, etc. ? • Les **mots clés** du texte sont-ils soutenus par un ensemble de termes synonymes ou de sens connexes (**champ lexical**) ? • Quelle est la **tonalité générale** (impression qui se dégage d'un texte, reliée à l'atmosphère générale) : nostalgique, tragique, comique, fantastique, etc. ? Le courant littéraire et le lien avec le **contexte social** fournissent-ils des pistes d'analyse ?
Le style Comment ?	▷ **Quels choix ont été faits au point de vue du lexique ?** • Le texte est-il lisible ou hermétique ? • Y a-t-il dénotation ou connotation ? De quelle nature ? ▷ **Quels sont les choix de l'auteur au point de vue de la syntaxe ?** ▷ **Par quels moyens l'auteur crée-t-il un rythme particulier ?** • Nature des phrases, longueur et complexité. • Répétition, énumération. • Effets de symétrie et autres procédés. • Modes et temps verbaux. ▷ **Quelles sont les figures de style utilisées par l'auteur ? Dans quel but ?** • Les images semblent-elles associées à des éléments comme l'eau, l'air, le feu, la terre ? ▷ **Quel est le niveau de langue utilisé ?** • Soutenu (l'auteur utilise un vocabulaire recherché) ? • Correct (l'auteur utilise la langue de manière à la rendre accessible au lecteur moyen) ? • Familier ou populaire (l'écrit s'éloigne de la norme grammaticale et se rapproche de la langue orale) ?

Le style (suite)	▷ **Le texte exploite-t-il une dimension comique ? ou relève-t-il de la comédie ?**
	• Jeux de langage variés, doubles sens.
	• Quiproquos, malentendus, etc. **G›**
	• Au théâtre, on tiendra compte aussi de la gestuelle.
	• Nature de l'humour : ironique, cynique ou sarcastique.

✍ noter Les questions dans la colonne de gauche de ce tableau permettent de faire le résumé du texte narratif.

16.3   Comment analyser un poème ?

Le réseau du sens (thématique) *Le poète exprime un sens comme tout écrivain.*	▷ **Le titre du poème fournit-il des indications quant à sa signification ?**
	▷ **De quel type de poésie s'agit-il ?**
	• Poésie **didactique** : de quoi veut-on nous instruire ? Ou **manifeste** littéraire : comment conçoit-on la poésie, le rôle du poète, le rôle du rythme et de l'image ? **G›**
	• Poésie **épique** : quel est l'événement ou le personnage légendaire ? En quels termes sont-ils décrits ?
	• Poésie **lyrique** : le poète est-il présent dans son texte ? Quelles émotions le texte traduit-il ? Comment le paysage ou le décor participe-t-il à l'expression des sentiments ?
	▷ **Quels sont les mots clés du texte ?**
	• Les mots qui riment semblent-ils donner des indications sur le sens du poème ?
	• Le texte est-il traversé par des champs lexicaux qui confirment l'importance des mots clés ?
	• Le texte semble-t-il fondé sur des réseaux d'opposition ?
	▷ **Quelle est la tonalité générale du poème (impression qui se dégage de l'atmosphère générale) ?**
	• Épique ? • Lyrique ?
	• Didactique ? • Ludique ?
	• Etc.
	▷ **Les connaissances sur le poète, sur le courant et sur l'époque permettent-elles de mieux saisir le sens du poème ? G›**
Le réseau de l'image *Le poète est un peintre du langage.*	▷ **Quels sont les procédés stylistiques utilisés dans le poème ?**
	• Y a-t-il des liens qui se tissent entre les procédés stylistiques, notamment par la connotation ?
	• Quels sont les sens sollicités par le poète : la vue, l'ouïe, l'odorat, le goût, le toucher ?
	• Le poème est-il disposé d'une façon particulière sur la page (un calligramme, par exemple) ?
	• Quels liens y a-t-il entre les procédés stylistiques et la signification du poème ?

La Méthodologie

Le réseau du rythme *Le poète est un musicien du langage.*	▷ **Par quels moyens le poète assure-t-il la musicalité de son texte ?** • Par le choix de la forme poétique : poème à forme fixe, en vers libres ou en prose ? **G›** • Par le respect des règles de la versification dans le cas d'un poème versifié ? • Par les effets créés au moyen du jeu avec les sonorités ? • Par des procédés stylistiques qui contribuent au rythme du poème ? • Par le lien que le poète établit entre le rythme et la signification du poème ?

16.4 Comment analyser un essai ?

La thèse	▷ **Quelle est la thèse défendue par l'auteur ou quelle opinion cherche-t-il à défendre ?** • Quels sont les principaux arguments à l'appui de cette thèse ? • Quels exemples ou anecdotes l'auteur utilise-t-il en cours de démonstration ?
L'organisation du texte	▷ **Comment l'auteur organise-t-il son argumentation ?** • Procède-t-il par induction ou par déduction ? • L'auteur est-il présent ou non dans l'essai ? • Fait-il référence à son expérience vécue ? • Quelle est la part du sentiment et de la raison dans son argumentation ? • Cherche-t-il à convaincre par la voie de l'émotion ou de la logique ?
Le style	▷ **L'essai tend-il vers la subjectivité ou l'objectivité, la connotation ou la dénotation ?** • L'auteur utilise-t-il plusieurs figures de style ? • Y a-t-il de grandes variations syntaxiques ? • Quelle est la part de l'humour ? De l'émotion ? De la raison ?

Chapitre 17

La rédaction

17.1 Démarche de rédaction

Après avoir lu le texte, avoir dressé l'inventaire des ressources du texte narratif ou dramatique en tenant compte du sujet, et avoir révisé les connaissances nécessaires à l'analyse, il faut passer à l'action. Au point de départ, il faut tenir compte, dans tous les cas, du sujet prescrit, des recommandations et des consignes.

Sujet et consignes

• Bien comprendre la formulation du sujet.

Exemple

Le sujet suivant : *Analyser le traitement romantique du thème de l'amour dans* Carmen.

• Chercher dans le dictionnaire la signification de mots clés.

Exemple

cf. courant romantique

• Tenir compte des consignes quant à la longueur et à la nature du texte à produire : analyse, dissertation explicative ou critique.

Exemple

Vous devez produire une analyse de 1 000 mots.

• Tenir compte des autres recommandations, s'il y a lieu.

Exemple

Vous devez inclure une citation par paragraphe.

Types de dissertation

Les trois types de dissertation : l'analyse littéraire, la dissertation explicative et la dissertation critique.

Les points communs :

• La **lecture** est toujours de nature interactive.
• La **démarche d'analyse** est semblable dans les trois cas.
• Les **hypothèses d'analyse** sont toujours nécessaires.
• La **structure textuelle reste la même** : introduction (sujet amené, sujet posé, sujet divisé), développement (organisation hiérarchique des idées avec exemples et citations à l'appui), conclusion (idée-synthèse, idée-ouverture).

La Méthodologie

Les particularités

	L'analyse littéraire	La dissertation explicative	La dissertation critique
Définition	Analyse orientée vers les figures stylistiques et leurs effets sur le lecteur à partir des thèmes importants d'un extrait.	Démonstration et explication d'hypothèses de lecture, aussi appelées sujets d'analyse. L'étudiant doit **distinguer quels éléments sont appropriés pour faire sa démonstration.**	Prise de position qui entraîne un choix d'arguments afin de porter un jugement sur la question de départ. La dissertation critique implique souvent une comparaison entre deux ou plusieurs textes à l'étude.
Sujet	Donner une orientation en formulant une hypothèse. (Le sujet peut être imposé.)	Comprendre et décortiquer l'énoncé du sujet. Respecter l'orientation proposée. **Consignes habituelles :** • *Expliquez (et verbes synonymes).* • *Illustrez.* • *Justifiez.*	Comprendre et décortiquer l'énoncé du sujet. Prendre position. **Consignes habituelles :** • *Est-il juste d'affirmer telle chose (et formulations similaires) ?* • *Discutez (et verbes synonymes).*
Rapport au lecteur	Guider le lecteur et le sensibiliser à la dimension proprement esthétique du texte littéraire.	Guider le lecteur et lui fournir des éléments de compréhension du texte et des intentions de l'auteur en l'écrivant.	Convaincre le lecteur.
Rapport au texte	Rendre compte notamment du style.	Rendre compte des aspects pertinents reliés au sujet.	Retenir les aspects utiles à l'argumentation.

Plan de rédaction

Introduction	
But	Susciter l'intérêt du lecteur. Fournir les éléments d'information pour guider le lecteur. Présenter l'organisation du texte.
Plan	**Sujet amené (SA)** Situer le texte par rapport au contexte d'énonciation : époque, courant, biographie de l'auteur, etc. **G>** **Sujet posé (SP)** Indiquer l'année de publication, le nom de l'auteur et autres détails pertinents. Présenter un résumé de quelques lignes de l'œuvre. Énoncer l'hypothèse ou le sujet. *Dans une dissertation critique, annoncer sa prise de position.* **Sujet divisé (SD)** Annoncer les articulations du développement.

Les paragraphes du développement

But	Guider le lecteur dans le mouvement logique de la démonstration. Concevoir chacun des paragraphes du développement comme une mini-dissertation.
Plan *@noter* L'écriture est un processus de création qui implique une **marge de manœuvre**. La structure ci-contre est proposée à titre de modèle. Beaucoup de variantes sont possibles pour les idées secondaires du paragraphe. Un paragraphe peut être de longueur variable et présenter un nombre plus ou moins grand d'idées secondaires.	**Phrase clé** Exprimer l'idée principale du paragraphe reliée au sujet. Inclure la transition s'il y a lieu. **Première idée secondaire** Expliquer un premier aspect de l'idée principale. **Citation ou exemple** Illustrer en s'appuyant sur le texte, par un exemple ou une citation. Commenter l'exemple ou la citation si nécessaire. **Deuxième idée secondaire** Refaire une démarche similaire à celle de la première idée. S'assurer de créer des liens logiques d'une idée à l'autre. **Phrase de clôture ou de transition** Clore chacun des paragraphes par une mini-conclusion si nécessaire, la phrase de clôture étant facultative.
Logique du paragraphe et de la dissertation	Il est possible d'établir des liens de toutes sortes entre les idées du paragraphe. Vous pouvez : • commenter les idées, les citations et les exemples ; • présenter des définitions ; • décrire ; • énumérer ; • établir des comparaisons et des oppositions ; • explorer des solutions.

Conclusion

But	Stimuler la réflexion du lecteur.
Synthèse **(IS pour « idée-synthèse »)**	Prévoir en synthèse une phrase qui condense le contenu de chaque paragraphe du développement. *@noter* Dans la dissertation critique, prendre soin de confirmer la position adoptée par rapport au sujet.
Ouverture **(IO pour « idée-ouverture »)**	Proposer une piste de réflexion inexplorée, susceptible d'intéresser le lecteur et reliée au sujet.

17.2 Recommandations pour la rédaction

Introduction

Pour réussir une introduction :

Recommandations	Exemples d'erreurs à éviter et suggestions de remplacement
Ne pas amener le sujet par des généralités banales.	~~Il y a toujours eu des guerres.~~ (Oui, on sait… !) **⟶ Plus efficace** : *La Seconde Guerre mondiale a contribué à la crise des valeurs qui a ébranlé l'Europe…* (Ah ! On apprend quelque chose… !)

S'adresser à un lecteur anonyme à qui on fournit toute l'information nécessaire pour situer le texte. Ne pas faire explicitement référence au professeur ni aux consignes de travail.	~~Dans le cadre de mon premier cours de français, le professeur a proposé deux extraits et l'analyse porte sur le premier.~~ ➤ **Plus efficace** : *L'analyse porte sur le premier extrait…*
Situer l'extrait par rapport aux divisions du livre (acte, chapitre, partie) et à l'intrigue, ce qui permet de faire un résumé.	~~L'extrait se trouve aux pages 13 et 14.~~ ➤ **Plus efficace** : *L'extrait est tiré de l'acte II, scène IV, alors que le héros s'apprête à enlever sa dulcinée.*
Dans le sujet divisé, il est inutile de spécifier les évidences.	*Donc à éviter : Le thème de la révolte sera démontré ~~par deux idées secondaires en s'appuyant sur des citations et des exemples~~.* ➤ **Plus efficace** : *Le thème de la révolte est central dans l'œuvre de cet auteur.*
Progresser logiquement, du plus général (sujet amené) au plus précis (sujet divisé) et enchaîner les phrases logiquement. Ne pas inverser l'ordre. Éviter la simple juxtaposition des éléments d'information.	~~Mérimée est un grand voyageur. Le romantisme est un mouvement artistique du XIXᵉ siècle. Mérimée compose Carmen, une histoire d'amour passionné. Les personnages, la thématique et le style sont dignes d'intérêt.~~ ➤ **Plus efficace** : *Le romantisme est un mouvement artistique du XIXᵉ siècle. Mérimée, qui en est l'un des représentants, compose Carmen, une histoire d'amour passionné qui s'inscrit, par ses caractéristiques, dans ce mouvement littéraire. Le récit illustre la domination des émotions sur la raison ; la thématique est toute sentimentale et le point de vue est empreint de subjectivité.*

Paragraphe de développement

Pour réussir un paragraphe de développement :

Recommandations	Exemples d'erreurs à éviter et suggestions de remplacement
Susciter l'intérêt du lecteur : varier le lexique et la syntaxe. Concevoir des paragraphes qui paraissent différents aux yeux du lecteur.	**À éviter :** 1° Les formulations identiques, comme des débuts de paragraphe avec un marqueur et une phrase clé de même nature : ~~Premièrement~~, nous allons démontrer l'importance de la religion… ➤ **Plus efficace** : *À la vérité, la religion apparaît comme…* ~~Deuxièmement~~, nous allons démontrer l'importance de la langue… ➤ **Plus efficace** : *Par ailleurs, il ne faut pas non plus minimiser l'importance de la langue…* 2° Les paragraphes toujours construits sur le même modèle.

Adopter le ton neutre propre à la dissertation. Veiller à utiliser une langue standard (soignée) dans la dissertation. Les familiarités ne sont pas de mise, ni les exclamations qui expriment l'émotion. Préférer les termes *illustrer* et *représenter* aux termes *démontrer* et *prouver*. Un texte littéraire en général ne démontre pas une idée, il l'illustre.	**À éviter :** 3° Les références à l'auteur par son prénom : ~~ce cher Émile démontre, ce sublime Victor prouve que~~ (pour parler de Nelligan ou de Hugo). ⟶ **Plus efficace :** *Dans ce poème, Émile Nelligan exprime...* ⟶ **Plus efficace :** *Victor Hugo oppose les concepts de « sublime » et de « grotesque » dans ce poème, etc.* 4° Les formulations exagérées : ~~Ah ! combien inoubliable~~ est ce poème de Lamartine. ⟶ **Plus efficace :** *Ce poème de Lamartine fait date dans l'histoire de la littérature puisqu'il illustre...*
S'efforcer d'être logique chaque fois que l'on met en relation plusieurs éléments.	**À éviter :** 1° Les énumérations hétéroclites : *Ils avaient plusieurs choix :* ~~le kidnapper, le meurtre ou même se suicider pour garder leur liberté~~. ⟶ **Plus efficace :** *Ils avaient le choix de le kidnapper puis de le relâcher, de l'exécuter sur le coup et de se suicider ou de ne rien faire et de conserver leur liberté.* 2° Les comparaisons boiteuses : *Dans le récit naturaliste, la narration* ~~est aussi omnisciente qu'il y a beaucoup plus de ruines chez les romantiques~~. ⟶ **Plus efficace :** *Dans le récit naturaliste, la narration est généralement omnisciente alors que les écrivains romantiques préfèrent une narration subjective.*
Progresser logiquement en s'assurant de fournir au lecteur les éléments suivants : • une idée principale (phrase clé) ; • des transitions pour enchaîner les idées ; • des exemples ou des citations à l'appui de la démonstration. ✐ *noter* Une citation ne constitue pas une preuve en elle-même ; elle doit être introduite, explicitée ou commentée afin d'appuyer un argument.	**À éviter :** 1° Les coq-à-l'âne : ~~Le thème du mal de vivre est important chez les romantiques. Musset crée des personnages ayant une double personnalité. L'amour est vécu de façon malheureuse dans son œuvre.~~ ⟶ **Plus efficace :** *Le thème du mal de vivre est important chez les romantiques. Pour l'exprimer, Musset illustre l'isolement du poète...*

La Méthodologie

| Choisir la citation pertinente.

Mettre la citation en contexte.

Ne pas introduire la citation en paraphrasant son contenu.

Placer en retrait et à simple interligne les citations de quatre lignes ou plus ; intégrer les autres dans le texte. | Plutôt que d'accumuler les citations, ne retenir que la plus pertinente. Éviter de citer en spécifiant qu'on fait une citation :

À éviter :
Musset exprime son ennui de vivre, qu'on appellera le mal du siècle, ~~dans la citation suivante~~ : « J'ai à raconter à quelle occasion je fus pris d'abord de la maladie du siècle ».

➡ **Plus efficace :** *Musset exprime son ennui de vivre, qu'on appellera le mal du siècle par la suite, par une phrase sans équivoque qui ouvre le troisième chapitre de son roman : « J'ai à raconter à quelle occasion je fus pris d'abord de la maladie du siècle ».* |
| Les transitions se font à l'aide d'organisateurs textuels révélant les liens logiques en cause. | **À éviter :**
L'utilisation exagérée d'organisateurs textuels marquant la séquence comme ~~premièrement, deuxièmement, pour continuer, pour conclure~~, etc.

➡ **Plus efficace :** L'utilisation d'organisateurs textuels révélant les liens logiques établis : des organisateurs textuels marquant l'explication, l'argumentation, le temps, etc.

On comprend alors que (explication) ce mal de vivre, très bien décrit auparavant, possède ses attributs spécifiques... |

Conclusion

Pour réussir une conclusion :

Recommandations	Exemples d'erreurs à éviter et suggestions de remplacement
Travailler à maintenir l'intérêt du lecteur avant de le quitter définitivement.	**À éviter :** La reprise de la formulation du sujet posé ou divisé. Les synthèses sous forme de CQFD (*Ce Qu'il Fallait Démontrer*) : ~~Nous avons prouvé par de bons arguments et des exemples appropriés~~ que Musset est un poète romantique. ➡ **Plus efficace :** *On comprend que Musset, qui a vécu des amours tumultueuses et qui a ressenti profondément le mal du siècle, soit en mesure d'exprimer avec lyrisme la solitude du poète romantique.*
Faire en sorte que l'ouverture conserve un lien avec le sujet ; elle doit être significative. Privilégier les ouvertures qui demeurent dans le domaine du littéraire.	**À éviter :** Les extrapolations, les prédictions, les questions vides de sens : ~~Nul doute qu'un jour~~ le mal du siècle se guérira. ➡ **Plus efficace :** *André Breton remarque que le surréalisme est en quelque sorte dans la prolongation du romantisme ; il serait intéressant de voir comment s'articule, dans ce courant, la thématique du désarroi existentiel.*

Citations

Recommandations particulières sur l'insertion des citations :

Recommandations	Exemples
Une **citation de trois lignes ou moins** s'insère dans le texte directement, en la distinguant par l'emploi des guillemets au début et à la fin de la citation.	Don Juan est un personnage complexe qui ne manque toutefois pas de courage, comme il le prouve lorsqu'il réplique à un rival « vous savez que je ne manque point de cœur, et que je sais me servir de mon épée quand il le faut ». Son attitude illustre ici une qualité inhérente au code de l'honneur de la caste à laquelle il appartient, la noblesse.
Les **citations de quatre lignes ou plus** doivent être placées en retrait du texte et détachées de ce texte par un interligne simple. La citation elle-même est retranscrite à interligne simple, sans guillemets.	Maria Chapdelaine se demande si elle réussira à s'adapter à un environnement étranger. La réponse semble être négative, comme le passage suivant incite à le penser : Vers l'ouest, dès que l'on sortait de la province, vers le sud, dès qu'on avait passé la frontière, ce n'étaient plus partout que des noms anglais, qu'on apprenait à prononcer à la longue et qui finissaient par sembler naturels sans doute ; mais où retrouver la douceur joyeuse des noms français ? Comme le lecteur est en mesure de le constater, le doute est toujours présent, mais l'héroïne semble déjà avoir fait un choix.
La citation peut consister en mots tirés du texte à l'étude, qui sont intégrés à la phrase d'analyse.	L'attitude adoptée devant la vie semble celle de la passivité, comme le suggèrent les faits de rester à veiller, de s'asseoir, de « pencher son front » et de demeurer « jusqu'au lendemain, pensif ».
Les modes d'intégration des citations sont les suivants :	**1° Intégrer par apposition :** Les deux exclamations, « cris de l'enfer ! » et « voix qui hurle et qui pleure », mettent en relief le caractère émotif du texte. **2° Annoncer par un deux-points ou une virgule :** Deux exclamations mettent en relief le caractère émotif du texte : « cris de l'enfer ! » et « voix qui hurle et qui pleure ». **3° Annoncer par un mot d'articulation :** Les exclamations telles que « cris de l'enfer ! » et « voix qui hurle et qui pleure » mettent en relief le caractère émotif du texte. **4° Employer des parenthèses :** Les exclamations (« cris de l'enfer ! » et « voix qui hurle et qui pleure ») mettent en relief le caractère émotif du texte.

La Méthodologie

| **En outre,**
– les coupures de citations doivent être signalées par des points de suspension entre crochets ;
– il faut respecter le texte original sans apporter de modification ;
– il faut nommer la référence entre parenthèses (directement à la suite de la citation) ou la reporter en bas de page.

Pour constituer la bibliographie, s'inspirer de celle qui se trouve à la fin de ce manuel, en l'organisant par ordre alphabétique d'auteurs. | Maria Chapdelaine se demande si elle réussira à s'adapter à un environnement étranger. La réponse semble être négative :

> Vers l'ouest, dès que l'on sortait de la province, vers le sud, dès qu'on avait passé la frontière, ce n'étaient plus partout que des noms anglais, […] mais où retrouver la douceur joyeuse des noms français ?[1]

Le doute est toujours présent, mais l'héroïne semble déjà avoir fait un choix.

1. HÉMON, Louis, *Maria Chapdelaine*, Éditions Fides, Montréal, 1980, p. 194. |

Chapitre 18

La révision

18.1 Quels sont les aspects à vérifier?

L'exercice de révision proposé consiste à revoir le texte en adoptant le point de vue d'un lecteur externe pour vérifier sa cohérence, pour améliorer son style et pour corriger l'orthographe d'usage, l'orthographe grammaticale ainsi que la syntaxe.

Le tableau ci-dessous présente, dans la colonne de gauche, les critères habituels de correction de texte et, dans celle de droite, les interventions nécessaires pour réviser la dissertation.

Les aspects à vérifier	Les interventions
La cohérence textuelle	**La pertinence et la non-contradiction de l'information :** • Vérifier si le développement correspond au sujet tel qu'il est annoncé dans l'introduction et s'il est présenté clairement. • Vérifier si toutes les consignes ont été respectées. • Veiller à ce qu'aucun élément du texte n'entre en contradiction avec un autre ou justifier celle-ci s'il y a lieu. **La progression et la continuité de l'information :** • Relire les phrases clés et les phrases de synthèse (habituellement, première et dernière phrases de chaque paragraphe) pour s'assurer que des informations nouvelles contribuent à faire progresser le propos. • Vérifier les transitions logiques (respect du plan, division en paragraphes, utilisation d'organisateurs textuels, etc.). • S'assurer d'avoir utilisé adéquatement diverses méthodes de reprise de l'information pour favoriser la compréhension des lecteurs.
Le lexique	• Vérifier le sens des mots peu courants afin de s'assurer qu'ils soient utilisés correctement. • Éliminer les mots appartenant à la langue familière, les anglicismes, le vocabulaire imprécis et les répétitions inutiles. • S'assurer d'avoir employé un vocabulaire varié et précis et consulter un dictionnaire des synonymes au besoin.
L'orthographe d'usage (Voir la section 18.2 Méthode d'autocorrection, en page suivante.)	• Au besoin, consulter un dictionnaire ou un logiciel correcteur.
L'orthographe grammaticale et la syntaxe (Voir la section 18.2 Méthode d'autocorrection, en page suivante.)	• Consulter, au besoin, une grammaire, un dictionnaire des difficultés, un guide de conjugaison ou un logiciel correcteur. • Vérifier si les phrases sont bien structurées. • Voir si les règles de la ponctuation ont été respectées.

La Méthodologie

18.2 Méthode d'autocorrection

Afin de vérifier plus précisément les aspects mentionnés dans le tableau précédent, utiliser la démarche d'autocorrection et les stratégies proposées ci-dessous.

Stratégies possibles

- S'assurer que les traces de la correction soient visibles afin d'éviter de refaire des erreurs en réécrivant la version définitive du texte.
- Au fur et à mesure de la rédaction, signaler les éléments à vérifier à l'aide de symboles (? pour aspect à vérifier, * pour mot du dictionnaire, L pour lexique, O pour orthographe, etc.).
- Utiliser des symboles pour certaines difficultés (homophones, participes passés, ponctuation, etc.) ; relier les mots de même accord ; surligner les verbes, encercler les finales dont l'accord doit être vérifié.
- Utiliser plusieurs outils de référence : un dictionnaire, une grammaire, des notes de cours, etc.
- Lire le texte dans son ensemble plusieurs fois, avec l'intention de corriger un aspect différent à chaque lecture. Ex. : lire pour corriger la syntaxe, le lexique, l'accord du verbe, etc.
- Corriger un paragraphe à la fois et en vérifier tous les aspects.
- Procéder par questions / réponses pour identifier les éléments de la phrase.
- Porter une attention particulière aux difficultés relevées lors des rédactions précédentes.
- À l'ordinateur, mettre en doute les propositions du correcteur orthographique informatisé : elles ne sont pas toutes adéquates et peuvent induire en erreur.
- Effectuer une dernière révision en partant de la fin du texte, ce qui permet de se concentrer sur la grammaire et non sur le sens.

Aspects à analyser

Le lexique	**Douter du choix des mots** • Les mots peu courants sont-ils utilisés selon le sens indiqué dans le dictionnaire ? • Certains mots, trop familiers, imprécis ou répétés, doivent-ils être remplacés ? • Y a-t-il des emprunts, des mots de langue étrangère, que l'on pourrait remplacer par un mot français ? Sinon, sont-ils identifiés adéquatement ?
L'orthographe d'usage	**Douter de l'orthographe des mots** • Quels sont les mots à vérifier dans le dictionnaire ? • Quels sont les verbes à vérifier dans la grammaire ? • Les homonymes sont-ils orthographiés selon le contexte de la phrase et leur classe grammaticale ? • Y a-t-il des mots qui doivent s'écrire avec la majuscule (noms propres, titres, etc.) ?
L'orthographe grammaticale	**Identifier les donneurs d'accord et leurs receveurs puis vérifier les accords** • Les receveurs d'accord sont-ils bien orthographiés en fonction du genre, du nombre ou de la personne des donneurs d'accord ? • Dans les GN, les déterminants et les adjectifs sont-ils accordés correctement ? • Les verbes, les participes passés employés avec l'auxiliaire *être* et les attributs du sujet sont-ils accordés avec leur sujet ? • Les participes passés employés avec l'auxiliaire *avoir* ou les verbes pronominaux doivent-ils être accordés ? • Les attributs du complément direct sont-ils accordés avec ce complément ? **Repérer les mots invariables et en vérifier l'orthographe** • Les mots invariables (adverbes, verbes à l'infinitif, verbes au participe présent, etc.) sont-ils traités comme tels ?

La syntaxe et la ponctuation	**Vérifier la construction des groupes** • Les groupes de mots sont-ils bien construits et complets? • Les verbes sont-ils employés avec les bons types de compléments? **Vérifier la construction des phrases** • Les phrases sont-elles bien structurées selon leur type et leur forme? • Y a-t-il des liens à établir à l'intérieur des phrases ou entre les phrases par la coordination, la juxtaposition ou la subordination? • Le choix des marqueurs de relation ou des organisateurs textuels est-il adéquat? • Les temps des verbes sont-ils appropriés selon le temps du texte, les discours rapportés et la subordination? **Vérifier la ponctuation dans et entre les phrases** • La ponctuation finale des phrases est-elle appropriée et toujours suivie d'une majuscule? • La virgule est-elle employée correctement avec les compléments de phrases déplacés, les organisateurs textuels, les phrases incises, les coordonnants, les subordonnants, etc.? • La ponctuation est-elle complète et adéquate dans le cas d'insertion d'un dialogue? D'un discours direct rapporté? D'un discours indirect rapporté? D'une citation? • Dans le cas de phrases juxtaposées, l'emploi du deux-points ou du point-virgule est-il approprié au contexte de la phrase?

Glossaire

Absurde: thème qui traduit à la fois la fascination pour le néant tout autant que l'angoisse devant un monde qui a sombré dans le chaos à la suite de la Seconde Guerre mondiale. Dans le sillage de l'existentialisme, l'absurde est aussi associé à une réflexion sur le sens de l'existence humaine privée de Dieu. On classe enfin dans le théâtre de l'absurde les dramaturges qui, comme Beckett et Ionesco, remettent radicalement en question les conventions du théâtre réaliste.

Anachronies narratives: formes de discordance dans le récit, soit lorsque le narrateur raconte des événements antérieurs ou qu'il anticipe l'avenir. **Exemple**: « Je vais vous raconter des événements de mon enfance qui ont bouleversé ma vie. » Ces événements qui, du point de vue temporel, précèdent l'acte d'énonciation, vont pourtant s'aligner graphiquement dans les pages qui suivent l'acte d'énonciation. Il y a donc anachronie.

Argumentatif (texte): qualité d'un texte qui vise à convaincre le lecteur, à le faire adhérer à l'opinion de son auteur.

Autofiction: néologisme s'appliquant à un type de récit hybride, déjà pratiqué par les romantiques et remis à la mode par les écrivains postmodernes. La différence entre autobiographie et autofiction se situe principalement dans le **pacte de lecture**: l'écrivain ne garantit pas la fidélité du récit à la vraie vie et peut déguiser son identité et celle des gens de son entourage; il peut inventer des événements ou en altérer le déroulement pour augmenter le suspense. Le lecteur lit le récit comme s'il s'agissait d'une fiction, sans se soucier de vérifier l'authenticité des faits racontés.

Automatique (écriture): conception de l'écriture propre aux surréalistes selon laquelle l'écrivain doit se placer à l'écoute de l'inconscient, en rejetant tout contrôle de la raison sur le processus de création. Au Québec, les **automatistes**, groupe d'artistes signataires du *Refus global* (1948),

cherchent à appliquer à l'art en général une approche d'abord prônée par André Breton, chef du surréalisme français. Ils le font en réaction au conformisme des élites québécoises de l'immédiat après-guerre.

Avant-garde: vocable appliqué à un ensemble d'artistes favorables à l'innovation et à l'exploration en art, dont on dira qu'ils étaient en avance sur leur époque.

Biographie: portrait d'une personnalité connue et récit rétrospectif de sa vie. Le narrateur est généralement non représenté dans le récit. Le style en serait plus neutre que pour une autobiographie.

Burlesque: terme qui qualifie un comique d'ordre corporel, plutôt grossier; comme nom, peut aussi se rapporter à la parodie cocasse d'œuvres sérieuses.

Cadavres exquis: jeu de création littéraire pratiqué par les surréalistes, fondé sur le hasard, pour favoriser l'écriture automatique en groupe.

Canevas: grandes lignes d'une histoire, permettant d'orienter, voire d'organiser l'improvisation, notamment au théâtre et particulièrement dans la *commedia dell'arte*.

Chanson de geste: poème oral à l'origine, en laisses assonancées, qui raconte des faits historiques transposés en légende. Le héros aux qualités exceptionnelles illustre l'idéal du héros chevaleresque, souvent dans un contexte de croisade. La chanson de geste est composée en ancien français (xie et xiie siècles) comme l'illustrent les vers suivants, tirés de *La chanson de Roland*: « Rollant ad mis l'olifan a sa buche // Empeint le ben, par grant vertut le sunet. »

Comédie-ballet: pièce qui intercale dans l'action des épisodes de ballet, et dont la création se situe dans la foulée du courant baroque, qui favorise le mélange des genres.

Commedia dell'arte: pièce de théâtre fondée sur l'improvisation gestuelle et verbale à partir d'un canevas, et qui met en scène des personnages souvent masqués, aux noms et aux caractères invariables (par exemple, *Pantalone*, le vieillard ridicule; *Arlequin*, le valet rusé ou balourd, etc.). Une troupe de comédiens italiens, au xviᵉ siècle, importa en France cet art, qui sera en déclin à la fin du xviiiᵉ siècle.

Conte traditionnel: conte oral qui traduit l'imaginaire d'un peuple; par extension, sa transcription ou réécriture littéraire.

Contexte sociohistorique: tout ce qui caractérise une société à une époque donnée, le référent extérieur au texte, permettant de mieux le comprendre.

Contrepèterie: jeu de mots qui consiste à substituer des phonèmes (consonnes ou voyelles), comme dans l'**exemple** suivant: «femme folle à la messe / femme molle à la fesse».

Convention: terme employé pour nommer certains procédés de composition propres à un genre littéraire (dans les faits, surtout le théâtre). **Exemple**: au théâtre, l'aparté et le monologue s'adressent au spectateur; ce sont des procédés factices qui n'ont pas cours dans la vraie vie.

Coup de théâtre: événement imprévu qui change le cours des événements dans une pièce de théâtre.

Courant littéraire: regroupement d'écrivains d'une même génération (ou d'une même époque), qui adhèrent à une conception esthétique commune, soit les valeurs que doit servir la littérature et les formes que doivent adopter les textes. À l'aide de ce concept, il est donc possible de vérifier si la littérature s'est transformée au fil du temps, d'un siècle à l'autre. **Exemples**: au xviiᵉ siècle, le **classicisme** regroupe des écrivains qui acceptent de se soumettre à des règles d'écriture contraignantes. Au xixᵉ siècle, les écrivains du **romantisme** privilégient au contraire l'originalité et le rejet des règles. **Synonymes: école, mouvement littéraire.**

Courtoisie (amour courtois ou *fin amor*): ensemble des chansons d'amour, composées par les troubadours et trouvères au Moyen Âge, représentant une manière de vivre typique de la cour et calquant les relations amoureuses sur les rapports entre le chevalier vassal et son seigneur.

Critique: forme d'essai qui a pour caractéristique de se fonder sur un dialogue implicite entre un lecteur érudit et une œuvre existante. Le commentaire critique s'adresse à un nouveau destinataire, soit pour l'inciter à lire l'œuvre, soit pour le conduire à reconsidérer ou à approfondir sa propre perception de l'œuvre. Certains critiques revendiquent la reconnaissance du statut d'écrivain à part entière, ce qui semble se produire dans le cas de Roland Barthes en France ou d'André Brochu, d'André Belleau ou encore de Gilles Marcotte au Québec.

Dadaïsme: après la Première Guerre mondiale, sous l'instigation de Tristan Tzara (1896-1963), courant profondément nihiliste, exprimant la désorientation des artistes qui cultiveront désormais le goût de l'absurde (le sentiment que rien n'en vaut la peine).

Dérivation: procédé de composition lexicale qui consiste à ajouter un préfixe ou un suffixe à un mot pour en former un nouveau. **Exemple**: composer: décomposer, indécomposable, etc.

Deus ex machina: dénouement imprévisible au théâtre.

Diégèse: dans un récit, tout ce qui se rapporte à la fiction, à l'histoire, à ce qui est raconté (correspondrait donc au signifié).

Discours (à distinguer de *genre littéraire*): ensemble des énoncés faits par un locuteur – celui qui parle ou écrit – dans une intention particulière, soit celle d'informer, d'argumenter, d'exprimer des émotions ou encore de raconter une histoire. **Exemple**: on qualifiera d'«argumentatif» l'énoncé fait par un locuteur dans le but de convaincre, que cet énoncé soit oral ou écrit. L'ensemble de ces énoncés sera donc classé dans le discours argumentatif.

Discours narrativisé: procédé de narration qui consiste à rapporter des paroles comme s'il s'agissait de faits intégrés à la trame des événements, sans la présence d'aucun signe typographique les mettant en évidence. **Exemple** : « Nous poursuivions de bouche à oreille ces dialogues de sourds dont chaque mot me marquait. Par petites touches bien placées, Charles me persuadait que je n'avais pas de génie. » (Jean-Paul Sartre, *Les mots*)

Distique : poème de deux vers renvoyant à un énoncé complet.

Dizain : poème de dix vers.

Drame bourgeois : pièce de théâtre devant représenter la vie bourgeoise sans la caricaturer, selon la conception de Diderot notamment, au Siècle des Lumières. Ces pièces ne sont plus montées aujourd'hui.

Drame moderne : le terme *drame* s'étend actuellement à toute pièce de théâtre qui ne vise pas uniquement à faire rire.

Essai : genre littéraire se voulant un amalgame de récit autobiographique et de discours argumentatif. Genre aux délimitations fluctuantes, il peut aussi ouvrir ses frontières à tous les textes qui portent sur un sujet relié à la réalité.

Esthétique : relatif à la quête de beauté en art ; les critères pour juger de la réussite d'une œuvre changent d'une époque à l'autre et sont notamment définis par les artistes eux-mêmes dans des textes manifestes et par les théoriciens et critiques littéraires. **Exemple** : un roman considéré comme réussi actuellement pourrait ne pas répondre aux critères de beauté qui prévalaient au XIXᵉ siècle.

Excipit : dernières pages qui correspondent au dénouement du récit. Peut aussi ne s'appliquer qu'à la dernière phrase d'un récit.

Fable : récit généralement versifié qui répond à une intention moralisatrice ; les personnages en sont souvent des animaux, qui représentent des êtres humains.

Fabliau : au Moyen Âge, dans la tradition populaire, petite histoire versifiée à finalité morale.

Farce : d'origine médiévale, pièce de théâtre s'adressant à un public populaire. Personnages stéréotypés ; intrigues schématiques. Comique de type corporel, qui mise généralement sur le grotesque et les bouffonneries. Son influence s'exerce sur Molière, qui intègre du comique farcesque dans ses comédies ; elle s'étend au théâtre de l'absurde, qui mécanise les personnages et dont l'action tend vers le non-sens.

Fiction : histoire née de l'imagination ; la conjugaison de la fiction et de la narration donne un récit. **Synonymes : fable** (au théâtre en particulier), **intrigue, action** (dans ces deux derniers cas, le sens de *fiction* est plus restrictif).

Genre littéraire : catégorie qui permet de regrouper des textes fondés sur des composantes communes. **Exemples** : le **récit (genre narratif)** regroupe des textes où il y a à la fois une histoire et une narration. Le **théâtre (genre dramatique)** regroupe des textes où l'histoire est présente, la narration absente, et dont le but est la représentation sur scène. L'**essai** est non fictif et s'intéresse aux idées ; la **poésie** se consacre plus à l'expression des émotions en y associant rythme et images.

Graphème : unité qui correspond à la lettre, donc à la forme écrite, alors que le phonème correspond à la forme sonore. **Exemple** : les lettres « c », « q » et « k » sont trois graphèmes qui servent à transcrire à l'écrit un phonème unique.

Grotesque : synonyme de *comique burlesque* ou *farcesque* ; antonyme de *sublime*.

Harmonie imitative : accumulation de consonnes qui suggèrent fortement la réalité nommée, ce qui la rapproche de l'onomatopée. **Exemple** : le vers de Racine, « Pour qui sont ces serpents qui sifflent sur nos têtes ? »

Héros : se dit du protagoniste central du récit ; **antihéros** renvoie au fait que ce personnage puisse être antipathique ou faire figure de victime.

Huitain : strophe de huit vers.

Incipit: premières pages d'un récit. Peut aussi ne s'appliquer qu'à la première phrase d'un récit.

In media res: fait de commencer un récit par la narration d'un événement qu'il faudra ensuite expliquer en effectuant un retour en arrière. Plusieurs pièces de théâtre classiques plongent ainsi le spectateur en plein dans l'intrigue.

Intertextualité: comme tout locuteur parle une langue transmise par d'autres, notamment sa famille, tout écrivain est forcément influencé par les textes qui ont contribué à sa formation et à sa culture. Toute œuvre porte donc en soi l'influence de textes qui lui sont antérieurs. Il arrive qu'un auteur nomme ses influences; il arrive aussi qu'il les cache mais qu'elles restent perceptibles pour le lecteur. **Exemple** d'un cas d'intertextualité connue: Corneille s'est inspiré d'une pièce de Guillén de Castro, dramaturge espagnol, pour écrire *Le Cid*.

Intrusions (de l'auteur dans le récit): se dit de commentaires faits sur l'intrigue par l'auteur s'adressant au lecteur. **Exemple:** «Avant d'aller plus loin, entendons-nous sur ce mot face humaine que nous appliquions tout à l'heure à Javert.» (Victor Hugo, *Les misérables*)

Itératif (récit): se dit du fait de ne raconter qu'une seule fois des événements répétitifs ou habituels. **Exemple:** «Il m'embrasse tout au long de la projection chaque fois que nous allons au cinéma.»

Joual: niveau de langue populaire des Québécois en milieu urbain (dans les faits, surtout parlé à Montréal).

Lai: poème narratif ou lyrique à forme fixe, apparu au Moyen Âge.

Langue: principal moyen de communication des êtres humains. La langue est un système de signes fondé sur l'association d'un son (appelé *signifiant*) à un sens (appelé *signifié*). L'écriture permet de transcrire les sons de la langue orale par des lettres qui, elles aussi, se combinent en mots et en phrases, en respectant un ensemble de règles fixées par la grammaire. La langue est, par ailleurs, le matériau de communication des écrivains.

Légende: récit oral, très proche du conte merveilleux ou sinon à sa source, dont l'histoire est généralement située dans un cadre géographique ayant des liens avec la réalité (l'Outaouais, par exemple, pour certaines versions de *La chasse-galerie*) et dans un temps identifiable (souvent dans les décennies suivant la Conquête au Québec ou, sinon, au Moyen Âge en Europe).

Libertin (courant): d'abord associée au XVIᵉ siècle baroque, la philosophie libertine proclame la liberté de penser et d'agir en réaction à une société dogmatique, portée sur la censure; elle trouve son aboutissement dans l'esprit critique du Siècle des Lumières (et son débordement dans la philosophie du marquis de Sade).

Linguistique: science qui étudie la langue, c'est-à-dire comment fonctionne la communication à l'oral et, par extension, à l'écrit. **Exemple:** la linguistique répertorie les sons d'une langue, leur mode d'organisation pour produire du sens. Le concept du signe linguistique est fondamental, qui se définit comme le rapport d'un signifié (élément de signification) à un signifiant (élément formel).

Littérarité: orientation dramaturgique qui favorise le côté littéraire du théâtre, soit l'importance que l'on donne aux mots par opposition à l'importance que l'on pourrait accorder au spectacle (**théâtralité**). Le théâtre de Racine est réputé mettre l'accent sur la littérarité alors que le théâtre de Molière est plus théâtral, notamment à cause du comique de geste.

Madrigal: poème galant.

Manifeste: texte tant de contestation que de revendication. Le manifeste est habituellement une réaction à une manière de pensée devenue dogmatique; il formule les bases d'une nouvelle conception artistique, littéraire, politique ou philosophique. **Exemple:** *Refus global* est un **manifeste**

des artistes automatistes s'inscrivant contre l'immobilisme des institutions culturelles à l'époque de Duplessis ; il a d'ailleurs été composé dans la foulée des **manifestes surréalistes** d'André Breton. Il peut être soit un texte en prose, soit un poème.

Maximes : courtes sentences à but moral, au style condensé et sobre.

Mélodrame : pièce de théâtre qui offre une vision simplifiée, comportant des personnages représentant le bien, s'opposant à d'autres représentant le mal (vision manichéenne), dont l'intrigue à multiples rebondissements vise des fins moralisatrices tout en tirant les larmes du spectateur. Effet pathétique.

Mémoires : texte dont l'auteur est l'autobiographe mais aussi l'observateur et le commentateur d'événements auxquels il a assisté ou participé. Deux orientations se conjuguent dans la thématique : l'une centrée sur la psychologie d'un individu et l'autre, ouverte à la problématique sociale. La narration est subjective et le récit est souvent à mi-chemin entre la raison et la sensibilité.

Métissée (littérature) : appellation qui permet de regrouper et de classer les écrivains immigrants qui se partagent souvent une thématique commune née de l'exil : problématique de l'appartenance et de l'identité, de l'héritage culturel, etc. **Synonyme : littérature migrante.**

Militante (littérature) : se dit de textes littéraires qui cherchent à sensibiliser le lecteur à une problématique particulière ou à le convaincre du bien-fondé d'une vision philosophique, idéologique, etc. Les genres qui servent le mieux l'écriture militante sont les contes philosophiques, les romans à thèse et les textes manifestes. Les époques ou courants qui ont été les plus favorables à l'écriture militante sont le XVIIIᵉ siècle, l'existentialisme et le féminisme. **Synonyme : littérature engagée.**

Mise en abyme : procédé qui consiste à présenter des personnages artistes qui, tout en vivant leur propre histoire, sont observés en train de créer et de réfléchir au processus de création. Le roman *Les faux-monnayeurs*

d'André Gide fournit un exemple de ce procédé. *L'illusion comique* de Corneille illustre aussi ce procédé de **théâtre dans le théâtre**.

Modernité : période historique aux contours fluctuants puisque certains historiens situent son début à la Renaissance, d'autres, à la Révolution française.

Monostiche : poème d'un seul vers.

Mot : unité graphique discernable, le mot est, à l'écrit, précédé et suivi d'un blanc. Il est à noter que tout mot se définit comme un signe, avec une face signifiée (le sens) et une face signifiante (la forme qui matérialise le son).

Narrateur : voix qui raconte, qui prend en charge le récit, représentée sous forme de personnage ou non. Dans les romans à structure narrative complexe, on trouve plusieurs récits et, par le fait même, plusieurs narrateurs. Le narratologue Gérard Genette utilise alors les notions suivantes :

- narrateur hétérodiégétique : celui qui rapporte une histoire dans laquelle il n'est pas inclus comme personnage ;
- narrateur homodiégétique : celui qui rapporte une histoire dans laquelle il s'inclut sans en être le personnage principal ;
- narrateur autodiégétique : celui qui rapporte une histoire le concernant, dont il est le héros.

On peut suppléer à la difficulté que représente l'ajout de cette terminologie en nommant plutôt chacun des récits : le récit englobant sera nommé *récit premier* (et donc on parlera du narrateur premier) et les autres récits pourront être successivement numérotés.

Narratologue : spécialiste du fonctionnement des récits.

Naturalisme : courant littéraire de la deuxième moitié du XIXᵉ siècle, dont le théoricien est Émile Zola (1840-1902), qui s'articule autour de la conception d'un roman expérimental qui transposerait en littérature les étapes de l'observation scientifique. Les romans naturalistes sont des **romans de mœurs** qui privilégient la saga sociale plutôt que la confidence individuelle. Le roman naturaliste s'inscrit dans une conception utilitariste de la littérature qui doit copier la réalité, et, en ce sens, il apparaît comme une extension du réalisme balzacien, dont Zola se réclamait d'ailleurs.

Neuvain : strophe de neuf vers.

Onzain : strophe de onze vers.

Oulipo (ouvroir de littérature potentielle) : né dans les années soixante, courant littéraire qui doit son impulsion à Raymond Queneau et à François Le Lionnais, qui favorise la création dans un cadre de contraintes, perçues comme des défis stimulants.

Ouverte (œuvre) : se dit d'une œuvre dont le dénouement laisse place à plusieurs interprétations ou encore qui ne résout pas la problématique mise en place par l'intrigue. À l'inverse, un **dénouement est fermé** quand il clôt la quête du héros par une solution satisfaisante.

Pamphlet : texte à caractère nettement polémique où l'auteur, qui semble en possession de la vérité, pourfend avec véhémence la position de son adversaire. L'usage d'embrayeurs et de modalisateurs constitue une marque stylistique fréquente de ce type de texte où on interpelle avec émotion l'interlocuteur, dans le but de l'amener à prendre parti pour la cause défendue. Au Québec, Claude-Henri Grignon avait la réputation d'être un pamphlétaire enflammé tout comme, plus récemment, Pierre Falardeau. En France, le pamphlet *J'accuse* d'Émile Zola est réputé avoir eu une influence déterminante sur la cause de Dreyfus, accusé de trahison envers l'État.

Parabole : récit à caractère allégorique qui enseigne une morale.

Paratexte : points de repères sur la page couverture et commentaires qui accompagnent l'œuvre, servant à orienter l'appréciation du lecteur à l'intérieur des pages. **Exemples :** le titre, le nom de l'auteur et le genre littéraire sur la page couverture ; la préface, un court résumé, quelques propos critiques à l'intérieur des pages.

Parnasse : courant poétique formaliste à l'origine du symbolisme, notamment par sa théorie de l'art pour l'art (refus de faire servir la poésie à toute forme d'utilitarisme social, à toute forme de militantisme).

Parodie : texte qui n'existe que par référence à un autre, pour s'en moquer ou, à la limite, en contester le point de vue.

Pastiche : imitation d'un texte classique souvent à des fins satiriques.

Pataphysique : terme créé par Alfred Jarry, qui renvoie à l'idée que la littérature serait « une science de l'imaginaire » (en sachant toutefois que Jarry lui-même ne prenait jamais rien au sérieux !).

Péripétie : événement qui fait rebondir l'action dans un récit ou au théâtre.

Phonème : voyelle ou consonne, correspondant au plus petit élément sonore de la langue. À distinguer de la lettre, qui est un **graphème**, donc une forme écrite. Cette notion de phonème est essentielle en poésie pour l'étude de la rime et des procédés sonores. **Exemples :** « tas » et « pas » se distinguent par la différence des phonèmes « p » et « t ». « An », « on », « in », et « un » sont, dans les quatre cas, deux lettres qui servent à transcrire ce que la phonétique considère comme des phonèmes uniques, appelés *voyelles nasales*.

Pittoresque : tonalité d'un texte qui cherche à faire ressortir le caractère exotique d'un paysage, d'un personnage, etc. Les récits de voyage font de l'effet pittoresque une spécialité.

Pléiade : courant littéraire de la Renaissance, regroupant essentiellement des poètes, sous la conduite de Pierre de Ronsard.

Poésie : genre littéraire où le sens est suggéré par les images et le rythme (souvent associé à l'emploi du vers).

Polyphonie : fait référence au fait que les textes littéraires font entendre plusieurs voix. Dans un roman, par exemple, nous entendons la voix de l'auteur, celle du narrateur et celle des personnages. Dans le cas d'une pièce de théâtre, le lecteur entend la voix d'un dramaturge qui s'exprime par l'intermédiaire de ses personnages; s'il va voir la pièce au théâtre, c'est par la voix des comédiens que lui parviendra le contenu de la pièce.

Postmodernité: vocable qui semble de plus en plus s'imposer pour nommer la production artistique actuelle, qui fait suite à l'existentialisme (et autres courants associés à l'expression du thème de l'absurde en art). L'artiste actuel serait porté vers des œuvres hybrides (éclatement des frontières entre les arts, les genres et les formes), ouvertes (le dénouement ouvert à de multiples possibilités), polysémiques (susceptibles de multiples interprétations), et généralement plus éclatées, qui appellent la participation du lecteur ou du spectateur.

Préciosité: courant de pensée associé au baroque (XVIᵉ et XVIIᵉ siècles), qui prône l'élégance dans la manière de vivre et de s'exprimer. Favorables à l'égalité entre les sexes, les précieux privilégient l'amour platonique (probablement dans le prolongement de l'idéal de pureté associé au mythe de l'amour courtois).

Prédictif (récit): se dit du récit d'anticipation. **Exemple:** «Ce soir-là, il m'a embrassé au cinéma, mais s'il avait su que cela le mènerait au mariage trois ans plus tard, peut-être aurait-il hésité.»

Prose: énoncé oral ou écrit qui se plie aux règles de fonctionnement de la langue, notamment à la syntaxe, hors de toute versification. Comme le résume si bien Molière, tout ce qui n'est pas en vers est de la prose.

Quatrain: strophe de quatre vers.

Quête: succession d'événements (certains favorables, d'autres nuisibles) en fonction d'un but à atteindre, que se fixe le héros. La quête contribue à la dynamique des relations entre les personnages, certains pouvant aider le héros, d'autres, lui nuire.

Quintil: strophe de cinq vers.

Quiproquo: méprise qui naît d'une substitution de personnes (qui s'appuie au théâtre sur le déguisement notamment); malentendu qui survient dans le dialogue entre deux personnes et qui peut être longuement entretenu; situation équivoque. Le quiproquo est un procédé comique, d'usage fréquent au théâtre, de Molière à Marivaux, de Musset à Feydeau.

Récit: genre littéraire regroupant des textes conjuguant histoire (les événements racontés) et narration (la façon dont les événements sont racontés).

Référent: réalité extérieure à la langue. Par extension, le référent est pour un texte littéraire l'époque dans laquelle il s'inscrit (en fait, plus largement, ce qui est extérieur au texte lui-même). La connaissance de cette époque permet de mieux comprendre le texte. **Exemple:** je nomme *chaise* un meuble qui se trouve effectivement dans ma cuisine.

Les pièces de Molière s'inscrivent dans une époque, le XVIIᵉ siècle, qui leur sert de référent, qui éclaire leur sens. Quand on procède à l'analyse des pièces de Molière, il arrive qu'on soit tenu de faire des liens avec le contexte social et politique pour mieux les comprendre (une monarchie absolue, une société d'Ancien Régime dans le prolongement du féodalisme).

Refrain: répétition de vers dans une chanson ou dans un poème, visant un effet de rythme, notamment pour soutenir le travail de la mémoire.

Rhétoricien: savant qui répertorie et définit les figures de style.

Rhétorique (figures de): moyens d'utiliser la langue à des fins d'éloquence et, par extension, tous les moyens pour rendre un énoncé plus efficace, notamment par les figures de rhétorique, synonymes de *figures de style*. **Synonyme: stylistique.**

Roman à thèse: récit dont les composantes sont mises au service d'une pensée idéologique ou philosophique, soit le communisme, le féminisme, l'athéisme, etc. Les personnages deviennent les porte-parole des idées de l'auteur et le dénouement sert à démontrer la thèse. Les romanciers existentialistes ont souvent essuyé le reproche d'écrire des romans à thèse.

Roman d'analyse : récit centré sur le caractère psychologique de l'intrigue.

Roman d'apprentissage : récit qui met l'accent sur le processus de mûrissement qui mène à la vie adulte (et les obstacles à surmonter pour y arriver). **Synonyme : roman d'initiation.**

Roman d'aventures : récit qui met l'accent sur l'action, sur ses multiples rebondissements. **Synonyme : roman picaresque.**

Roman de chevalerie : récit médiéval qui multiplie, dans un climat de merveilleux, les aventures d'un chevalier partagé entre son amour pour sa dame et ses devoirs de vassal envers son seigneur. Le **roman de cape et d'épée** en est un héritier.

Roman épistolaire : récit organisé autour de lettres, où chacun des correspondants contribue à la construction de l'intrigue.

Roman feuilleton : terme qui s'applique en fait à plusieurs romans du xixe siècle, d'abord publiés par épisodes dans les journaux (dans la foulée du capitalisme, grande époque de l'expansion du journal en Europe). Il s'agit généralement d'une saga épique à plusieurs personnages qui se trouvent engagés dans des intrigues à rebondissements multiples. Balzac, Alexandre Dumas père, Eugène Sue (qui en est considéré comme le maître) ont tous publié des romans par tranches dans des journaux de l'époque.

Roman historique : récit situé dans une époque révolue par rapport au moment de l'écriture. **Exemple :** *Notre-Dame de Paris*, composé par Victor Hugo au xixe siècle, mais dont l'intrigue se déroule à la fin du xive siècle.

Roman policier : récit qui met la raison au service de l'élucidation d'un crime (ou d'un autre méfait), ce qui implique qu'on trouve parmi les personnages un criminel, un enquêteur et, possiblement, une victime ; dans l'intrigue, un méfait et une démarche d'enquête. Dans le giron du roman policier, on peut placer le **thriller**, le **roman noir** et le **polar**.

Roman sentimental : récit centré sur une histoire d'amour, qui reprend souvent des thèmes et des motifs qui remontent à la poésie courtoise et aux romans chevaleresques médiévaux.

Romantisme noir : appellation qui renvoie à la vague de récits fantastiques, qui émerge au moment où le courant littéraire romantique domine en France, soit dans la première moitié du xixe siècle.

Scénographie : disposition des aires de jeu au théâtre ; la scénographie peut englober tout ce qui relève de l'organisation de la scène en fonction du spectacle.

Schéma actanciel : outil permettant l'analyse de la dynamique du récit en tenant compte du rôle des personnages engagés dans une quête. Ce schéma comprend six actants : un destinateur incite ou mandate le sujet (généralement le héros du récit) qui, aidé par un adjuvant, part à la recherche d'un objet afin de satisfaire le destinataire, tandis qu'un opposant cherche à nuire à la réussite de la quête. À noter qu'on analyse le récit par séquences, en rendant compte de la mobilité des rôles dans le récit (ce qui fait qu'un personnage pourra être, à la fois ou successivement, sujet et destinateur).

Science-fiction : récit qui s'appuie sur les critères de vraisemblance et de cohérence narratives pour créer l'illusion d'un monde transposé dans un autre temps, ou qui – autre possibilité – fait l'exploration d'une hypothèse (si les fourmis étaient aussi intelligentes que les êtres humains…, par exemple). Les personnages entrent en conflit avec des machines, des extraterrestres, des êtres imprévisibles, ou sont appelés à résoudre des problèmes d'ordre scientifique. Jules Verne est considéré comme l'initiateur de cette tendance.

Sémantique : axe du signifié dans une phrase ou un texte, donc interprétation de ce qu'un énoncé signifie. Le **champ sémantique** est l'ensemble des définitions d'un mot au dictionnaire.

Septain : strophe de sept vers.

Signe (signifié/signifiant) : le signe est la plus petite unité pourvue de signification dans la langue, ayant une face sémantique (le signifié, « ce que cela veut dire ») et une face sonore (le signifiant, «comment cela se prononce»). **Exemples**: «eau» est un *signe* de la langue qui possède un *signifié*, soit la définition suivante: «liquide dont la formule chimique est H_2O», et qui possède un *signifiant* qui se réduit au phonème [o]; à l'écrit, il faut trois lettres pour transcrire ce mot. La signification de «eau» peut être modifiée selon le contexte, selon la relation que ce *signe* entretient avec d'autres signes dans la phrase. **Exemple**: «L'eau du fleuve est polluée.» Dans cette phrase, «eau» est utilisé dans le sens d'«élément naturel».

Singulatif (récit): se dit du fait de raconter une seule fois un événement qui s'est produit une seule fois. **Exemple**: «Il m'a enfin embrassée hier, quand nous sommes allés au cinéma.»

Sizain: strophe de six vers.

Stance: strophe qui se démarque dans la tragédie par un changement de métrique. Poème lyrique qui se caractérise par la gravité du sujet.

Sublime: à l'époque classique, terme utilisé pour qualifier ce qu'il y a de plus élevé dans le style. Hugo en subvertit le sens: le sublime surgit de la rencontre avec le grotesque, synonyme pour lui de *populaire* dans un sens positif.

Symbole: objet ou image que l'on a coutume d'associer à un concept. En Occident, il est convenu d'associer la colombe à la paix. La croix est associée au Christ et à la résurrection dans la tradition chrétienne. La colombe et la croix sont des symboles. En littérature, le symbole correspond à la **synesthésie**, figure qui établit des **correspondances** entre une idée et des sensations ou d'une sensation à l'autre. **Exemple**: «Les soleils mouillés / De ces ciels brouillés / Pour mon esprit ont les charmes / Si mystérieux / De tes traîtres yeux / Brillant à travers leurs larmes.» (Baudelaire, *Les fleurs du mal*). Le symbole peut aussi se définir comme une **image dominante** qui traverse un texte.

Symbolique: dans l'analyse, interprétation des réseaux d'images qui traversent le texte littéraire et contribuent à sa signification. Le critique Gaston Bachelard a notamment

mis en relief l'importance des éléments cosmiques que sont l'eau, la terre, l'air, le feu dans l'imaginaire des écrivains.

Tercet: strophe de trois vers.

Théâtre: genre littéraire qui regroupe des textes se présentant généralement sous forme de dialogue, et qui visent à représenter une action devant un public.

Thèmes: dans une **phrase**, le *thème* marque la continuité dans l'information et se distingue du *propos* qui introduit la nouveauté. Dans un **essai**, le *thème* est une idée qui traverse le texte, tandis que la *thématique* fait référence à un réseau d'idées. Dans un **récit**, les thèmes sont illustrés par l'intermédiaire des personnages et de l'intrigue.

Tragi-comédie: pièce associée au courant baroque, composée en vers, dans certains cas de longueur variable, qui présente les caractéristiques suivantes: un héros fidèle à l'idéal chevaleresque, des rebondissements multiples, des structures complexes illustrées par les nombreux changements de décor. Prédilection pour la **mise en abyme** qui permet d'insérer une pièce dans la pièce tout en favorisant la réflexion sur le théâtre.

Transparence (du style): terme qui s'applique à une écriture qui cherche à se faire oublier pour servir l'illusion de réalisme, notamment au théâtre et dans le roman.

Typographie: représentation matérielle du texte, soit une succession de mots imprimés à l'encre noire sur une page blanche. La disposition des mots sur la page est importante, particulièrement dans le cas de la poésie. Le calligramme est un type de poème qui oblige à faire une double lecture, à la fois littérale et graphique.

Vaudeville: pièce de théâtre qui fonde le comique sur des personnages sans épaisseur psychologique, qui accumule les péripéties loufoques. L'infidélité conjugale, souvent placée au centre de l'intrigue, donne lieu à une série de quiproquos et de coups de théâtre. **Synonyme: théâtre de boulevard.**

Verset: illustration particulière du vers libre; ce vers a comme particularité d'être plus long que l'alexandrin.

Vision ou représentation du monde: en littérature, manière de concevoir la réalité dans toutes ses dimensions et de la figurer par le recours aux mots. Toute représentation du monde comporte un caractère idéologique et est fondée sur un certain nombre de conventions propres à une époque. La notion de *courant* témoigne justement de l'adoption de certaines valeurs par des auteurs de la même génération. **Exemple:** la primauté, donnée par les romantiques, à la subjectivité et aux émotions. Toutefois, à l'intérieur d'un même courant, les écrivains se distinguent entre eux par certains aspects particuliers. **Exemple:** Victor Hugo croit à la mission sociale sacrée du poète, Musset est contre toute forme de militantisme.

Vraisemblance: critère pour juger de la qualité d'un texte qui doit décrire une action susceptible de se produire dans la réalité et qui paraît crédible aux yeux du lecteur. La vraisemblance est aussi une question de conventions; elle varie selon la perception que l'on se fait de la réalité. **Synonyme: mimétique.**

Bibliographie

AQUIEN, Michèle, *Dictionnaire de poétique*, Coll. Les Usuels de poche, n° 17, Éd. Librairie générale française, Paris, 1993.

ARCAND, Richard, *Figures et jeux de mots*, Éd. La lignée, Montréal, 1991.

BACCUS, Nathalie, *Grammaire française*, Éd. Librio, Paris, 2002.

BACKÈS, Jean-Louis, *Les vers et les formes poétiques dans la poésie française*, Coll. Les Fondamentaux, Éd. Hachette, Paris, 1997.

BACRY, Patrick, *Les figures de style*, Coll. Sujets, Éd. Belin, Paris, 1992.

BÉNAC, Henri et Brigitte RÉAUTÉ, *Vocabulaire des études littéraires*, Éd. Hachette Éducation, Paris, 1993.

BERTHELIER, M. et coll., *Français / Méthodes*, Éd. Hachette Éducation, Paris, 2004.

CANOVA, Marie-Claude, *La comédie*, Coll. Contours littéraires, Éd. Hachette, Paris, 1993.

CHARTRAND-G., Suzanne et coll., *Grammaire pédagogique du français d'aujourd'hui*, Éd. Graficor, Montréal, 1999.

CHARVET, P. et coll., *Pour pratiquer les textes de théâtre*, Éd. De Boeck-Duculot, Bruxelles, 1992.

DEMERS, Jeanne, *Du mythe à la légende urbaine*, Éd. Québec Amérique, Montréal, 2005.

DUMONT, François, *Approches de l'essai, Anthologie*, Coll. Visées critiques, Éd. Nota bene, Montréal, 2003.

DUMORTIER, J.-L. et F. PLAZANET, *Pour lire le récit : l'analyse structurale au service de la pédagogie de la lecture*, Éd. De Boeck-Duculot, Bruxelles, 1980.

DUPRIEZ, Bernard, *Gradus, Les procédés littéraires*, Coll. 10/18, Union générale d'éditions, Paris, 1997.

FONTANIER, Pierre, *Les figures du discours*, Éd. Flammarion, Paris, 1977.

GOLDENSTEIN, J.-P., *Pour lire le roman*, Éd. De Boeck-Duculot, Bruxelles, 1989.

GRAMMONT, Maurice, *Petit traité de versification française*, Coll. U, Éd. Armand Colin, Paris, 1969.

HERSCHBERG PIERROT, Anne, *Stylistique de la prose*, Coll. Lettres, Éd. Belin SUP, Paris, 1993.

JEAN, Georges, *La poésie*, Coll. Peuple et culture, Éd. Du Seuil, Paris, 1966.

JOUBERT, Jean-Louis, *La poésie*, Coll. Cursus, Éd. Armand Colin, Paris, 1988.

LAPORTE, Myriam et Ginette ROCHON, *Nouvelle grammaire pratique*, Éd. CEC, Montréal, 2007.

LAURIN, Michel, *Anthologie de la littérature québécoise*, Éd. CEC, Montréal, 2007.

LECLERC, Jacques, *Qu'est-ce que la langue ?*, Éd. Mondia, St-Jérôme, 1989.

MALLET, Jean-Daniel, *La tragédie et la comédie*, Éd. Hatier, Paris, 2001.

MOLINO, Jean et Raphaël LAFHAIL-MOLINO, *Homo fabulator, théorie et analyse du récit*, Éd. Leméac/Actes Sud, Montréal, 2003.

NAYROLLES, Françoise, *Pour étudier un poème*, Coll. Profil, n° 421, Éd. Hatier, Paris, 1987.

PAQUIN, Michel et Roger RENY, *La lecture du roman, une initiation*, Éd. La lignée, Montréal, 1984.

PAVIS, Patrice, *Dictionnaire du théâtre*, Messidor-Éditions sociales, Paris, 1987.

PRUNER, Michel, *L'analyse du texte de théâtre*, Coll. Les topos, Éd. Dunod, Paris, 1998.

REY, Pierre-Louis, *Le roman*, Éd. Hachette, Paris, 1992.

RYNGAERT, Jean-Pierre, *Introduction à l'analyse du théâtre*, Éd. Dunod, Paris, 1996.

SCHMITT, M.P. et A. VIALA, *Savoir-lire*, Éd. Didier, Paris, 1986.

SUHAMY, Henri, *Les figures de style*, Coll. Que sais-je?, PUF, Paris, 2004.

THÉRIEN, Céline, *Anthologie de la littérature française*, Tomes 1 et 2, Éd. CEC, Montréal, 2006.

TREMBLAY, Yolaine, *L'essai, unicité du genre, pluralité des textes*, Éd. Griffon d'argile, Québec, 1994.

UBERSFELD, Anne, *Les termes clés de l'analyse du théâtre*, Éd. Du Seuil, Paris, 1996.

VIGNEAULT, Robert, *L'écriture de l'essai*, Éd. De l'Hexagone, Montréal, 1994.

VILLERS de, Marie-Éva, *La nouvelle grammaire en tableaux*, Éd. Québec Amérique, Montréal, 2009.

Index des notions

Index des noms propres

Sources et crédits des textes

P. 2 : Albert Camus, *La peste,* 1947 © Éditions Gallimard. **P. 3 :** Nathalie Sarraute, *Entre la vie et la mort,* 1968 © Éditions Gallimard. **P. 6, 12 :** Patrick Modiano, *Dora Bruder,* 1997 © Éditions Gallimard. **P. 6, 118 :** Mario Girard, *Le ventre en tête,* 1996, Montréal, Éditions XYZ. **P. 8, 106 :** Hubert Aquin, *Prochain épisode,* 1965 © Bibliothèque Québécoise, 1995. **P. 9 :** Emmanuèle Bernheim, *Sa femme,* 1993 © Éditions Gallimard. Hélène Monette, *Plaisirs et paysages kitsch* © Éditions du Boréal, 1997. **P. 13 :** Milan Kundera, *L'ignorance,* 2003 © Éditions Gallimard. **P. 14 :** André Breton, *Nadja,* 1928 © Éditions Gallimard. **P. 15, 90 :** Anne Hébert, *Les Fous de Bassan* © Éditions du Seuil, 1982, Points, 1984, n.é. 1998. **P. 16 :** Jacques Renaud, *Le Cassé* (1964) © Jacques Renaud, 1964, 2005. **P. 17, 93 :** Albert Camus, *L'Étranger,* 1942 © Éditions Gallimard. **P. 17, 96, 138 :** Marie Cardinal, *Les Mots pour le dire* © Grasset, 1975. **P. 49 :** Gaston Miron, « La marche à l'amour », *L'homme rapaillé,* Typo, 1998 © 1998 Éditions Typo et succession Gaston Miron. **P. 49, 92 :** Jacques Brault, « Suite fraternelle », *Poèmes,* © Éditions du Noroît, 2000. **P. 61 :** *La Chanson de Roland* (transposition en prose de vers assonancés, à l'origine en ancien français, par Jean Marcel) © Lanctôt Éditeur, 1996. **P. 61, 126 :** Alfred DesRochers, « Je suis un fils déchu », *À l'ombre de l'Orford,* 1929 © Fides, 1979. **P. 62 :** Bernard Arcand et Serge Bouchard, « La plante verte », *Du pâté chinois, du baseball et autres lieux communs* © Les Éditions du Boréal 1995. **P. 63 :** Raymond Queneau, *Zazie dans le métro,* 1959 © Éditions Gallimard, 1979. Georges Perec, *La Disparition* © Éditions Denoël, 1969. **P. 64, 125 :** André Breton, « L'Union libre », *Clair de terre,* 1931 © Éditions Gallimard, 1966. **P. 67, 101 :** Simone de Beauvoir, *Le deuxième sexe,* 1949 © Éditions Gallimard. **P. 68 :** Albert Camus, *Le Malentendu,* 1941 © Éditions Gallimard. **P. 86, 113, 115 :** Marcel Dubé, *Un simple soldat,* Typo, 1993 © 1993 Éditions Typo et Marcel Dubé. **P. 91 :** Marguerite Duras, *L'Amant,* 1984 © Les éditions de Minuit. **P. 92, 117 :** « Spleen et Montréal » (Loco Locass) Paroles et musique : Sébastien Fréchette, Sébastien Ricard, Mathieu Farhoud-Dionne © Editorial Avenue. **P. 94 :** Christian Mistral, *Vamp* © Les Éditions du Boréal, 2004. Antonine Maillet, *La Sagouine,* 1971 © Bibliothèque Québécoise, 1990. **P. 97 :** Plume Latraverse, « Les pauvres », *Tout Plume (… ou presque),* Éditions Typo, 2001 © 2001, Éditions Typo et Plume Latraverse. **P. 98 :** Émile Ollivier, *Passages,* Éditions Typo, 1991 © 1991, Éditions Typo et Émile Ollivier. **P. 99 :** Gil Courtemanche, *Un Dimanche à la piscine à Kigali* © Les Éditions du Boréal 2000. Réjean Ducharme, *L'avalée des avalés,* 1966 © Éditions Gallimard. **P. 100 :** Pierre Vadeboncœur, *Gouverner ou disparaître,* Éditions Typo, 1993 © 1993, Éditions Typo et Pierre Vadeboncœur. **P. 101 :** Jean-Paul Sartre, *Les mots,* 1964 © Éditions Gallimard. **P. 102 :** *Tu m'aimes-tu?,* Paroles et musique Richard Desjardins © Éditions Foukinic. **P. 103 :** Pol Pelletier, *Océan,* 1995 © Pol Pelletier. **P. 104, 147 :** Eugène Ionesco, *La cantatrice chauve,* 1950 © Éditions Gallimard. **P. 105 :** *Guernica,* Paroles et musique Steve Dumas © Éditions Tacca, 2001. **P. 106 :** Francis Ponge, *Le Parti pris des choses,* 1942 © Éditions Gallimard. **P. 106-107, 142 :** Philippe Sollers, *Femmes,* 1983 © Éditions Gallimard. **P. 111 :** Germaine Guèvremont, *Le Survenant,* 1945 © Fides, 1974. Gérald Godin, *Cantouques & Cie,* Typo, 1991 © 2001, Éditions Typo et Gérald Godin. **P. 112 :** Jean-Paul Desbiens, *Les Insolences du frère Untel* © 1988, 2000, Les Éditions de l'Homme, division du Goupe Sogides inc., filiale du Groupe Livre Quebecor Media inc. (Montréal, Québec, Canada). **P. 116 :** Gratien Gélinas, *Tit-Coq,* 1948 © Les quinze éditeur, 1981, Éditions Typo, 1994. Jacques Ferron, « La voisine », *Contes,* Montréal, Éditions Hurtubise HMH, 1968. **P. 119 :** Michel Tremblay, *Albertine en cinq temps* © Leméac Éditeur, 1984. **P. 120 :** *Bonyeu,* Paroles Alan Lord, André Fortin. Musique Alan Lord © Les Colocs, Le Musicomptoir. **P. 124 :** *Une saison dans la vie d'Emmanuel,* 1965 © Marie-Claire Blais. **P. 129 :** *Je descends à la mer,* Paroles et musique Sylvain Lelièvre © Éditions de la Basse-Ville, 1994. **P. 133 :** Frédéric Beigbeder, *Windows on the World* © Éditions Grasset, 2003. **P. 135 :** Francine Noël, *Myriam première,* 1987 © Bibliothèque Québécoise. **P. 136 :** *La Folie en quatre,* Paroles et musique Daniel Bélanger © Daniel Bélanger et Audiogram. **P. 140 :** Gilles Vigneault, *Les gens de mon pays* © Éditions Le Vent qui Vire, 1965. **P. 142 :** *Journée d'Amérique,* Paroles et musique Marc Chabot et Richard Séguin © Les Éditions de la Roche Éclatée, 1988. **P. 145, 148 :** Raymond Queneau, « Homéotéleutes », « Distinguo », *Exercices de style,* 1947 © Éditions Gallimard. **P. 148-149 :** Guillaume Vigneault, *Carnets de naufrage* © Boréal 2001.